历史这么有意思 ②

讲历史的王老师 著

湖南文艺出版社　博集天卷

从中世到近世，从庶族到庶民，中华文明的世俗时代。

目 录

隋唐篇

01 建隋朝姥爷篡位
灭南陈天下归一
012 **隋朝的建立**

02 分相权三省六部
增税收人口普查
016 **隋文帝的统治**

03 创科举考试选官
开运河沟通南北
020 **隋炀帝的统治**

04 高句丽雄霸东北
隋炀帝三征亡国
024 **隋朝的灭亡**

05 饮酒醉孝子设局
偷桃子表哥建唐
028 **唐朝的建立**

06 杀兄弟玄武之变
善用人贞观之治
032 **贞观之治**

07 狂太子心属突厥
弱李治佛系躺赢
036 **高宗继位**

08 侍父子则天称帝
女强人治宏贞观
040 **女皇武则天**

09 终乱局玄宗即位
迎巅峰开元盛世
044 **开元盛世**

10 均田废影响全局
盛世久危机重生
048 **唐朝的社会制度**

11 一生荣辱归天宝
大凡圣主难善终
052 **安史之乱**

12 节度使藩镇割据
两税法元和中兴
056 **藩镇割据**

005

13
唐朝后期政治
060
南衙北司斗翻天
牛李党争为私怨

14
突厥与回纥
064
东西突厥全被灭
此路朝觐天可汗

15
渤海国、吐蕃、南诏
070
渤海代替高句丽
南诏游走唐蕃间

16
唐朝与日本、新罗
074
白村江一战千年
传佛法鉴真东渡

17
唐朝与印度、阿拉伯
078
唐玄奘偷渡取经
王玄策大战天竺

18
唐朝的经济
082
经济重心始南移
国际都会唐长安

19
唐朝的文化
086
改史书太宗违规
考科举唐诗大盛

20
黄巢起义与唐朝灭亡
090
军粮吃完吃人肉
朱温篡唐不全忠

五代辽宋夏金元篇

21
五代十国
096
五代十国来又去
不知今夕是何年

22
宋朝的建立
100
亡后周陈桥兵变
秀演技大宋开局

23
宋初加强中央集权
104
立国策重文轻武
杯酒间兵权已释

24 / 108　辽北狠人阿保机
斧声烛影赵光义
辽国的兴起

25 / 112　车神大战高梁河
澶渊之盟不差钱
北宋与辽的和战

26 / 118　冗兵冗官积贫弱
新政变法来搞钱
王安石变法

27 / 122　女真满万不可敌
灭辽缘起海东青
金朝的建立

28 / 128　坑儿子徽宗禅位
改年号暗藏玄机
靖康之难

29 / 132　续命皇帝跑得快
绍兴和议求偏安
南宋与金的对峙

30 / 136　苏湖熟天下吃饱
江南好重心南移
经济重心南移

31 / 140　唐宋变革入近世
城市生活快乐多
宋代城市生活

32 / 144　四大发明三在宋
活字印刷不常用
宋朝的科技

33 / 148　草原谁强谁有理
狠人要数铁木真
蒙古汗国的建立

34 / 152　元朝建立行汉法
厓山跳海大宋亡
元朝的统一

35 / 156　广开疆域设行省
汉化迟滞无百年
元朝的政治

36 / 160　元朝全国通快递
出征日本遇神风
**元朝的
交通与对外关系**

37 / 164　程朱理学存天理
世俗文化解人欲
宋元时期的文化

007

明清篇

38 / 172
天下反顺帝北走
建明朝乞丐逆袭
明朝的建立

39 / 176
废丞相皇帝累死
组内阁太监帮忙
内阁制

40 / 180
废行省三司互制
设厂卫特务横行
明朝的制度

41 / 184
清君侧叔叔篡位
迁北京天子守边
靖难之役

42 / 188
扬国威郑和出海
为炫富七下西洋
郑和下西洋

43 / 192
鞑靼瓦剌动干戈
边境互市化玉帛
明朝与蒙古

44 / 196
南倭北虏两大患
西方势力也到来
明朝的海疆问题

45 / 200
痴情者成化弘治
抢民女武宗上街
从仁宗到武宗

46 / 204
爷爷修仙四十载
孙子躺平三十年
嘉靖与万历

47 / 208
木匠皇帝用阉党
闯王来了不纳粮
李自成起义

48 / 212
八旗铁骑震东北
决战明朝萨尔浒
满洲的兴起

49 / 216
煤山自缢亡社稷
冲冠一怒为红颜
清军入关

50 / 220　收台湾康熙武统　平三藩天下晏安　**收台湾与平三藩**

51 / 226　中俄大战雅克萨　边贸互惠恰克图　**雅克萨之战**

52 / 230　恩威并用定北疆　平蒙古者平天下　**清朝的治蒙与治疆**

53 / 234　索伦兵万里奇袭　定灵通金瓶掣签　**清朝对西藏的治理**

54 / 238　小黑屋里告小状　专制集权专制极　**清朝的政治制度**

55 / 242　高产作物增人口　晋商徽商遍天下　**明清的经济**

56 / 246　名堂奇多八股文　因言获罪文字狱　**八股取士与文字狱**

57 / 252　王阳明知行合一　新思想工商皆本　**明清时期的学术思想**

58 / 258　出版热四大名著　牡丹亭人鬼生情　**明清时期的文学艺术**

59 / 262　西学东渐送新知　东方文明被超车　**明朝四大科技著作**

60 / 266　人口爆炸官员贪　马戛尔尼来叩关　**清朝的统治危机**

隋唐篇

本篇讲述了隋朝与唐朝的历史，时间跨度为300余年。

自西晋灭亡以来，中国陷入了200多年的大分裂时代。到南北朝后期，统一的趋势在北方出现了。581年，关陇集团出身的贵族杨坚篡夺北周政权，建立了隋朝。589年，隋朝灭了南陈，实现了统一。隋朝和秦朝颇为相似，都结束了长期的分裂，都历三世而亡，其间都存在许多具有开创性的制度和工程。隋朝统治者创立了科举制，开通了大运河，千年以来深刻地影响着中国历史的发展。

隋朝灭亡后，关陇集团出身的贵族李渊建立了唐朝。唐朝前期出现了贞观之治和开元盛世的繁荣局面，彼时的唐朝，政治开明、经济发达、文化包容、民族关系和谐、对外交往频繁，处于一个繁荣而开放的时期。然而，盛极而衰，玄宗朝后期爆发了安史之乱。以此为标志，唐朝由盛转衰，陷入了藩镇割据的局面。安史之乱后，唐朝的统治又维持了100多年才灭亡。这期间，既有几位皇帝力图振作的尝试，又有宦官和藩镇的不断折腾。终于，黄巢领导的大规模农民起义使唐朝走向崩溃。907年，节度使朱温篡权，唐朝灭亡。

隋唐时期相当于中华文明意气风发的青年阶段，既充满着诗情，又眺望着远方。

01

建隋朝姥爷篡位
灭南陈天下归一

隋朝的建立

  《三国演义》第一回有言："天下大势，分久必合，合久必分。"中国古代历史正是在这种分与合的循环中不断发展的。先秦大分裂，秦汉大统一；东汉末年分三国，之后西晋短暂统一，再之后，天下又分裂了200多年；到南北朝末年，天下又迎来了统一的大势。

  南迁的汉人建立东晋，北方和巴蜀出现"十六国"，其中大部分是少数民族政权，而后南北朝分立，划长江而治。自西晋末年以来，南渡的中原汉人在烟雨江南生活了200余年，早已习惯了这里的安逸。在北方，胡汉杂处，各民族"相爱相杀"，交融了200余年。文明在碰撞中发展，民族在交融中相亲。民族的交融给北朝的发展提供了强劲的内生动力，到了6世纪中期，北朝的综合实力全面超越了南朝，更快地迈向了统一。

  北朝始于鲜卑人建立的北魏，也就是孝文帝实行汉化改革的那个王朝。北魏后来分裂成了东魏和西魏，再后来，东魏演化成北齐，西魏演化成北周。南北朝后期，北朝的北齐和北周，与南朝的后梁与陈对峙。相比而言，北朝的北周更具有统一天下的实力。当时，周武帝宇文邕神武过人，35岁就横扫了北齐，统一了北方。而后，周武帝又北征突厥，准备平定突厥后再南下灭陈。就在周武帝按部就班地推进统一计划之时，身体却没撑住，他36岁便英年早逝了。周武帝死后，其长子继位，是为周宣帝。周宣帝在父亲的严苛管教下长大，时常因犯错被家暴，棍棒和鞭子的滋味都尝过。俗话说："棍棒底下出孝子。"这话不全对，有时候，棍棒用过头了，孝子也会被逼成逆子。周宣帝就成了逆子，他性格叛逆，行事乖戾，即位后就彻底放飞自我。周宣帝沉迷于酒色，整日醉生梦死。古代的好色之君并不少，但像周宣帝这样的却很少见。父皇后宫的女人，不管姿色如何，周宣帝都不愿意放过，此外，周宣帝还抢了叔叔的媳妇。中国古代实行一夫一妻多妾制度，皇帝虽然可以纳多个嫔妃，但皇后只能有一个。周宣帝不管那套规矩，同时立了5个皇后，创下了历史纪录。为了给自己腾出更多玩耍的时间，周宣帝在位不到一年就禅位给了7岁的儿子——周静帝，自己年纪轻轻就做起了太上皇。可躁动的内心扛不住身体的透支，退位后只玩了一年，周宣帝便以22岁"高龄"玩死了。

拜父亲立了5个皇后所赐，周静帝的姥爷特别多。其中一个姥爷名叫杨坚，杨坚出身于西魏的关陇集团，世袭随国公。关陇集团是鲜卑人创立的以关陇地区为中心的军事贵族政治集团，集团内不分胡汉，大家族共享武力与政权。关陇集团在西魏和北周时期掌握了军政大权，可以左右朝政。杨坚早年间跟随周武帝南征北战，立下了赫赫战功，也因此成了周武帝的亲家。周宣帝对杨坚这个老丈人很不信任，想弄死杨坚却找不到合适的理由。580年，周宣帝病笃，杨坚的同党伪造了遗诏，让杨坚以丞相身份辅政。转年，大权独揽的杨坚逼迫周静帝禅位给自己，就这样，杨坚替外孙当了皇帝。

古代的贵族称帝，国号一般用自己的贵族爵号。杨坚是随国公，国号理论上应定为随。但他觉得随字含一个走之，有些不吉利，说不定哪天手里的权势就走了。毕竟，南北朝的王朝大多数很短命，杨坚也有点忌讳。为了不让王朝走得太快，杨坚选择了一个同音字，以"隋"为国号。就这样，581年，杨坚在北朝的地基上建立了隋朝，定都大兴（在今陕西西安），杨坚成了隋文帝。虽篡夺了北周江山，但杨坚却真正继承了周武帝的遗志。坐稳皇帝宝座后，他继续推行周武帝的统一计划——先平定突厥再灭南陈。不久后，突厥内部分裂，打起了内战。这倒成全了杨坚，他得以集中兵力南下灭陈。

此时南陈的统治者是后主陈叔宝。陈叔宝是一个很有文艺范儿的皇帝，他的文学造诣相当高，其成名作《玉树后庭花》被后世视为亡国之音。历史上，有文艺范儿的皇帝有许多都是亡国之君，前有陈叔宝，后有五代十国的李煜。589年，50万隋军横渡长江，势如破竹，一举就攻下了南陈都城建康。亡国就在眼前，可陈后主还振振有词地跟群臣说他自有办法应对。原来，他的办法就是躲猫猫。隋军进城后，陈后主躲在了后宫的一口枯井里。隋军好一番苦寻才找到这口井，然后向井内喊话。陈后主默不作声，隋军作势威胁他说再不上来就要"落井下石"了。陈叔宝这才回应，要求隋军放绳子下来拉他上去。隋军放下绳子，但拉的时候很费力，他们还以为陈后主是个体重有两三百斤的大胖子。拉上来才发现：在井里窝着的不只是陈后主一人，还有两个美女嫔妃。不爱江山爱美人，不善治国善诗文，陈后主亡国倒也不可惜。

之后，陈后主被押送到隋都，得到了杨坚的礼遇。从皇帝岗位退下来的陈后主，继续用自己的特长为隋朝发挥余热，他写过"日月光天德，山河壮帝居"这样的诗句来拍隋文帝的马屁，还曾恭请隋文帝封禅泰山。其实陈后主一点都不傻，他知道，只有这样歌功颂德才能保全性命，就像刘禅乐不思蜀那样。陈后主在隋朝生活了十几年，于52岁病逝，最后还比隋文帝多活了几个月。陈后主死后，隋文帝的继任者杨广给陈后主的谥号是炀。在古代的谥法里，炀是一个恶谥，专门给昏君暗主。讽刺的是，10多年后，杨广身死后，后人给他的谥号也是炀。笑话别人，最后自己也成了笑话，历史真是报应不爽啊！

隋朝灭陈，结束了中国自西晋末年以来200多年的大分裂，中国历史由此进入了"第二帝国时代"。天下统一后，隋文帝并不是高枕无忧的。因为天下已经分裂了太久，如何整合南北方的各种势力，如何巩固统一，这是摆在隋文帝面前的历史命题。

陈后主恭请隋文帝封禅泰山

02

分相权三省六部
增税收人口普查

隋文帝的统治

隋朝的开局和800多年前建立的秦朝非常相似，两朝都在国家长期分裂后重新实现统一；两个朝代所面临的历史命题也一样，那就是如何让刚刚统一的国家高速运转起来。面对着相似的局面，隋文帝的想法和秦始皇如出一辙，那就是必须加强中央集权、完善官僚制度。在这个思路下，隋文帝开始了一系列的制度构建，秦制的"升级改进版"在隋朝诞生了。

在中央官制方面，隋朝建立了三省六部制度。在封建时代，"省"一开始指的是宫中禁地，后来引申指中央的官署。也就是说，"三省"是指中央机构。隋朝本来有5个省，其中，秘书省掌管图书典籍及国史修撰，内侍省掌管宫内事务，这两个省较为次要；真正掌握实权的是中书①、门下、尚书这3个省。在处理政务时，三省有着明确的分工和联系紧密的政务处理流程。中书省负责起草诏令，然后将诏令交给门下省审核，如果审核不通过，诏令将被驳回中书省重新起草；如果审核通过，诏令将交给尚书省执行。尚书省类似于今天的国务院，负责各项具体政务的执行。为了细化分工，尚书省下面又设了吏、民②、礼、兵、刑、工这6个部。吏部负责官员任免与考核，管官；民部负责财政、赋税和户籍，管钱粮；礼部负责国家礼仪祭祀，听起来好像没啥重要权力，但古

---

① 隋朝为了避隋文帝之父杨忠的名讳，称中书省为内史省。
② 隋开皇三年（583）改度支部为民部，民部为尚书省六部之一，职掌财赋户籍。唐朝时为避唐太宗名讳，改为"户部"。

代王朝与番邦的交往也属于宗藩礼仪，且教育与考试也事关礼仪，所以礼部还负责国家的教育、外交、民族等政务；兵部相当于国防部，管军政；刑部相当于公检法部门，管司法；工部负责国家各项工程建设，相当于王朝的大开发商。

三省六部制好在哪儿呢？第一是科学分工，三省将决策、审议、执行三个环节分开，六部又将各项政务细化，这大大提高了政府的行政效率和决策的科学性。第二，更为重要的是，它能有效地加强皇权。实行三省六部制以前，朝廷的政务都归丞相负责。丞相有时也称宰相，魏晋南北朝时期，宰相权力极大，很多人因此走上了篡权之路。远如曹操、司马懿，近如高欢、宇文泰，杨坚篡权之前也是宰相。隋朝设立三省，三省的长官都是事实上的宰相，相权就这样被一分为三了。削弱相权，就意味着加强皇权。三省六部制在隋朝创立，经唐朝完善，为后世王朝所沿用。一直到清末，六部还存在于中央政府机构中。

在地方制度上，隋朝也进行了重大改革。汉朝以来，我国地方行政区划分有州、郡、县三个级别。行政级别多了，各级官员多，吃皇粮的人也就多，这给交皇粮的民众造成了很大的负担。为此，隋朝裁撤了郡，只保留州、县两级，将官员数量维持在12 500人左右。隋朝约有5000万人口，相当于4000个老百姓才养一个官员。隋朝还改革了地方官员的任免方式。秦汉以来，地方官府的长官由中央任命，而官府的属官多由地方长官自己任免，这叫自聘属官。时间长了，地方长官及其下属官员就会沆瀣一气，对中央阳奉阴违，甚至有可能形成割据。隋朝改变了这一惯例，规定九品以上的地方官员皆由吏部任免，并且每年由中央进行考核。这一改革加强了中央集权，削弱了地方官的权力。

经过隋文帝的努力，隋朝社会趋于稳定，经济快速发展，出现了"开皇之治"的盛世局面。古代经济发展的重要表现之一是人口增加，隋初全国只有380万户，到隋炀帝在位期间暴增到了890万户。20多年间，户数增加了一倍多。有的小伙伴可能会疑惑：人口为什么增长得这么快？难道隋朝人民每天都在生孩子吗？其实，隋朝新增的人口中只有一部分是新生人口，还有许多是新纳入的南陈人口；另外，还有很大一部分是过去的隐匿人口，他们现在被政府"搜"出来了。

古代民众经常会谎报户籍，借此来逃税。很长时间里，古代政府的主要税源是人头税，也就是按人收税。为了掌握人口情况，政府要给民众编订户籍，作为征收租赋、征发徭役和兵役的根据。用户籍固定起来的居民，称为"编户齐民"。在这种情况下，有的民众就会谎报户籍，比如生了孩子不报户籍，娶了媳妇也不报户籍，没有户籍就不用交人头税。遇到出现战乱或饥荒的年头，很多民众逃往外地后干脆隐匿户籍，成为黑户。《桃花源记》里的快乐民众，就是秦代逃税分子的后代，他们作为黑户世居于桃花源，不用交税，自然"怡然自乐"。为了搜寻隐匿的户籍，隋文帝进行了一次"全国人口普查"，也就是开皇五年（585）的"大索貌阅"。所谓"大索"，即大规模地搜索隐匿人口；所谓"貌阅"，指观察人的相貌。人都找出来了，为啥还要看相貌呢？难道长得好看可以少交税吗？这是因为古代民众还可以通过谎报年龄来逃税。古代征收人头税，不同年龄的人要交的税金额不同。未成年人可少交，老年人不仅不用交，还能拿政府发的"养老金"。只有壮年男子交全额税，他们被称为男丁。不同年代官府规定的成丁年龄不同，有的年代18岁成丁，有的21岁成丁，还有的23岁成丁，等等。为了少交税，很多民众就"诈老诈小"，谎报自己的年龄。日本学者池田温在研究唐朝人口情况时发现了一个很有趣的现象：唐朝被"貌阅"得最多的是那些自称19岁的男子。因为"19岁是作为21岁成丁的准备"，还不必交税，所以那时有很多超龄男子也谎报自己是19岁。唐朝男人渴望自己永远19岁，不是为了装嫩，而是为了省钱。岁数大的也要"貌阅"，以防有人骗取养老金。

"大索貌阅"后，编户增加，政府的收入暴增，路上的运粮车络绎不绝，余粮多到吃不完。为了储存这些余粮，隋朝兴建了许多大型国有粮仓。隋朝灭亡了近20年后，这些粮食还没有吃完。隋文帝缔造了一个强盛而富裕的王朝，如果其后代不折腾，隋朝吃老本都能维持至少半个世纪的统治。可是，历史偏偏给隋文帝安排了一个能折腾的继承者，他很快就把隋朝折腾没了。

开皇五年的"大索貌阅"

03

创科举考试选官
开运河沟通南北

隋炀帝的统治

隋文帝霸气一生，打遍天下无敌手，但他是一个很怕老婆的皇帝，可谓"见妻如鼠，见敌如虎"。他的老婆是独孤伽罗，人称独孤皇后。她也出身于关陇集团，其家族的地位当年比隋文帝的家族还高。隋、唐两朝深受胡人影响，女性的地位比较高，加之独孤皇后出身名门，好读书，文化素养不低，所以她全面参与了隋朝的政治生活，宫中人将她与隋文帝并称为"二圣"。

隋文帝对这位爱妻也是既宠爱又信服，对她几乎是言听计从，但有一点让隋文帝很郁闷——独孤皇后是个陈年醋坛子。为了保持夫妻感情，独孤皇后不允许隋文帝纳正式的嫔妃，只允许他纳少量低品秩的小妾。虽然被老婆严格管束着，但隋文帝的心态很好，他经常自我安慰，有时还向大臣宣讲只有一个老婆的好处：你们看，我5个儿子都是皇后所生，没有嫡庶之分，这多好！

是啊，皇子们是没有嫡庶之分，但太子的宝座却只能让一个人坐。为了争夺太子之位，皇子们的争斗就没停过。长子杨勇先被立为太子，这是个"傻白甜"的皇二代，没啥坏心眼，就喜爱享受生活。次子杨广就富有心机，善于靠演戏讨父母的欢心。隋文帝讨厌奢华，杨广就让自己的琴落满灰尘，装作很朴素的样子；隋文帝敬爱独孤皇后，杨广就只和正妻睡在一起，不理侍妾，装作专一好男人。杨广不仅有心机，还很有能力，他领兵灭陈，立了不小的功劳。后来，在杨广的伪装与陷害下，隋文帝废掉杨勇，改立杨广为太子。可是，再好的演员也有穿帮的时候。隋文帝晚年病重时，杨广急着接班上位，就写信和心腹密谋后事。不料，信被误送到了隋文帝手中。事情败露，杨广干脆派兵包围了隋文帝的寝宫，隋文帝随即"驾崩"。就这样，"大孝子"杨广继位，成了隋朝的第二代皇帝——隋炀帝。隋炀帝虽然得位不正，但治国很有两下子。他特别能折腾，光是影响历史走向的大事就干了四件。

第一件大事是正式创立科举制。所谓科举，字面意思为"分科举士"，就是用分科考试的方式来推举人才，是一种选官制度。隋文帝改革了地方官制，全国九品以上的官员都由中央任命，这就需要大量的人才。魏晋南北朝时期，统治者实行九品中正制，选拔人才只看家族门第，造成了贵族垄断仕途，即"上品无寒门，下品无势族"的局面。贵族垄断权力，势必会对皇权产生威胁。为了打破贵族的垄断，隋文帝改用分科考试的方式来选拔官员。到了隋炀帝时期，隋炀帝创设考试科目进士科，所谓进士，就是"进而为士"，意味着考上了便可以当官。进士科的设立，标志着科举制正式创立。此后的1000多年里，考科举成了大部分中国知识分子入仕的必由之路。

第二件大事是营建东都洛阳。隋炀帝得位不正，刚一即位，弟弟杨谅就在东部地区起兵，誓为父亲报仇。但杨谅缺乏军事经验，很快就被隋炀帝按在地上"摩擦"，杨谅投降后被贬为庶民，最后被幽禁而死。杨谅叛乱一事，让隋炀帝认识到都城长安的位置有点偏，想管理东部和南部地区的话，有些鞭长莫及。另外，长安人口众多，交通又不便利，调运粮食费时费力。算好了政治账和经济账之后，隋炀帝下令营建东都洛阳。洛阳地处中原核心地带，位于"天下之中"，不仅到哪儿都比较近，还很符合古人的建都理念。就这样，隋朝有了两个首都，后来唐朝也沿用了这种双都制，以长安为首都，以洛阳为东都。武则天时期，洛阳的地位还一度超越了长安。今天，西安和洛阳的"粉丝"仍经常掐架，为历史上谁是第一都城争来争去。

隋炀帝干的第三件大事，是耗费巨资开凿了一条大运河。这件事给他招来了很多骂名，后世有很多关于他利用运河享乐导致亡国的历史段子，比如"看琼花"和"龙舟享乐"。实际上，隋炀帝修建大运河的首要目的并不是享乐，而是应对中国即将到来的经济格局变迁。

我们都知道，从禹建夏以来的4000多年来，前面的几千年，中国的经济重心一直在北方的黄河流域。只有最后的约1000年里，中国的经济重心才转移到了南方地区。从时间上看，经济重心南移是在唐朝开始的，但南移的趋势在隋朝之前就已显现。隋炀帝敏锐地察觉到了这一历史趋势，所以他要提前应对。首先要解决的是漕运问题。所谓漕运，是古代王朝利用水路进行官粮运输，漕运事关王朝稳定。漕运的起点多是经济发达的产粮区，目的地要么是都城，要么是军队驻扎区。之所以要用水运，是因为船只的运量大且运费低廉，运送大宗物资最划算。如果经济重心开始南移，就需要南粮北运。而中国的自然河流多是东西流向的，这就需要开凿一条贯通南北的大运河进行漕运。另外，大运河还有两个军事作用：一是方便军队南下，加强对新统一的江南地区的控制；二是也方便军队北上，支援北方边疆军区。在东北边界，隋朝一直想征服高句丽。

思路很清晰，行动也很迅速。隋炀帝用了6年时间，征发了几百万民夫，开凿了一条贯通南北的大运河。这条大运河以东都洛阳为中心，南起余杭（在今浙江杭州北部），北达涿郡（今北京城西南隅），全长2700多公里。大运河的开通对中国历史发展而言意义非凡。首先，它是中国南北交通的大动脉，直到近代铁路和南北海运兴起，大运河才退居二线。其次，大运河促进了南北交流，加强了中央政府对地方的控制，维护了统一多民族国家的稳定与发展。后世唐宋的繁荣，很大程度上是享受了隋朝大运河之恩泽的结果。最后，大运河还影响了中国的经济格局，加速了经济重心的南移和东移，造就了运河沿岸的城市群。以扬州为代表，它地处长江和大运河交汇处，得天独厚的交通条件使它在大运河繁荣的1000多年里一直是全国性的商业大都市，地位堪比今日之上海。大运河的开通，可谓是中国地缘政治上最大的一次"改朝换代"，怎么赞扬它的历史功绩都不为过。

隋炀帝做的第四件大事，和第三件大事有直接关联。这件大事，直接导致了隋朝的灭亡。

京杭运河的开通加速了中国经济重心的南移和东移，并造就了运河沿岸的城市群

04

高句丽雄霸东北
隋炀帝三征亡国

隋朝的灭亡

多元一体的中华文明历史长河中，自古就不乏如星辰般闪耀的少数民族政权。在广袤的东北大地上，就有这样一个古老又强悍的政权——夫余人建立的高句丽。

高句丽在西汉时期就已出现，是中国古代的边疆政权。高句丽曾长期定都于国内城，就在今吉林集安。日本学者江上波夫将北方游牧民族称为"骑马民族"，具体而言，"骑马民族"又分为两种类型：一种是生活在草原地带的纯畜牧民族；一种是生活在山林地带的畜牧、渔猎、农耕三类生产方式兼具的"多元特质"民族。高句丽就属于后一种，高句丽人不仅能打鱼捕猎，还能骑马，甚至还会种地。对中原政权来说，高句丽这种具有"多元特质"的民族极具威胁性。匈奴和突厥这样的纯游牧民族入侵中原主要是为了劫掠，抢完了就会走；高句丽则不同，高句丽人会农耕，可以在中原常住不走。更可怕的是，高句丽还发展出了类似中原王朝的中央集权政体。一旦入主中原，高句丽接手即可经营。也就是说，其他"骑马民族"对中原王朝来说只是要钱，高句丽则是要命。为了和中原政权长期对抗，高句丽还形成了"一都二城"的都城体系，在国内城附近修建了一个丸都城。国内城为平原城，丸都城为山城，二者相互依附，一旦敌人攻入，高句丽军队就转移到丸都城内，可长期坚守。魏晋南北朝时期，高句丽占据了辽东地区，其国土与当时北方的少数民族国家接壤。其实，中原政权也想解除高句丽的威胁，曹魏就曾两次出兵高句丽，摧毁其都城，以为这样就能灭了高句丽。不承

将军坟（长寿王陵）、好太王碑（广开土王碑）、太阳鸟——高句丽文化的象征

想，曹魏军队一走，高句丽很快便满血复活，俨然一只"打不死的小强"。5世纪初，好太王（广开土王）在位时，高句丽进入全盛时代。那时高句丽的疆域西到辽东，东到日本海，南部一直到汉江流域的今韩国首尔一带。

隋朝建立时，高句丽也称高丽①，高丽早已迁都平壤，成了一个地跨东北地区和朝鲜半岛的强盛大国。高丽向隋朝发起挑战，进攻了隋朝在辽西地区的军事基地。高丽还和突厥"眉来眼去"，想给隋朝来个两面夹击。隋文帝曾发兵30万征讨高丽，几乎全军覆没。当时的高丽统治者在外交上很灵活，在军事上击败了隋朝，却又主动给隋文帝上表请罪，自称"辽东粪土臣"。这等于打了你一巴掌，再给你一个甜枣。隋炀帝即位后，下决心要彻底铲除高丽。想要出兵高丽，首先要解决物资运输问题。为此，隋炀帝把大运河的北端设在涿郡，那里正是征讨高丽的军事前线。612年，也就是大运河开通后的第二年，隋炀帝下令征讨高丽。这是隋炀帝在毕生的不断折腾中干的最后一件大事——三征高丽。

隋朝在涿郡集结了113万余人的部队，由隋炀帝亲率，浩浩荡荡地拥向高丽。高丽将领没有硬碰硬，选择诱敌深入，坚守城池不出，使得隋军在辽东久攻不下。隋炀帝改变策略，派出一支30万人的精锐部队直攻平壤。高丽大将乙支文德故意边战边退，引得隋军深入，同时在境内实行清野战术。粮食即将耗尽，隋军只得回撤。乙支文德趁机进攻，将隋军打得全线溃败。隋朝30万大军，最后只剩2700多人逃回辽东。一征高丽彻底失败。第二年，隋炀帝再次御驾亲征。这一次打得比较顺利，先头部队直逼平壤，多次击败乙支文德率领的高丽军。不巧的是，隋军督粮官杨玄感此时在国内发动了叛乱，隋炀帝不得已撤军回国平叛，二征高丽也无功而返。第三年，隋炀帝下令再征高丽。可还没开打，士兵就逃走了不少，国内的叛乱也全面爆发了，三征高丽最后不了了之。

隋炀帝三次征讨高丽，征发的军队和民夫有二三百万之多，民众深受其害。山东与河北的百姓受害最深，因为山东与河北是征高丽的大

---

① 10世纪，朝鲜半岛曾出现王氏高丽政权，但与高句丽没有直接继承关系。

后方。军队和民夫多在这里征发，粮草亦在这里征收，连水军的战船也在这里建造。造船的民工，身体长期浸泡在水里，腰以下的皮肤都泡烂了。忍无可忍的山东百姓揭竿而起，点燃了隋末农民大起义的烽火。最先起来造反的是山东人王薄，他自称"知世郎"，意为能预知天下大势。王薄还创作了一首动员起义的歌谣，名为《无向辽东浪死歌》，劝告大家不要到辽东为隋朝而死。这首歌谣将民众心中的怒火点燃，"燃"起来的农民纷纷加入王薄的起义军。不仅农民发动起义，贵族与官僚也趁机反叛。仅三五年的光景，中原大地烽烟四起，尽是反隋战火。

隋炀帝眼看中原保不住了，便离开了洛阳，南下江都（今江苏扬州）巡游。在江都，他心灰意冷，几近颓废。为了麻痹自己，隋炀帝整日与酒精和美女为伴，过着醉生梦死的生活。他似乎也预感到了自己的命运，经常一个人发呆。有一天，隋炀帝照着镜子对萧后说：

好头颈，谁当斫之！①

这么秀气的头颈，不知由谁来砍掉！隋炀帝的禁军护卫多是关中人，他们不习惯南方的生活，思乡心切。618年，隋炀帝的禁军叛变，杀死了隋炀帝。被杀前，隋炀帝还很有贵族风范，要求用毒酒自尽。叛军没工夫陪他穷讲究，最后简单粗暴地把他勒死了。

隋炀帝可能直到身死也不明白自己为何会落得这般下场。的确，隋炀帝折腾了一生，所做之事多是为了隋朝的江山社稷，他并非昏君；然而，隋炀帝却把这些有益的事做得太急了，他并非昏君，却是暴君。隋炀帝没有对不起隋朝江山，却十分对不起百姓。隋朝灰飞烟灭，但隋朝留下的遗产却让后世受益良多。千年之后，隋炀帝的陵墓于2013年在扬州被发现，棺内的尸体已经腐败无存，仅剩两颗牙齿残存。这两颗牙齿向世人诉说着：有一位千古帝王，曾拼命折腾过。

---

① 出自《资治通鉴》卷第一百八十五，《唐纪一》。

05

饮酒醉孝子设局
偷桃子表哥建唐

唐朝的建立

古代的父母往往重男轻女，认为女儿长大了要嫁人，不像儿子那样能给自己养老，所以会觉得生女儿没啥用。对于百姓之家，可能是这样；对于贵族家庭，就不一定是这么回事了。因为贵族的女儿可以用于贵族间的联姻，一旦搭上个潜力股，父亲完全可以靠女儿躺赢。北周贵族独孤信便是如此，因为女儿嫁得好，自己成了三个皇帝的老丈人。此外，独孤信还是隋、唐两代王朝的"开国岳父"。

独孤信是鲜卑人，出身于关陇集团，是一个军事贵族。西魏时，他官至八柱国，是国家级领导人。年轻时候的独孤信不仅勇武过人，长得还很帅。有一次，独孤信因为打猎回城晚了，慌忙中把帽子戴歪了，街上的路人看见了都觉得他又帅又有风度。第二天，满城百姓和官员只要是戴帽子的，都把帽子歪着戴，这就是古代的明星效应。老爹长得帅，女儿也漂亮，他的七个女儿堪称"七仙女"。出身名门，长得还漂亮，这样的女孩自然是贵族联姻的热门选择。最后，独孤信有三个女儿做了皇后。长女是周明帝的皇后；七女儿嫁给了随国公杨坚，后来成了隋朝的开国皇后，也就是不让隋文帝纳嫔妃的独孤皇后；四女儿嫁给了唐国公李昞，她给李昞生了个儿子叫李渊。后来，李渊建立了唐朝，追封母亲为元贞皇后。可惜独孤信卷入了政治斗争被迫自尽，未能把自己的三个皇帝女婿叫来一起打麻将。

从血缘上看，李渊的母亲和隋炀帝的母亲是亲姐妹，李渊年长隋炀帝三岁，是隋炀帝的表哥。表弟是皇帝，自己还出身于关陇贵族，李渊出门都可以横着走。可当时民间流行着一句对李渊很不利的谶语——"李氏当为天子"。在政治斗争面前，父子、兄弟都没有信任可言，更何况只是表哥。隋炀帝对李渊很是忌惮，有一次，隋炀帝召见李渊，李渊因病没去。恰好李渊的外甥女王氏在后宫被隋炀帝遇见了，隋炀帝劈头盖脸地问王氏：你舅怎么还不来？王氏则回答说舅舅病了，隋炀帝追问道：病得要死了吗？李渊得知后非常惶恐，于是每日沉迷于饮酒，装作对政治漠不关心的样子。他还经常故意受贿，用这样的方式自毁名声，以求让隋炀帝放心。隋朝末年，农民起义爆发，天下陷入大乱。很多贵族趁机起事，李渊也觉得创业的机会来了。

　　根据《旧唐书》记载，李渊最初并不想折腾，他是在儿子李世民的劝说下才决心创业的。当时李渊是太原留守郡太守兼晋阳宫监，负责镇守北方的军事重镇太原。农民起义爆发后，隋炀帝躲到了南方的江都。李世民料定隋朝必亡，可趁机起事，随即制订了周密的起兵计划。李世民担心老爹拒绝起兵，于是就找父亲的好友裴寂商议。二人密谋后，决定给李渊设一个局，来个"政治仙人跳"。晋阳宫是隋炀帝在太原的行宫，即便皇帝不在，宫女和服侍人员也要满编配置。李渊兼任的晋阳宫监一职，实际就是晋阳宫的保安队长，给皇帝看家护院。一日，李渊喝多了，裴寂趁机挑选了几个晋阳宫宫女来陪酒，李渊稀里糊涂地和她们发生了关系。待李渊酒醒后，裴寂就把起兵计划和盘托出，并真诚劝告道：你作为保安队长，把皇帝的女人给睡了，不造反就只有死路一条！就这样，在"大孝子"李世民的推动下，李渊在晋阳（今山西太原西南）起兵了，他最后成功偷了表弟的桃子，建立了唐朝。

　　这段史料给人这样的感觉：李渊胸无大志，而李世民果敢英明，似乎李世民才是建立唐朝的最大功臣。实际上，这些史料极有可能是被李世民篡改过的。根据时间比较靠近李渊时代的史书《大唐创业起居注》的记载，李渊是一位足智多谋的战略家，早在起兵前，他就有了夺取天下的志愿。当那句"李氏当为天子"的谶语流行之时，他还顺势说了句：

吾当一举千里，以符冥谶。①

今人读史，一定要用心辨别，多多对比各种说法，以求更接近历史的真相。

617年，李渊起兵造反。他起兵的晋阳位置极好，这里离京畿地区近在咫尺。起兵后，李渊率3万精兵出征，同年就夺取了隋朝的都城长安。入城后，他把隋炀帝的孙子——隋恭帝杨侑——推上了帝位做傀儡。然后，李渊遥尊江都的隋炀帝为太上皇，这实际上是在勒令隋炀帝退休。第二年，隋炀帝在江都被叛变的禁军杀死。消息传来，李渊也不用再装了，随即逼迫隋恭帝退位，自己登上了帝位。就这样，唐朝于618年建立，李渊就是唐高祖。建国之初，唐朝能控制的只有关中地区和河东地区。李渊父子又用了10年的时间先后击败了各地的割据势力，建立起全国范围的统治。

历代的开国皇帝中，李渊属于大器晚成型的。他称帝时已经53岁，很多皇帝到这个年龄已经驾崩了，李渊却来了个"最美夕阳红"。李渊大器晚成，相应地，他的儿子大多已经成年。李渊有20多个儿子，最受重视的是窦皇后给他生的几个嫡子。其中，长子李建成被封为太子，次子李世民被封为秦王，四子李元吉被封为齐王。在中国封建时代的历史中，有这样一个具有周期性的现象：王朝的开国皇帝传位时，多会遇到麻烦。要么是出现激烈的储位斗争，要么是出现非正常的继位，要么就是继位者被太后干政。这种现象的出现源于建国过程中会形成诸多政治集团。毕竟打天下是个大工程，家里的老婆、孩子、兄弟都要齐上阵，在跟随皇帝打天下的过程中，这些家里人也都树立了自己的威信，形成了自己的势力。他们在政治斗争中身经百战，自然而然就会产生对权力的觊觎。唐朝统一后，外部敌人是荡平了，而内部的斗争才刚刚开始。李渊在位后期，皇子们你死我活的储位争夺上演了。

---

① 出自《全唐诗》卷八百七十五，《唐受命谶》诗注。

发兵长安，李氏当为天子

06

杀兄弟玄武之变
善用人贞观之治

贞观之治

在唐朝建立和统一的过程中,李世民功勋卓著,赢得了满朝的赞誉。身为太子的李建成,很忌惮这个弟弟的声望。于是,李建成联合四弟李元吉,同李世民展开了明争暗斗。李世民也并非单纯小可爱,他常年领兵在外,并非只为朝廷工作,已暗中培养了自己的势力。

隋唐两朝都发迹于关陇集团,王朝的核心权力都掌握在这个集团的上层人物手中。隋亡唐兴,对关陇集团来说,朝代虽然换了,但只是换了块招牌,董事长换了个人而已。李渊治国,倚重关陇集团,坚持"关中本位主义",作为太子的李建成,自然也得到了关陇集团的支持。李世民则另辟蹊径,他注重结交关陇集团中的下层人士,同时还拉拢了山东士族。这里的"山东",指的是崤山以东,包括今天的河北、河南、山东及江苏、安徽北部。山东士族代表的是当年东魏和北齐的势力,而关陇集团代表的是西魏和北周的势力。就这样,李世民与李建成的权力斗争,演化成了两大贵族集团的较量。在储位斗争中,李渊是支持太子李建成的,李渊也对李世民的权势产生了担忧,想剪除李世民的羽翼。李世民判断出形势已经很危急,必须绝地反击,而且要先发制人。武德九年(626)六月初四日,李世民在皇宫西北端的玄武门设下埋伏,因为这里是进入后宫的必经之路。当李建成和李元吉进入宫门时,李世民策马杀出,亲手射杀了李建成,李元吉则被李世民的手下尉迟恭干掉。而后,李世民率卫兵抵抗齐王府和东宫的卫队,令尉迟恭领兵进宫。李渊当时正在宫中的湖里划船,见尉迟恭带着全副武装的士兵进来了,就

玄武门之变

知道出大事了。得知李建成和李元吉被杀后，李渊选择接受现实。他知道，尘埃落定，反抗也没用了，否则自己也会像隋文帝那样瞬间"驾崩"。三天后，李渊册立李世民为太子，同时交出了权力。李世民为了斩草除根，又杀了李建成和李元吉的儿子共10人，连尚在襁褓中的都没有放过。最是无情帝王家，在权力面前，人性早已经泯灭。两个月后，李渊正式传位给李世民，李世民登基后改元贞观，李世民就是历史上的唐太宗。

老百姓评价历史人物，时常会有"脸谱化"的倾向——要么全面肯定，将其神化；要么彻底否定，恨得咬牙切齿。可人性是复杂的，政治是残酷的，历史人物也是具有多面性的。评价历史人物时，我们要尽量避免对人只分"好人"与"坏人"的二元对立思维，要把历史人物放在当时的历史环境下全面审视，即"不虚美，不隐恶"。李世民篡位上台，杀兄屠弟，斩杀侄儿，他在德行上是有亏的。但是，这并不妨碍他成为一个开明的皇帝，因为私德并不决定治国能力。唐太宗吸取了隋亡的教训，在治国方面有颇多建树。

首先，唐太宗很会用人，这是当权者最重要的职业技能。他团结了更广大的政治势力，比如山东士族，玄武门之变背后就是其谋划和支持。山东士族中的秦琼、房玄龄、程鳞金等，后来都受到了重用。唐太宗也没有冷落唐朝关陇集团，集团核心人物长孙无忌出任宰相，长孙无忌的妹妹还成了唐太宗的皇后。除了贵族外，唐太宗还大量起用寒门贤才。比如贫苦孤儿出身的马周，穷得掉渣，却在太宗朝当上了宰相，后世称他为"草茅宰相"。唐太宗的团队里，还有许多胡人。像是突厥人阿史那思摩，官至右武卫大将军，负责宫禁宿卫。唐太宗不分阶级出身、地域和民族的用人政策，扩大了唐朝的统治基础，使贞观年间成了唐朝名将贤相辈出的时期。唐太宗会用人，还体现在知人善任上。房玄龄心思缜密，富有谋略，唐太宗让他主管中书省；杜如晦做事果敢，唐太宗让他主管尚书省。二人搭配着干活，堪称贞观朝的黄金搭档，所以后世有着"房谋杜断"的美谈。

其次，唐太宗很善于纳谏，能听进去不同的声音。著名的谏臣魏徵，本是李建成集团的官员。唐太宗不计前嫌，因欣赏魏徵的直言精神，让他出任谏议大夫。这个官职属于言官，专门负责给皇帝和朝廷提意见。在17年的职业生涯里，魏徵不知疲倦地给太宗提了200多次意见，大概每个月都会提一次。后来，唐太宗见了魏徵都发怵，生怕魏徵犀利的谏言会让他难堪。有一次，唐太宗得到了一只漂亮的鹞，放在手臂上玩，唐太宗看见了走过来的魏徵，怕魏徵又说他玩物丧志，就赶紧把鹞藏到怀里。魏徵见状便猜到唐太宗怀里必有玩物，心说：小样儿，我还没办法治你？于是魏徵故意长篇大论起来，唐太宗如坐针毡地听着。魏徵走后，鹞已经被闷死了。这个"太宗怀鹞"的故事见于唐人笔记，虽然可信度存疑，但也能反映出魏徵劝谏的威力和唐太宗虚心纳谏的胸怀。

最后，唐太宗很重视民众的作用，积极改善民生。他常引用荀子的话，将民众比作水，将君王比作舟，留下了那句"水能载舟，亦能覆舟"的千古治国名言。唐太宗还批评奴役民众以供养君王的行为，说这是"割股啖腹"，就是在自己的大腿上割肉吃，肚子是填饱了，可命也要没了。为了改善民生，唐太宗大力发展农业生产，提倡节俭治国，积极储备粮食以备荒年。在他的努力下，唐初的社会经济得到了恢复和发展，百姓实现安居乐业。虽然没有恢复到隋朝巅峰时期的水平，但已经治愈了隋末大乱造成的伤害。

唐太宗在位20多年，开创了又一个较长时间的太平盛世，史称"贞观之治"。随着时间的流逝，后世史家对唐太宗和贞观之治的评价越来越高，甚至有些神化了。个中缘由，除了唐太宗本人的文治武功外，更重要的是唐太宗作为一个谦虚而开明的君主，能虚心采纳臣下的意见。这种和谐的君臣关系很符合儒家理念中对圣明君王的要求，换句话说，唐太宗是君主专制社会中臣民心中的"白月光"，代表的是后人对开明君主的渴望。

07

狂太子心属突厥
弱李治佛系躺赢

高宗继位

玄武门之变对唐初政局的影响很大，唐太宗即位虽造就了贞观之治，但也给李唐皇室树立了一个不太好的"榜样"，那就是皇位可以抢。有其父必有其子，到了太宗朝晚期，唐太宗的两个儿子也展开了激烈的储位争夺，他俩想复制老爹的成功模式。垂垂老矣的唐太宗，又要经历一遍当年的血雨腥风，又要看到皇室同室操戈，这让他心力交瘁，差一点就拔剑自刎。

唐太宗有三个嫡子，都是长孙皇后给他生的。这三个嫡子分别是长子李承乾、四子李泰、九子李治。虽然都是一个妈生的，但三个兄弟的性格差异很大。李承乾放纵不羁爱自由，李泰才华横溢有心机，李治则是一个宽厚、孝顺的"傻白甜"。

唐太宗刚即位就将8岁的李承乾册立为太子，唐太宗对自己的嫡长子充满了期望，完全按照"预备皇帝"的标准培养他。李承乾12岁时，唐太宗让他在尚书省听政，对他进行挂职锻炼。唐太宗外出时，还让李承乾留京监国，李承乾就如同实习皇帝一般。可期望有多大，失望就有多大。可能是唐太宗太过宠爱他的缘故，太子李承乾的性格很叛逆，做了很多出格的事。身为大唐太子，李承乾却极度崇拜突厥文化。李承乾常常穿突厥的服饰，喜欢说突厥语，在东宫里搭建了很多帐篷，模仿突厥人的日常起居。他还让手下去民间盗来牛、马，放在大锅里煮，然后像突厥人一样用佩刀割肉吃。有一次，他举办突厥式葬礼，自己装死，手下皆以刀割面并号啕大哭，这也是突厥人的习俗。李承乾还公开放话说：今后自己继位了，要带着臣下去草原当一名突厥首领，然后给突厥名将阿史那思摩当手下。阿史那思摩此时已归顺唐朝，是唐太宗的部将。一个储君，居然梦想给部将当跟班，这不仅荒唐，甚至可以说李承乾是个"贱皮子"。除了爱好"突厥风"以外，李承乾还很喜欢男宠。李承乾曾宠幸一个十几岁的宫廷男艺人，给他取名"称心"，类似于"honey"（宝贝）。唐太宗得知后大怒，将称心处死。李承乾哀痛不已，请了几个月的病假，在自己的宫中为称心立塑像，早晚祭拜。这么搞，明显是对唐太宗的处置不满，有点对着干的意思。

相比太子的胡作非为，老四李泰表现得异常优秀。李泰才华横溢，爱好文学，热衷于收集图书典籍。他组织人编纂了地理巨著《括地志》，得到了唐太宗的高度赞赏。李泰还很注意树立声望，对于唐太宗给他安排的老师，李泰从来不以皇子身份自居，还会严守师徒之礼，对老师恭敬有加。这样一看，李泰很像年轻时的唐太宗，他虽然不是太子，但声望却盖过太子。相比任性妄为的李承乾，唐太宗更喜欢老四，给他的待遇都超过了李承乾。李泰的受宠让李承乾感到很不安，他感觉自己就要完蛋了。此时的李承乾就和玄武门之变前的唐太宗一样，恐惧导致攻击，情急之下，李承乾效仿当年的父亲，谋划搞政变，想干掉李泰。可李承乾哪里是他老爹的对手，政变很快就被唐太宗挫败，李承乾被废，而后被贬为庶人。李泰见太子被废，感到自己的机会来了。有一日，他扑到唐太宗怀里，哭着说道：父皇如果立我为太子，等我死后，就把我唯一的儿子杀掉，让弟弟李治继位。李泰有点着急了，利令智昏。唐太宗当年为了夺位杀掉了兄弟与侄子，现在李泰又要杀掉自己的儿子，对一个老父亲来说，李泰的话欺骗性不大，但伤害性极强。唐太宗感觉自己这父亲当得太失败了，伤心得要拔剑自刎，最后被近臣阻拦。唐太宗想明白了：如果立李泰为太子，李承乾和李治都不会有好下场。最终，唐太宗立了柔弱但孝顺的李治为太子。只有李治当皇帝，李承乾和李泰才不会被赶尽杀绝。平庸的李治做梦也不会想到，自己最后居然能躺赢。很多时候，争是不争，不争才是争。

的确如唐太宗所料，李治是个善良的孩子，也是个孝顺的储君。唐太宗晚年时病重，李治一直在身边悉心照顾。李治不仅照顾了老爹，还

李承乾与李泰鹬蚌相争，最终由李治继位

照顾了老爹一个年轻的妃嫔，这个嫔妃就是武则天。

　　武则天本名叫啥，历史上没有明确记载，"则天"是后人给她的尊号。武则天出身于一个富裕的商人家庭，父亲武士彟经营木材生意。后来，武士彟参与了一场政治风投，也就是资助李渊起兵造反，结果赚大发了。唐朝建立后，武士彟因功入仕，升为工部尚书，当起了"皇家总开发商"。唐太宗39岁时，听说武士彟有个漂亮女儿，就将武则天召入宫中，封为五品才人①。这一年，武则天才14岁。一入皇宫深似海，母亲很为女儿的未来担忧。送别时，母亲哭哭啼啼。武则天劝说母亲道：

　　　　见天子庸知非福，何儿女悲乎？②

　　可以看出，少女时代的武则天是一个很有志向且性格刚强的小姑娘。可惜，入宫后的武则天苦苦做了12年的才人，一直没晋升。武则天感觉自己在唐太宗这个糟老头子这里没啥前途了，她需要为自己的未来物色一个潜力股。唐太宗病重后，李治常入宫照顾唐太宗。要强的武则天，在李治这里看到了希望；柔弱的李治，在武则天这里感到了温情。瞬间迸发的热情，让两个年轻人走到了一起。就在唐太宗的病床前，太子李治和自己年轻的小妈有了不伦之恋。不久后，唐太宗驾崩了，李治继位，是为唐高宗。

　　按照唐朝的后宫制度，皇帝去世后，后宫嫔妃有两个归宿：如果育有子女或有品级，就随自己的子女或依官职生活；如果都没有，就统一安置到皇家寺庙感业寺去做尼姑。小才人武则天没有生育过，就被送去了感业寺。如果是一般人，往后余生就要与青灯黄卷为伴，终老于佛前了。但武则天不是一般人，她不会甘于这样的寂寞。她需要一个机会，找回自己持仓的那只潜力股。一年后，武则天的机会来了。

---

① 唐代妃嫔制度：皇后之下有四妃，即贵妃、淑妃、德妃、贤妃，为夫人，正一品；有九嫔，即昭仪、昭容、昭媛、修仪、修容、修媛、充仪、充容、充媛，正二品；婕妤九人，正三品；美人九人，正四品；才人九人，正五品；宝林二十七人，正六品；御女二十七人，正七品；采女二十七人，正八品。
② 出自《新唐书》卷七十六，《列传第一·后妃上·则天武皇后》

08

侍父子则天称帝
女强人治宏贞观

女皇武则天

在数千年的中国历史中，汉族与周边的少数民族长期共存，彼此互相影响。这种影响是双向的，既有胡人的汉化，也有汉人的胡化。李唐王朝，就是胡化程度比较重的汉人王朝。

李唐皇室发迹于胡汉结合的关陇集团，李渊、李世民爷俩娶的都是鲜卑族妻子，他们的后代有着浓厚的鲜卑血统。李唐王朝虽以汉法治天下，但皇室成员的行事风格和生活习俗还保留了许多游牧民族风气。比如，游牧民族没有嫡长子继承制，受此影响，唐初的皇位继承时常发生抢班夺权的事情。再比如游牧民族人口稀少，缺乏劳动力，妇女也要参与劳动，因而游牧民族妇女的社会地位比汉族妇女要高；受此影响，唐初女性地位也比较高，参与政治的女性大有人在。此外，游牧民族不提倡女子守寡，女子丧夫后，会由丈夫的弟弟或庶出的儿子续娶，是为"收继婚"。这种被中原礼教视为乱伦的事，在唐初的皇室中频频出现。诚如宋代学者朱熹所说：

> 唐源流出于夷狄，故闺门失礼之事，不以为异。[1]

唐太宗晚年病重时，李治和武则天之间的"病房恋情"就属于"闺门失礼之事"。

---

[1] 出自《朱子语类》卷第一百三十六，《历代三》。

唐太宗驾崩后，武则天被送去感业寺当尼姑。一年后，时逢唐太宗忌辰，唐高宗去感业寺进香祭奠。武则天抓住机会，再次与李治相遇。两人相见，泪如雨下，互述衷肠，旧情如干柴遇烈火般地复燃了。李治很想把武则天接回宫，可怎么跟自己的皇后交代呢？皇后知道了，还不得闹翻天？可结果出乎意料，唐高宗的王皇后得知此事后，不但没有闹，还顺水推舟地表示支持。原来，王皇后当时正与得宠的萧淑妃宫斗，她希望武则天进宫，以制衡萧淑妃。很多时候，女人的嫉妒心容易让自己失去理智。武则天回宫后，的确制衡了萧淑妃，却也斗倒了王皇后。在武则天的一系列的宫斗权谋下，唐高宗最后"废王立武"，武则天成了高宗朝的正宫娘娘。

很多时候，中国古代史的发展走向取决于各派系各势力斗争的结果。武则天上位，不仅得益于自己的谋略和唐高宗的爱，更是政治斗争形势成全了她。王皇后出身于太原王氏，身后是关陇集团。宰相长孙无忌是关陇集团的核心人物，唐太宗的长孙皇后就是他的妹妹。唐太宗晚年，长孙无忌力保李治为太子。唐太宗驾崩前命长孙无忌和褚遂良辅政，李治抱着长孙无忌的脖子嗷嗷痛哭。可以说，没有长孙无忌和关陇集团的支持，李治就不可能成为太子，而后顺利继位。然而，政治是微妙而残酷的。唐高宗坐稳江山后，开始担忧关陇集团权势过大，会威胁自己的皇权。所以，唐高宗要借废黜王皇后一事来打击关陇集团。长孙无忌和褚遂良因反对废后被贬出了朝廷，关陇集团也从此一蹶不振。

武则天上位后，她成了李治最亲密的政治盟友和最得力的治国帮手。唐朝皇帝中有不少人受到"风疾"之病的困扰，用现代医学的知识来解释，李家人可能有家族遗传的心脑血管疾病。这可能和李家人胡化的饮食习惯有关，他们爱吃油脂多的肉类，长期保持这样不健康的饮食习惯容易导致高血压，引发中风。唐高宗晚年经常头晕目眩，犯病时，他就让武则天帮他处理国事。武则天展现了极高的政治才干，把国事处理得井井有条。唐高宗上朝，武则天就"垂帘于后，政无大小，皆与闻之"[1]，人称"二圣临朝"。这种局面持续了20多年后，唐高宗驾崩了。三儿子李显继

---

[1] 出自《资治通鉴》卷第二百一，《唐纪十七》。

武则天"垂帘于后,政无大小,皆与闻之"

位，是为唐中宗。但是李显有些"妻管严"，对自己的韦皇后言听计从。武则天无法容忍另外一个女人干预朝政，不久后，武则天将李显贬为庐陵王，改立老四李旦为帝，是为唐睿宗。武则天又以太后的身份主政了六七年，她总觉得这样治国就像"脱裤子放屁"——多此一举。干脆自己当皇帝算了，女人为什么不可以呢？690年，67岁的武则天改国号为周，举行登基大典，成了中国历史上唯一的女皇帝。

武则天先后以皇后、太后、皇帝三种身份掌权，控制了唐朝大概半个世纪。在治国能力上，武则天不逊色于任何男性君主。政治上，她全力打压贵族势力，特别是关陇集团。她这样做，既出于当年立后一事的个人恩怨，也顺应了庶族崛起的历史趋势。所谓庶族，主要是指平民出身的社会精英（地主阶层），是相对士族而言的。魏晋南北朝是中国的贵族时代，那时的士族依靠家族门第就可以垄断权力，形成士族门阀政治，牵制并威胁着皇权。随着皇权的振兴，统治者势必要打击士族、重用庶族。武则天出身于寒门士族，没有高门士族势力可倚赖，只得依靠庶族。所以，她既代表皇权，又代表庶族势力，对高门士族打心眼里看不上。因此，许多关陇集团成员要么被贬官，要么被诛杀。所以，武则天时期，士族门阀政治彻底结束了，中华文明的贵族时代也终结了。

士族被挤出权力核心后，唐朝需要大量庶族出身的官员。为了选拔官员，武则天改革了科举制，她要亲自对人才进行把关，为此还创立了早期的"殿试"，亲自面试考生。殿试就是科举的最后一场考试，在皇宫里进行，由皇帝亲自监考。这样一是能防止考官串通学子舞弊；二是把进士纳为"天子门生"，在君臣关系中又加入师生情谊，进士们会更加卖命地为皇帝老师服务。武则天不仅擅长政治斗争，在发展经济方面也是一把好手。她当政期间，唐朝经济持续发展，户数从高宗朝初期的380万户增加到武则天末期的615万户，50多年间翻了近一倍。然而，女性称帝势必挑战整个男权社会，为了维护统治，武则天推行了一些极端的威权政策。比如鼓励臣民互相告密。民众进京检举可享受官方的免费食宿招待。她还重用酷吏，搞起了人人自危的恐怖统治。为了延续武周江山，她还屠戮了许多李唐宗室，重用武姓亲戚。可是武家子弟并没有什么出色的人才，到武则天晚年时，人们又怀念起了李唐政权。

09

终乱局玄宗即位
迎巅峰开元盛世

开元盛世

　　705年，武则天病重，亲李派大臣策动禁军发动了"神龙政变"（也称"五王政变"）。武则天退位，唐中宗李显复位，江山又回到李氏手中了。同年年底，82岁的武则天病逝，以皇后身份被葬在唐高宗的乾陵。武则天陵前被立了一块无字碑，因为她的功过实在太难评说了。现代学者郭沫若评价武则天"政启开元治宏贞观"，意思是说武则天一朝上承贞观之治，下启开元盛世。这个评价还是比较中肯的，武则天的确是唐朝历史上承上启下的重要统治者。

　　一个女人倒下去，更多的女人站了起来。武则天死后，她的女儿、儿媳、孙女纷纷冲到政治前台，想效仿这位女强人干一番事业。唐中宗复位后，他的韦皇后也动了当女皇的念头，他们的女儿安乐公主还想当"皇太女"。这娘俩真够狠的，竟合伙把李显毒杀了，想要趁机夺权。李氏子孙不能再看着江山落入外姓人之手了。唐高宗的孙子，也就是废帝睿宗李旦的儿子李隆基，在关键时刻联合姑姑太平公主，果断发兵诛杀了韦后一党，将李旦又推上了皇位，史称"唐隆政变"。不久后，唐睿宗李旦禅位于28岁的李隆基，也就是唐玄宗。一波未平，一波又起。太平公主此时蠢蠢欲动，她也想做她妈那样的女强人。她看侄子唐玄宗不好控制，就和自己的党羽谋划，要么废掉唐玄宗，要么将他毒杀。李隆基可不像父辈那样软弱，危急时刻，他发兵挫败了姑姑的政变阴谋，太平公主最后被赐死于家中。自武则天末年以来的七八年间，唐朝宗室几乎没干别的，成天搞政变。一会儿是女人冲锋，一会儿是废帝复辟，一会儿又要杀皇帝，非常混乱。直到太平公主被赐死，李唐江山才算稳定了下来。

尘埃落定后，唐玄宗开始拨乱反正，使唐朝又回到了向前发展的轨道上。唐玄宗改年号为开元，唐朝最为人所津津乐道的"开元盛世"开启了。历史上，说一个时期是盛世，一般要满足五方面的条件：一是政治开明，皇帝干正事，大臣讲真话；二是经济发展，民众生活富足，人口数量增加；三是文化繁荣，文学、艺术、学术百花齐放；四是边疆稳定，民族关系和谐融洽；五是对外开放，中外交流密切。开元年间，这五方面都达到了唐朝的巅峰。即便纵观整个中国古代史，这五方面都能及格的时期，也是屈指可数的。接下来，让我们从政治、经济、文化三方面来了解开元盛世。民族关系和对外交往方面，会在之后的章节里做详细论述。

政治方面，唐玄宗改革了中央政府机构，裁撤了许多冗官。为了分割相权，唐初曾设置了多个宰相。除三省的6个长官[①]为宰相外，大臣如果获得"同中书门下平章事"等头衔，也是实际上的宰相。最多的时候，唐朝有17个宰相。宰相虽然变多了，要干的活却没变多，结党营私之事倒多了不少。比如唐睿宗重新登位后，朝中的7个宰相里，就有5个是太平公主的党羽，这对皇权的威胁很大。唐玄宗将宰相缩减为两人，即中书令和门下侍中，一正一副，彼此互相制衡。

玄宗朝贤相辈出，其中最著名的是姚崇和宋璟。他俩与太宗朝的房玄龄和杜如晦齐名，并称为"唐朝四大贤相"，后世还流传着"前有房、杜，后有姚、宋"的美谈。与房、杜这对黄金搭档不同，姚、宋是先后接任宰相的。开元元年（713），唐玄宗到地方视察军队，地方官姚崇陪同。64岁的姚崇侃侃而谈，把天下大事分析得头头是道，听得唐玄宗如痴如醉，瞬间变成了姚崇的小迷弟。唐玄宗想让姚崇出任宰相，但姚崇没有立即答应，而是先提出了10条治国建议，包含实行仁政、不贪图边功、以礼对待臣下、不宠信宗亲和宦官等，史称"十事要说"。如果唐玄宗不答应，姚崇就不做这个宰相。唐玄宗听完后，悉数同意，

[①] 唐太宗时，三省的长官为中书令二人、门下侍中二人、尚书左右仆射各一人。

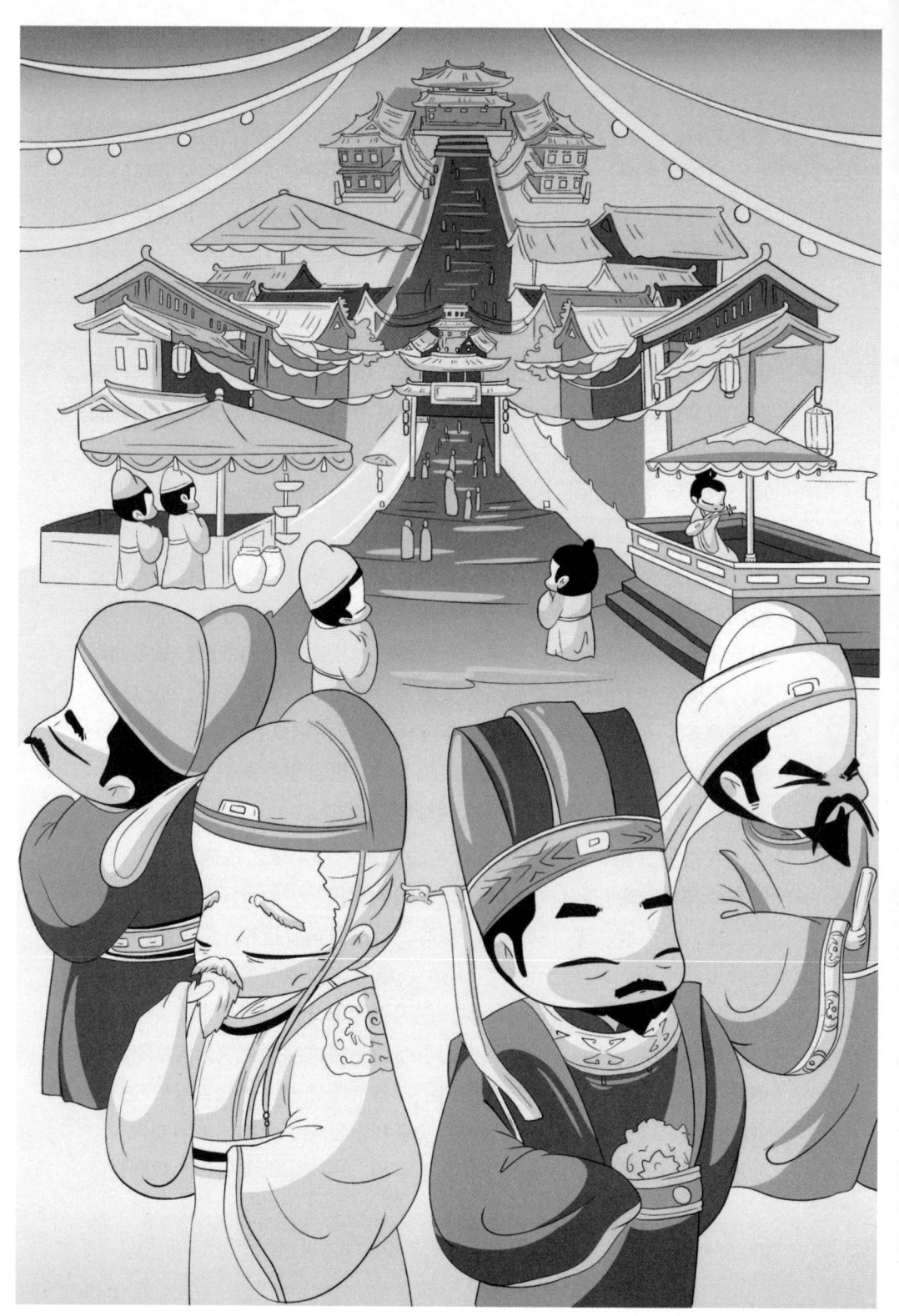

杜如晦、房玄龄、姚崇、宋璟，四大贤相共铸大唐繁华

姚崇第二天就出任了宰相。姚崇为政务实,很有开拓精神。当时山东闹蝗灾,可人们却不敢灭蝗,因为在传统的天人感应观看来,蝗灾是上天降下的惩罚,灭蝗会让上天更加愤怒。姚崇不信这些神神道道的,下令各地官员组织百姓以焚埋之法灭蝗,简单粗暴且有效,颇具唯物主义色彩。姚崇当了约莫三年的宰相后,宋璟接任。经过二人的接力,唐朝社会欣欣向荣,开元盛世的大幕被徐徐拉开。值得注意的是,两位贤相都只干了三年左右。这就是唐玄宗的帝王权术——为了防止相权过大,宰相干得再好,最多也只能干三年。

唐玄宗很重视发展经济,兴修了许多水利工程,在各地大兴屯田,为农业经济发展保驾护航。他还厉行节俭,限制贵族和佛教,以减轻民众的负担。经济的发展带来了人口的增加。武则天末期,全国有615万户,到玄宗朝鼎盛时期,增加到907万户。据部分学者的说法,实际上可能超过1300万户,超越了隋朝的峰值。与隋朝只有国富不同,开元盛世是国富民也富,正如杜甫在《忆昔二首·其二》中描述的那样:

忆昔开元全盛日,小邑犹藏万家室。
稻米流脂粟米白,公私仓廪俱丰实。

在文化方面,唐玄宗素以"好文"著称。即位后,他组织文人搜集和校勘天下图书,著录了书籍几万卷,时人称"书籍之盛事,自古未有"。例如著名的《唐六典》,这是一部对唐朝制度进行系统性介绍的典籍,记载了国家各级机关的构成、职责、人员编制、品位、待遇等,还详述了唐代以前的古代官制的历史沿革,是我国现存最早的行政法典之一。开元年间,学校教育也有了空前的发展,全国各级官学在校学生有6万余人,且不包括医学生、太史历生、天文生及私学生员。诗歌创作进入鼎盛阶段,音乐、绘画、雕刻等艺术也都取得了显著成就。不仅如此,开元时代的文化氛围还相当开放,吸收了很多外来文化。真正的文化自信,绝不是唯我独尊地拒绝外来文化,而是大胆地吸收与融合外来文化。这种自信,也正是开元盛世的最高姿态。

10

均田废影响全局
盛世久危机重生

唐朝的社会制度

中国历史存在着一种周期性规律：凡大乱之后必有大治，大治之后又必生大乱。汉末以来三四百年的纷乱时局终于隋朝的统一与繁荣，唐朝延续了隋朝以来的盛世，在开元时期达到巅峰。然而，繁华盛世之下，唐朝社会又滋生出许多新的问题。这些问题如果解决不好，天下大乱就是迟早的事。

唐朝社会问题产生的根源，在于社会形势在开元时期发生了巨大的变化，原有的那套社会制度已经不适用于当前的社会了。古代中国的社会是传统的农耕社会，土地制度是一切社会制度的核心。唐初实行的是均田制，这种土地制度诞生于北魏，沿袭到隋唐。所谓均田制，就是国家将土地按某种方式均分给农民。可国家为什么有那么多土地呢？原来，这些土地都是国家掌握的无主土地。从魏晋到隋末，打仗就像吃饭喝水一样频繁，许多土地的主人要么死于战乱，要么逃亡异乡，国家能一直"捡漏"，拥有大量无主土地。唐朝的均田制主要针对18岁以上的壮年男子，每人可以分得100亩土地。其中的20亩是永业田，子孙可继承；另外80亩是口分田，死后收归国家。几千年来，中国农民最大的愿望就是拥有自己的土地。均田制在一定程度上满足了农民的愿望，农民个个在希望的田野上干劲十足。

均田制还支撑着唐朝的赋税制度和兵役制度。唐初的税制是租庸调制，获得均田的壮年男子，每年向国家交2石粟，称为"租"；每年为国家免费干活20天，如果不干活，就交6丈绢代替，称为"庸"；另外，每年还要根据乡土所产，向国家交纳2丈绢（或绫、绝）和3两绵，或是2丈4尺布、3斤麻，称为"调"。国家不仅需要有人交税，还需要有人当兵。唐初实行府兵制，最多的时候，朝廷在各地设立了600多个军府，军府也称折冲府，相当于地方武装部。折冲府在当地军户中挑选士兵，然后组建府兵。府兵平时在家务农，农闲时参加军事训练，轮流承担国家的军事驻守和对外作战任务。府兵服役期间不必承担国家的租庸调，但需要自备口粮、甲胄、轻武器，国家只提供战马和重武器。这种府兵制实现了兵农合一，极大地减少了国家的军费开支。当然，府兵的战斗力也比较一般，毕竟大家都是业余的农民兵。

均田制支撑着租庸调制和府兵制，三者相辅相成，既让农民获得了安身立命的土地，又为国家保证了税源和兵源，可谓一举两得。然而，开元时期唐朝的社会的新变化，这让三个制度都实行不下去了。

第一大变化是人口的增加。玄宗朝的人口可能达到了8000万。这么多人口，国家掌握的土地早就分没了，均田制濒临瓦解。很多农民分不到规定数额的土地，却还要承担租庸调，这就很不公平。很多农民选择逃亡，逃往他乡成为黑户，这样就不用承担租庸调了，逃亡、隐匿的农民也就成了实际的"不课户"。你逃我也逃，越来越多的农民选择逃亡、迁居，伴随的是大量的田产买卖交易。这样一来，国家掌握的户籍、田产等，登记数量与实际情况严重不符，很多赋税也就收不上来了。此外，唐朝的官员和宗室享有免税特权，他们大量购买土地，使国家的税源变得更少了。到天宝①年间，居然有三分之一的户籍不需要纳税，国家出现了严重的财政危机。面对危机，唐玄宗并没有进行大刀阔斧的改革。他毕竟岁数大了，不想折腾了，只想维持现状。唐玄宗一面让宰相李林甫进行局部调整，一面任用敛财能手大肆搜刮钱财。虽然也取得了一定效果，但并未从根本上解决问题。

第二大变化是军事格局的改变。太宗朝，朝廷用各种羁縻政策对少数民族政权加以笼络，同时恩威并施，拉一个、打一个，算是稳住了边

---

① 唐玄宗第三个年号。

疆形势。但这种方式并不能长期奏效，比如突厥人和契丹人，太宗朝以后他们一再生事，经常侵扰唐朝边境。为了加强边防，唐朝需要在边疆地区派驻大量军队。可均田制已经趋于瓦解，府兵制也跟着崩溃了，唐朝的兵源严重不足。你不给老百姓土地，老百姓凭啥给你当兵卖命呢？更闹心的是，唐朝前期，国家疆域很大，边防线偏远又漫长，士兵长期驻扎很辛苦，很多人选择当逃兵，甚至有的人以断手断脚的方式自残，只为逃离。为了不当兵，唐朝的老百姓也是够拼的。

为了解决兵源问题，唐朝改府兵制为募兵制，招募民间强壮者自愿入伍，做职业军人。募兵平时不从事农业生产，专于军事训练，战斗力较强。募兵一切军用开支都由国家负责，不需要个人承担。可是，国家不是很缺钱吗？哪里还有钱养这么多职业军人呢？唐朝为此推行了一个新的军事制度，我们可以理解为"军区制"。唐玄宗时期，朝廷在漫长的边防线上设立了10个大军区（兵镇），其长官称节度使[①]。唐玄宗给了节度使很大的权力，他们不仅可以长期领兵，还可以在军区内任命官员和收取赋税，让他们自筹军费。既拥有土地和人民，又掌握军队和赋税，节度使慢慢成为一方的主宰，他们所辖区域称"藩镇"或"方镇"。藩镇的出现，虽然在一定程度上维护了边疆的稳定，却为唐朝埋下了一颗大地雷。以前，朝廷军队多于地方军队，地方不敢轻易造次。在天宝年间，军力对比发生了逆转。当时，唐朝全国军队有57.4万人，其中藩镇的军队就有49万人，藩镇军队远多于朝廷军队。这种"外重内轻"的军事格局非常危险，一旦地方军队反叛，朝廷难以招架。

在唐朝诸多的藩镇节度使中，实力最强者是安禄山。他身兼范阳、河东、平卢三镇的节度使，手中的兵力超过18万人，约占唐朝兵力的三分之一。看得出来，唐玄宗对安禄山很是信任。可就是这个唐玄宗非常信任的人，差一点就终结了李唐王朝。

---

① 指节度经略史。天宝年间，沿边设有九节度使、一经略使管理边要诸州。

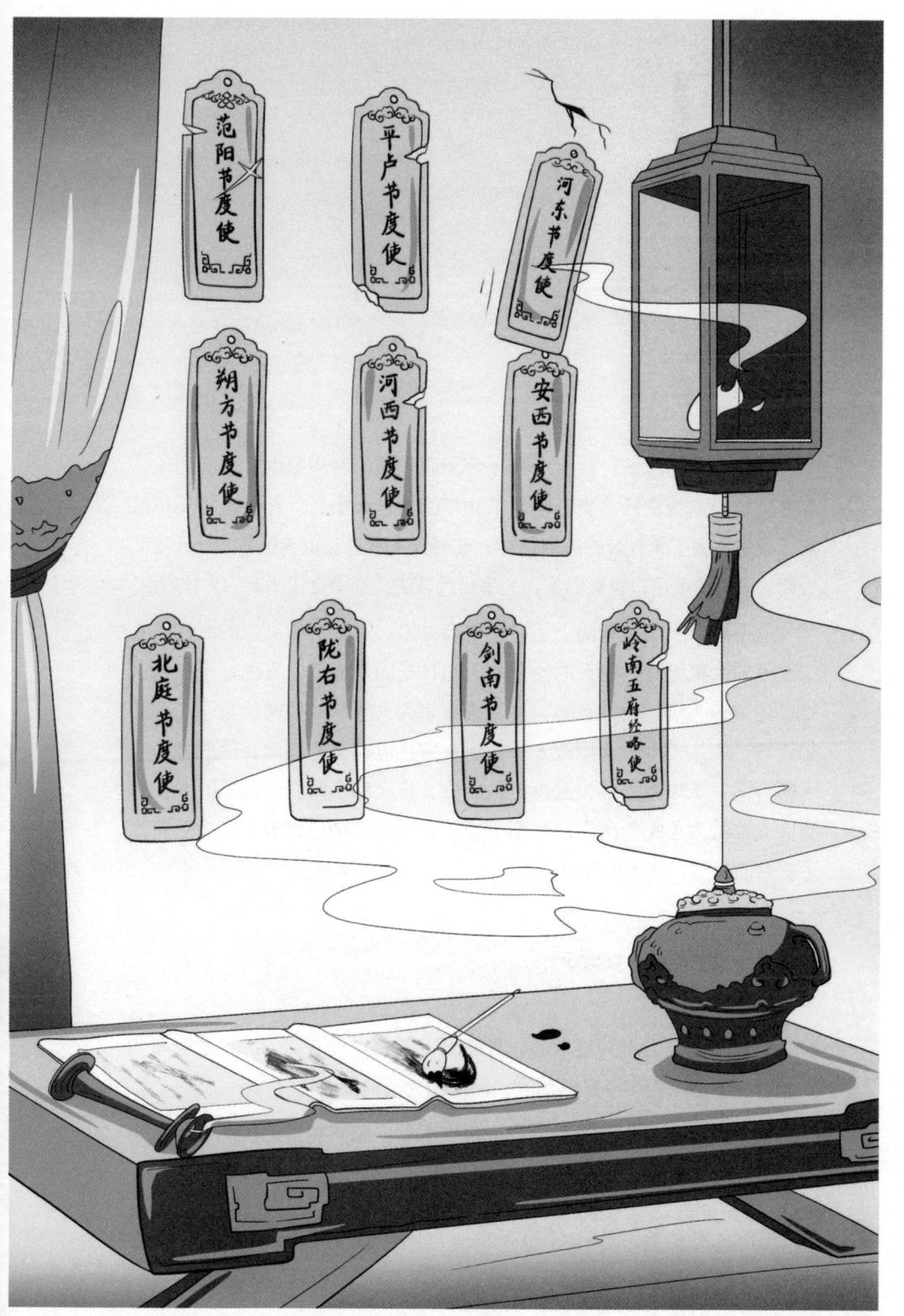

天宝十节度经略使

11

一生荣辱归天宝
大凡圣主难善终

安史之乱

　　安史之乱的爆发，既有唐朝社会矛盾积累的客观原因，也有唐玄宗奢靡怠政的主观责任。唐玄宗当了30年的盛世天子后，在天宝年间彻底飘了。他失去了年轻时的进取精神，变得任人唯亲、拒谏饰非。开元年间后期，唐玄宗重用宦官高力士，大事自己裁决，小事直接由高力士处理。

　　这个高力士确实有两下子，不但会办事，还很懂唐玄宗的心。唐玄宗宠爱的武惠妃是武则天的侄孙女，也许是因为遗传，武惠妃不仅有美貌，还很有心机。她设计陷害死了唐玄宗的太子和其他两位皇子，一心想让自己的儿子寿王李瑁做太子。唐玄宗还没完全老糊涂，他的帝王心术告诉他：李瑁做太子，武惠妃做太后，自己和李唐江山都危险了！那到底立谁做太子呢？唐玄宗吃不下饭、睡不着觉地思索着。高力士看出了玄宗的纠结，悄悄提醒道：

　　　　推长而立，孰敢争？[①]

　　唐玄宗被高力士一语点通，果断立了年长且没有势力的皇子李亨为太子。并不是因为李亨足够优秀，而是因为选他最保险。

　　害死了三个皇子后，武惠妃像是中了邪，总感觉自己被冤魂纠缠，

---

① 出自《新唐书》卷二百七，《列传第一百三十二·宦者上·高力士》

没过多久就吓死了。武惠妃的死让唐玄宗十分伤心，贴心的高力士见唐玄宗闷闷不乐，随即向她推荐了一个美女。此美女不是别人，正是李瑁的王妃，唐玄宗的儿媳妇——杨玉环。高力士和李瑁之间多半有点仇，高力士不仅不推荐他当太子，还给他定制了一顶"皇家绿帽"。这杨玉环也确实不错，身材丰腴，擅长跳舞，还很知心，可谓"中老年杀手"。杨玉环和李瑁本来过得也挺好，但皇帝老爹看上她了，李瑁又能说什么呢？唐玄宗继承了爷爷唐高宗的不光荣传统，又给李唐皇室树立了乱伦的"榜样"。杨玉环入宫即得宠，次年被封为贵妃。唐玄宗整日和杨贵妃宴饮作乐，仿佛又回到了青春岁月。对一个老男人而言，这种感觉是无法抗拒的。朝中官员大多忙着讨好杨贵妃，宰相张九龄的弟弟张九章，听说杨贵妃爱吃荔枝，就不远千里从岭南进贡鲜荔枝，因此升官。还有一个武将更得杨贵妃的欢心，此人就是安禄山。

安禄山的祖上是中亚的粟特人，他的母亲是突厥人，所以史书说安禄山是"营州杂种胡"，也就是混血胡人。营州在今天辽宁朝阳，唐朝时，那里是胡人的聚居区。混血儿有个优势，就是从小耳闻目染，能学会多种语言。安禄山通晓6种语言，长大后以"互市牙郎"为业，相当于外贸翻译兼中介。后来，安禄山加入了唐朝军队，因作战勇猛且为人八面玲珑，很快爬上了高位。安禄山很会搞关系，他用厚礼贿赂朝廷官员，让他们在唐玄宗那里宣传自己，得到了唐玄宗的关注。天宝元年（742），安禄山升任平卢节度使，从此有机会进京面见唐玄宗。有了当面溜须拍马的机会，安禄山更加如鱼得水。安禄山很胖，体重有300多斤，肚子下垂到膝盖了。可安禄山是一个灵活的胖子，擅长跳胡旋舞，挺着大肚子转起来疾旋如风。他和杨贵妃在宫中为唐玄宗跳舞，旋转又跳跃，场面十分诙谐，逗得唐玄宗哈哈大笑。安禄山还极力讨好杨贵妃，称这个比自己小16岁的女人为"干娘"。杨贵妃也很会玩，安禄山生日时，杨贵妃召安禄山入宫，让宫女用锦绣做成的大襁褓把他裹起来，再派人抬着这300多斤的"巨婴"在宫中巡游。安禄山以这些不堪的逢迎方式换取了巨大的政治报酬——没过多久，安禄山便平步青云，身兼平卢、范阳、河东三镇的节度使，领有唐朝约三分之一的军队。

安禄山的奸佞与危险并非无人察觉，宰相张九龄曾多次劝说唐玄

杨贵妃与安禄山为玄宗跳胡旋舞

宗除掉安禄山，可唐玄宗不理会。后来的宰相李林甫是一个有能力的小人，他颇有政治手段，却没用在正道上。唐朝前期官场有"出将入相"的传统，业绩好的武将可以入朝为相。李林甫担心武将入朝会威胁自己的权势，就力保安禄山这样的胡人做武将。因为胡人的文化水平不高，当不了宰相。李林甫成全了安禄山，却也拿捏住了安禄山。安禄山很怕李林甫，每次见到李林甫，安禄山都汗流浃背，哪怕在冬天也一样。安禄山心里清楚，李林甫能成全他，也能毁灭他。李林甫死后，杨贵妃的堂兄杨国忠继任宰相。杨国忠没有李林甫那两下子，控制不了安禄山，所以他就在唐玄宗面前反反复复地说安禄山会谋反。安禄山也有点害怕唐玄宗耳根子软了真拿他开刀。因此，安禄山决定先发制人。

天宝十四年（755）十一月，安禄山以诛杨国忠为名发动叛乱，叛乱的主要领导人还有他的好友史思明，所以该事件称"安史之乱"。叛军常年在边疆与胡人作战，战斗力较强，承平日久的内地军队无法招架。叛军如泥石流般席卷北方，一个月就攻下了东都洛阳。次年，安禄山在洛阳称帝，国号"燕"。此时，唐朝尚有约20万大军部署在长安的门户潼关。潼关易守难攻，唐军将领坚守不出，叛军耗时几个月也无法攻入。可唐玄宗的心乱了，听信各种谗言。他先是处决了坚守不出的将领封常清与高仙芝，而后又命新主将哥舒翰出关决战。哥舒翰被逼无奈，拍着胸口大哭，然后领兵出关，很快就被叛军伏击围歼。20万唐军，只有8000余人逃回。潼关失守，长安如俎上之肉，唐玄宗慌忙跑路。途中，禁军在马嵬驿哗变，他们把杨国忠乱刀砍死，将矛头直指杨贵妃。唐玄宗还想保住杨贵妃，高力士看出了形势危急，关键时刻劝唐玄宗自保。据说，最后高力士亲手勒死了杨贵妃，平息了禁军的怒火。马嵬之变后，太子李亨北上灵武，自行登基即位，激荡的玄宗时代结束了。

唐玄宗的一生大起大落，堪称史上命运反转最大的皇帝。前半生，他力挽狂澜，结束了持续多年的皇室斗争，缔造了开元盛世的巅峰伟业；后半生，他享乐怠政，又亲手将唐朝推入安史之乱的深渊。"靡不有初，鲜克有终"，大凡圣主，难得善终。晚年的唐玄宗，在儿子的严密监视下苟活着。他经常一个人发呆，时常想念杨贵妃。唐玄宗死后被葬于泰陵，泰陵只有一座陪葬墓，里面埋的是高力士。

12

节度使藩镇割据
两税法元和中兴

藩镇割据

马嵬驿之变，背后的主谋可能是李亨。李亨素来与杨国忠不合，遂利用禁军的不满情绪，借刀杀死了政敌。李亨本还想趁乱即位，但禁军尚拥护唐玄宗。李亨苦于手中无兵，只好北上灵武，因为那里有支持他的唐朝军队。就这样，李亨在灵武即位，是为唐肃宗，唐玄宗被迫下岗了。

唐肃宗在灵武组建了新朝廷，任命儿子李豫为"天下兵马元帅"，统帅唐军平叛。当时，仅依靠唐朝军队很难马上扭转局势，必须找外援，唐肃宗想到了回纥人。回纥一直接受唐朝的册封，和唐朝的关系很好。回纥人愉快地答应了帮忙，派出了几千回纥志愿军前来支援。作为回报，唐肃宗承诺收复都城之日，

> 土地、士庶归唐，金帛、子女皆归回纥。[①]

意思相当于回纥兵可以在都城劫掠。唐朝与回纥联军向安史叛军发起反击，唐朝先后收复了长安和洛阳。这回纥兵也是真不客气，收复洛阳后，他们入城劫掠了三天。最后，百姓拿出万匹罗锦来贿赂回纥，劫掠才结束。

唐朝这边找到了外援，而叛军那边却发生了内讧。安禄山晚年很宠

---

① 出自《资治通鉴》卷第二百二十，《唐纪三十六》。

爱小儿子,而这引起了嫡子安庆绪的不满。称帝仅一年,安禄山就被安庆绪给做掉了。后来,史思明又杀了安庆绪,可没几年,史思明又被自己的儿子史朝义给杀了。就这样,内讧让叛军实力大减。有些安史集团的部将,见叛军大势已去,便接受了唐朝招安,归顺了朝廷。763年,历时8年之久的安史之乱终于被平定。

在叛乱被彻底平定的前一年,唐肃宗就病死了,他只比老爹唐玄宗多活了十几天而已。之后,太子李豫继位,是为唐代宗。安史之乱是唐朝由盛转衰的转折点,叛乱本身对唐朝的破坏极大,叛乱所留下的烂摊子更是难以收拾。

安史之乱留下的第一个烂摊子是藩镇割据。平叛后,皇帝对有功将领论功行赏,许多军官和安史降将被封为了节度使,统兵驻守在各地。以前仅存在于北方边境的藩镇,现在全国各处都有。这些藩镇,

> 相望于内地,大者连州十余,小者犹兼三四。[①]

当时有40多个藩镇,它们具体又可分为三大类。第一类是不听话的割据型藩镇,它们分布在北方地区,其中,势力最大的成德、魏博、卢龙三镇称河北三镇或河朔三镇。这些藩镇所辖地区是安史旧地,民族成分复杂,胡化程度较高。它们的节度使多是安史降将,表面上尊奉朝廷,实际上自行为政。割据型藩镇的节度使会自行任命官员,不向中央纳税,节度使之位也是自行传位,朝廷只能放任。第二类是还算听话的防御型藩镇。这类藩镇又分为两种:一种是在割据型藩镇南面的中原藩镇,它们是朝廷与割据型藩镇之间的屏障,能给朝廷当挡箭牌,相对可靠;另一种是西北藩镇,它们为朝廷镇守边疆,表现得也算不错。第三类是最听话的东南型藩镇,分布于东南地区。安史之乱后,中国的经济重心开始南移,东南型藩镇所辖地区是朝廷主要的税源地,不断地给朝廷输血。在唐朝最后的约莫150年里,朝廷一直在与藩镇斗智斗勇。

[①] 出自《新唐书》卷五十,《志第四十·兵》。

安史之乱留下的第二个烂摊子是财政困难。为了平叛，朝廷花了很多钱。平叛以后，为了牵制藩镇，朝廷还要花很多钱。朝廷的支出越来越多，可进项却越来越少。早在安史之乱以前，由于均田制崩溃，租庸调制难以维系，税收锐减，国库便已捉襟见肘。安史之乱爆发后，大量民众逃亡，很多人逃往他乡，成了不纳税的"客户"，交税的人就更少了。有些藩镇还对朝廷阳奉阴违，一面巧立名目加重对民众的盘剥，一面又夸大"客户"数量，以此截留上交朝廷的税款，自己在中间大肆赚取税收差额。另外，租庸调制这种税收制度此时已经严重阻碍国家的发展。因为租庸调制"以丁身为本"，也就是按人头交税。以前实行均田制，国家按人口分配土地，百姓没有太大的贫富差距，按人头交税还算合理。可现在均田制崩溃了，百姓占有的土地不平均，继续按人头交税，穷富一刀切，很不公平。为了改革税收制度以缓解财政危机，唐代宗的继承者唐德宗接受了宰相杨炎的建议，推行"两税法"。

首先，两税法采取"户无主客"的原则，所有人都得交税。然后，政府根据需求将税额分摊到百姓身上，按照户税与地税两项征收，其他杂税全免。户税按你家的户等收钱，户等标准看你家的人丁数和资产数；地税就看你家占有的土地数量。这样一来，地多有钱的人家多交税，地少没钱的人家少交税，"以资产为宗"，不再按人头摊派，这样就更加公平合理。之所以叫"两税法"，是因为赋税一年要分两次征收。这样收税是因为南方农作物多一年两熟，而南方是税收的主要来源地，两税法顺应了经济重心南移的趋势。另外，两税法下的赋税不再由节度使征收与上交，改由地方州县征收。征收后，一部分上交中央，一部分留给节度使，还有一部分留给地方自用，这就避免了节度使在中间赚差价。

两税法的实行迅速增加了朝廷的财政收入。有了钱，许多事也就好办了。唐德宗的孙子唐宪宗即位后，他开始向不听话的割据型藩镇开刀。唐宪宗在位15年，先后对6个桀骜不驯的藩镇用兵，有效地削弱了藩镇势力，还终结了一些藩镇的割据状态。唐宪宗的治国风格也较为开明，身边有一批仗义执言的谏臣，如抵制宦官势力的翰林学士白居易、批评朝政的刑部侍郎韩愈。在一定程度上，唐宪宗复兴了大唐气象，历史上称宪宗朝的治世为"元和中兴"。

南方农作物多一年两熟，由此产生了"两税法"

13

南衙北司斗翻天
牛李党争为私怨

唐朝后期政治

唐朝后期，皇帝都很糟心。唐朝外部有藩镇割据的威胁，内部还有南衙北司之争的困扰。唐朝的皇宫南半部是前朝官署，是官员的办公区，由宰相统领百官；北半部是后宫，是皇帝的生活区，归内侍宦官管理。南衙北司之争就是文官集团与宦官集团之间的斗争。

唐初，宦官权势不大，但南衙与北司的职责划分得很明晰。即便是贵为百官之首的宰相，也不能过问后宫事务。太宗朝，朝中重臣房玄龄与高士廉在皇宫中偶遇了少府少监窦德素。或许是为了寒暄，二人问窦德素：皇宫北门最近是不是有啥工程啊？窦德素将此事报告了唐太宗，唐太宗大怒，把房玄龄等人叫过来大骂道：

> 君但知南牙（衙）政事，北门小营缮，何预君事！[①]

意思是说，你管好外朝的政事就可以了，后宫的工程，关你屁事！最后多亏魏徵的劝解，唐太宗才消了气。唐太宗生气并不是因为房玄龄等人话多，而是因为房玄龄等人越界过问了后宫事务，这对皇帝而言很是忌讳。后宫事务关系到皇帝的隐私和安全，只能由宦官负责。历代皇帝都很信任宦官，一是因为宦官日夜陪伴着皇帝，二者的关系更为亲近；二

[①] 出自《资治通鉴》卷第一百九十六，《唐纪十二》。

是因为宦官不能生育，即便他们掌握了权力也不能自立为帝。

唐初的皇帝都比较能干，宦官没有什么干政的机会。到了玄宗朝后期，情况开始发生变化。唐玄宗晚年怠政，天天和杨贵妃在后宫中寻欢作乐，懒得处理朝政。于是，唐玄宗就把一些政务交给宦官高力士处理，开启了宦官干政之先河。高力士虽然会干政，但并不会乱政，他对唐玄宗忠心耿耿，深得唐玄宗宠信。唐玄宗曾对人说："力士当上，我寝则稳。"①意思就是，高力士办事我放心，我能睡得安稳。唐肃宗自行即位后，对老爹唐玄宗严加监视，并把高力士流放了。一年多后，高力士遇大赦允许回京，他一心要回去继续侍奉唐玄宗。可惜，在回京的路上，高力士得知了唐玄宗驾崩的消息。高力士北望长安号啕痛哭，7天不吃不喝，最后吐血而死。高力士是一个有情有义的宦官，但并不是所有的宦官都如此。安史之乱后，宦官势力开始坐大，一个关键的原因是宦官开始掌握兵权。德宗朝，朝廷将西北精锐的边防军神策军调入京师，改编为皇家禁军，神策军扩充到了15万人，成了朝廷最强悍的军事力量。由于安史之乱留下的阴影，唐朝皇帝不再信任武将，唐德宗就将禁军交给宦官统领。此后，宦官统领禁军成了惯例。

宦官的崛起不仅压制了文官集团，还威胁到了皇权。唐德宗之后是唐顺宗，后者做了25年的太子，早就看宦官集团不爽了。即位后，唐顺宗立即对宦官开刀，裁撤了一些宦官机构。比如宫市，这个部门负责宫中用品采购，说是采购，实际上是强买强卖，甚至是巧取豪夺。《卖炭翁》里蛮横的黄衣使者白衫儿，指的就是宫市宦官。

唐顺宗又任命武将统领神策军，想借机收回宦官的兵权。这下子宦官着急了，他们勾结藩镇势力发动政变，强迫唐顺宗把皇位禅让给太子，太子登基，是为唐宪宗。可怜的顺宗皇帝，做了25年太子，上台仅200多天就被宦官炒了鱿鱼，禅位第二年，他就憋屈死了。唐宪宗上台后，虽然对外部藩镇多番压制，使"元和中兴"出现，但内部的宦官问题，他始终没能解决。宪宗朝末年，宦官又发动政变，暗杀了唐宪宗。

---

① 出自《旧唐书》卷一百八十四，《列传第一百三十四·宦官·高力士》。

宦官成了唐朝后期实际的权力核心，可以废立甚至杀害皇帝。后人皆知汉、明两朝的宦官很厉害，但要说宦官干政的巅峰时代，无疑是唐朝。

唐文宗时期，为了干掉宦官集团，皇帝与朝中大臣联合，策划了一场滑稽的未遂政变。太和九年（835），唐文宗朝会群臣，有大臣上奏说左金吾卫仗院内的石榴树上夜降甘露。实际上，那天夜里并没有什么甘露，这是皇帝和文臣们事先策划好的计谋。唐文宗假装很兴奋，让领头宦官带着人前去查看。等宦官们进入左金吾卫仗院内，在那里埋伏好的军士就会将宦官们击杀。文臣们长期被宦官压制，可能被吓怕了，当宦官进入院子后，领头的文臣韩约满头大汗。宦官们很鸡贼，看到韩约冬日里满头大汗，顿时察觉到事情不对劲。恰巧此时一阵风吹过，院中的帐幕被吹了起来，宦官们看到帐幕后竟是手持武器的军士。宦官们夺路而逃，跑到前朝把唐文宗挟持回后宫。随后，宦官们派出了神策军，对南衙的大臣展开了血腥报复，被牵连者有上千人。"甘露之变"后，宦官集团更加紧抓兵权，牢牢控制朝政。他们"迫胁天子，下视宰相，陵暴朝士如草芥"①，这种宦官擅权的现象一直持续到唐末。

实际上，在唐朝中后期，文臣被宦官压制，还有一部分原因是文臣内部不够团结。朝中不同的文臣来自不同的利益集团，抱团势必引发党争。最严重的党争，当数持续了近40年的牛李党争。牛党之魁是牛僧孺，牛党人士多为科举进士出身的庶族；李党之魁是李德裕，李党人士多为通过门荫入仕的贵族子弟。两党在许多问题上存在着严重分歧，如对待藩镇的问题上，牛党主张妥协息事，而李党主张强硬镇压。牛、李两党在几十年间迭相控制朝政，其间，两党不仅因为不同的政见相互争论，还因为集团利益和个人恩怨相互斗争。

外有藩镇割据，内有宦官专政与文臣的持续党争。唐朝后期的政治格局错综复杂，皇帝步履维艰。可上天似乎还在眷顾李唐，在这种艰难环境中，唐朝居然又顽强地维持了大概150年，也堪称王朝的奇迹。

---

① 出自《资治通鉴》卷第二百四十五，《唐纪六十一》。

文臣与宦官的斗争，严重消耗了晚唐的国力

14

东西突厥全被灭
此路朝觐天可汗

突厥与回纥

隋唐以前，中国经历了持续几百年的大分裂时期。那时候，北方曾有多个少数民族政权并立，不同民族之间的交流频繁而深入。李唐王朝正是民族交融所碰撞出来的火花，诚如历史学大家陈寅恪所评价的那样：

> 李唐一族之所以崛兴，盖取塞外野蛮精悍之血，注入中原文化颓废之躯，旧染既除，新机重启，扩大恢张，遂能别创空前之世局。①

唐朝之所兴，源于民族交融。李唐王朝存在的近300年里，又推动着这种民族交融。

中国北方的大草原，历来是游牧民族的摇篮与舞台。这里信奉强者法则，强大的民族可以主宰草原，统领其他游牧民族。继匈奴与鲜卑之后，突厥人于6世纪在草原上崛起，建立起东起辽海西到西海（今里海）的突厥汗国，东西横跨上万里。

隋朝建立后，朝廷和突厥展开了全面较量。隋文帝看出了突厥的弱点：尽管突厥的疆域很广阔，但其内部很不稳定，好几个可汗各自为

---

① 出自陈寅恪：《李唐氏族之推测后记》。

政，并不团结。隋朝一面对突厥进行军事进攻，一面对它进行分化瓦解。很快，突厥汗国就分裂成了东突厥和西突厥两部。隋朝末年，趁着隋朝统治的崩溃，东突厥又支棱起来了。同一时期，李渊在晋阳起兵，其根据地北边就是突厥。据说，为了获得突厥人的支持，李渊曾向东突厥称臣，接受东突厥的册封。李渊还曾向突厥人许下承诺：打下中原后，土地人民归唐朝，财物归突厥。在突厥人的帮助下，李渊成功问鼎中原。

唐朝建立后，突厥人经常南下劫掠，他们觉得这是理所当然的，因为李渊欠了他们。玄武门之变后，东突厥颉利可汗得知唐朝内部生变，率10余万大军南下，一直打到长安附近的渭河北岸。当时，长安的守军只有几万人，唐太宗临危不惧，亲率六骑到渭河南岸，隔着渭河对颉利可汗破口大骂，骂他背信弃义攻打唐朝。颉利可汗看唐太宗这样硬气，又见唐太宗不远处的唐军"军容大盛"[1]，心里就犯了嘀咕——他以为唐朝还有大军在后面埋伏。想必颉利可汗不爱读书，没听过"空城计"的故事。最后，突厥和唐朝达成和平协议，杀白马立盟，史称"渭水之盟"。

订立渭水之盟是唐朝迫于形势的缓兵之计，突厥撤军后，唐太宗开始全面练兵备战。唐太宗暗中支持东突厥的二号人物突利可汗，还扶持突厥治下的少数民族部落薛延陀[2]和回纥，让它们搅和颉利可汗的统治。贞观三年（629），东突厥遭遇严重的雪灾，内部还发生了分裂，唐太宗趁机发兵10余万进攻东突厥。第二年，东突厥灭亡，颉利可汗被唐军俘获。

在威服了东突厥后，唐太宗在东突厥故地设置了羁縻府州进行管理。"羁"是指马络头，"縻"是指牛缰绳，所谓"羁縻"，便是像牵引牛马那样拉拢、控制对方。在民族政策方面，"羁縻"则意味着任用少数民族首领为地方官员，以此笼络与控制地方。羁縻府州的长官由本

---

[1] 出自《旧唐书》卷二，《本纪第二·太宗上》。
[2] 铁勒诸部之一，初属突厥，贞观四年（630）助唐灭突厥，贞观二十年（646）发生内乱，为唐所破。

民族首领担任，他们同时兼任唐朝都督或刺史等官职，可以世袭。羁縻府州可以不实行内地的制度，也可以不向中央交纳赋税，保留原有的民族治理习惯，实行高度自治。

后来，唐朝将羁縻府州制度推广到其他的边疆地区，见于史志的羁縻府州就有856个。这一制度体现了"因俗而治"的务实的政治理念，既维护了国家统一，又尊重了少数民族的习惯，后世王朝多有借鉴或沿袭。

在羁縻府州之上，唐朝还设置了都护府。都护府既是驻军机构，又是地方政府，管理辖区军政及民族事务。唐太宗与西突厥争夺西域时，在今吐鲁番市东部设立了安西都护府。高宗朝，西突厥被唐朝所灭。之后，武则天在天山以北的庭州①设立了北庭都护府。两大都护府控制着西域的广大地区，保证了陆上丝绸之路的畅通，促进了唐朝与西域的文化交流与商贸往来。

唐朝用武力征服了突厥，却没有奴役突厥人。在开明的民族政策下，大批突厥人归附唐朝，迁居长安的突厥人就有近万家。突厥人还能在唐朝做官，五品以上的突厥高官有100多人。突厥文化在唐朝也很是流行，尤其是在上层社会中。突厥人习惯住帐篷，唐朝人纷纷模仿，大诗人白居易就在自家庭院里搭了两顶帐篷用于招待客人。突厥虽被唐朝征服，但突厥文化受到了唐朝人的追捧，这就是唐朝海纳百川的文化自信。在包容而开放的唐朝，少数民族的人民没有感到被压迫，也没有感到被排斥，他们认为唐朝就是大家共同的朝廷。唐太宗也多次表达他"天下一家"的理念，他曾说：

> 自古皆贵中华，贱夷、狄，朕独爱之如一。②

唐太宗所实行的开明的民族政策让他获得了各民族的拥戴，少数民

---

① 今新疆吉木萨尔北破城子。
② 出自《资治通鉴》卷第一百九十八，《唐纪十四》。

唐朝开明的民族政策，铺就了"参天可汗道"

族尊称他为"天可汗"。唐朝北部边疆有一条通往长安的道路，在这条路上，各民族朝见唐太宗的使者络绎不绝，所以这条路也被称为"参天可汗道"。

突厥势力衰落后，曾受突厥控制的薛延陀和回纥两大部族又在漠北草原崛起，成了漠北双雄。薛延陀蠢蠢欲动，总是想挑战唐朝的权威；回纥就比较明智，一直紧抱着唐朝的大腿。后来，唐朝联合回纥灭了薛延陀，回纥由此占据了薛延陀大部分土地。唐玄宗时期，唐朝册封回纥首领骨力裴罗为怀仁可汗，此后，回纥与唐朝一直保持着友好而密切的关系。安史之乱爆发后，回纥还曾出兵帮助唐朝平叛，对唐朝有再造社稷之功。当然，回纥人也捞了不少好处。平定安史之乱期间，回纥曾在中原大肆劫掠。后来，回纥又要求唐朝每年用绢来换回纥的马匹，但换来的马匹多病弱不可用，为此唐朝苦不堪言。

唐德宗时期，回纥人通报唐朝，请求改称回纥为"回鹘"。鹘是一种鸟，回鹘取"回旋轻捷如鹘"之意。改名之后，回鹘不知怎么地就开始倒霉了。由于长时间与吐蕃争夺对安西、北庭的控制权，到了9世纪初，回鹘的实力已经严重削弱。同一时期，漠北地区发生了严重的天灾，再加上回鹘统治集团发生内讧，汗国崩溃。

840年，回纥（鹘）汉国被黠戛斯[①]所灭，部众离散，分为了四支。一支回鹘人南迁，归顺了唐朝，继而向东北方向发展；剩下三支回鹘人选择向西迁徙。西迁的三支回纥人，一支迁徙至葱岭西楚河一带，被称为"葱岭西回鹘"，葱岭西回鹘人在10世纪时还建立了黑汗王朝，到了12世纪，葱岭西回鹘被西辽征服；一支迁徙至河西走廊，被称为"河西回鹘"，河西回鹘生活在甘州、沙洲、凉州等地，其中甘州回鹘最强，所以有些史籍也会称河西回鹘为"甘州回鹘"，11世纪初，河西回鹘被西夏所灭；最后一支迁徙到了西域的吐鲁番盆地，被称为"高昌回鹘"或"西州回鹘"，高昌回鹘人建都高昌古城，高昌古城曾一度是西域一

---

① 古族名，唐贞观年间内附，后来曾受东突厥和回鹘统治，于开成五年（840）破回鹘。约10—12世纪，大量族人移居天山西部地区，与当地居民融合。

带的文化教育中心，13世纪初，高昌回鹘归附蒙古。

蒙古人称回鹘为"畏兀儿"，并在西域设都元帅府管理今新疆西部地区的人民。可以说，回鹘人就是我国维吾尔族同胞的祖先。

15

渤海代替高句丽
南诏游走唐蕃间

渤海国、吐蕃、南诏

　　唐太宗对突厥的恩威并用取得了良好的效果，但面对高句丽，唐太宗就有些力不从心了。高句丽是地处中国东北的少数民族政权，也称高丽①。高句丽文明是一种渔猎兼农耕的复合型文明，高句丽人既有中原人的勤劳，又有东北人的彪悍。立国几百年来，高句丽一直让中原政权头疼不已。前朝的隋炀帝，三征高句丽失败而引发农民起义，最终身死国亡。唐太宗在位时期，他威服了周边的各个少数民族政权，唯独高句丽不服唐太宗。唐太宗晚年时开始对高句丽用兵，他也像隋炀帝那样亲征。由于高句丽的顽强抵抗，唐太宗并未征服高句丽，但也把高句丽折腾得够呛。唐太宗死后，唐高宗继承了唐太宗的遗志，趁热打铁继续对高句丽用兵，终于在668年将立国705年之久的高句丽消灭。

　　在边疆地区，一个民族倒下去，很快会有另一个民族站起来。高句丽亡国后，东北地区的靺鞨崛起。靺鞨部落众多，最强大的是南、北两部：北部生活在今黑龙江一带，称为黑水靺鞨；南部生活在今松花江、长白山一带，称为粟末靺鞨。武则天时期，粟末靺鞨首领大祚荣联合其他靺鞨部落，并收纳了部分高句丽人，建立了渤海国政权。渤海国比高句丽明智，懂得要和唐朝老大搞好关系。渤海国接受了唐朝的羁縻政策，国王接受唐朝的册封，唐玄宗就曾册封大祚荣为渤海郡王。在唐朝的庇护下，渤海国茁壮成长，全方位地学习了唐朝的制度与文化。极盛

---

① 560年，高句丽国王被北齐政府封为高丽王，此后高句丽也称高丽，这一时期的高句丽处于"高氏高丽"时代，高氏高丽与后来朝鲜半岛出现的王氏高丽并非同一个政权。

时期的渤海国，其疆域不仅包括今天的东北地区，还包括了今天的朝鲜半岛北部和俄罗斯的远东地区，被称为"海东盛国"。

唐朝以前的中原王朝，边患主要来自西北的西域、北方的草原，还有东北的白山黑水之地。可到了唐朝时，中原王朝又多了一个新的边患，它来自西南的雪域高原。

西藏高原一带自古便存在着多个部落。6世纪时，高原上主要有三大势力，实力最强的是西南部以农业为主要生产方式的吐蕃（另外两大势力是羊同和苏毗）。就在唐朝建立后不久，吐蕃赞普[①]松赞干布完成了西藏高原的统一事业，定都逻些（今西藏拉萨），建立了强大的吐蕃王朝。松赞干布早就听说唐帝国是一个先进且繁荣的国家，很想和唐朝深入交往。松赞干布还听说，唐朝有嫁公主和亲之事，而且会给贵重的陪嫁，于是，他也想迎娶一位唐朝公主。松赞干布派使者来到长安，向唐朝提出了和亲请求，不料被唐太宗拒绝了。唐太宗拒绝松赞干布，可能出于两个原因：一是吐蕃和唐朝刚建立外交关系，松赞干布就"求婚"，如果马上答应，那就显得唐朝太不矜持了；二是吐蕃与唐朝之间的青海地区存在着一个臣服于唐朝的吐谷浑政权，如果唐蕃和亲，可能会让吐谷浑"吃醋"，甚至使其倒向吐蕃。"示爱"被拒后，松赞干布由爱生恨。从唐朝回来的吐蕃使者对松赞干布说是吐谷浑从中作梗，唐朝才拒绝了和亲。松赞干布大怒，亲率吐蕃大军征讨吐谷浑，并在打败吐谷浑后举兵进犯唐境。唐太宗派出5万唐军前去迎战，击败了吐蕃军队。这是吐蕃对唐朝实力的初体验，松赞干布赶紧派人到长安去请罪，并再次提出和亲请求。这一次，吐蕃拿出了更多诚意，由大相禄东赞携带大量黄金和珠宝等贡品到访长安，请求和亲。唐太宗也看出吐蕃确实有两下子，于是将宗室女子文成公主许配给松赞干布，实现了唐蕃和亲。文成公主入藏，俨然一个大规模援藏项目——不仅有大量的随从人员和宝物，还带着佛经、医书、工艺书、医疗器械等物品，为吐蕃带去了先进的中原文化和技术，促进了吐蕃的快速发展。在之后的松赞干布统治时期，唐朝和吐蕃基本维持了友好关系。

[①] 意为"雄壮的丈夫"，是对吐蕃君长的尊称。

文成公主携释迦牟尼12岁等身像入藏

松赞干布死后，吐蕃再次出兵青海，击败了吐谷浑并占其土地，严重威胁了唐朝边疆的安全。高宗朝，唐、蕃之间爆发大非川之战，5万唐军被吐蕃打得几乎全军覆没。在西域，吐蕃也与唐朝展开了激烈的争夺战。直到唐中宗时，唐朝又嫁了金城公主给吐蕃赞普弃隶缩赞，双方才实现了暂时的和平。安史之乱爆发后，吐蕃趁机攻入唐朝内地。唐代宗时期，吐蕃一度攻入了长安。8世纪下半叶，吐蕃国力达到极盛，西域地区基本落入吐蕃之手，吐蕃几乎与唐朝平分天下。但长期的对外战争也消耗了吐蕃的国力，进入9世纪后，吐蕃走向了衰落。在唐穆宗时期，唐、蕃都打不动了，于是双方和解，举行会盟，史称"长庆会盟"，这次会盟的盟碑至今还屹立在拉萨的大昭寺门前。因为唐朝嫁过去了两位公主，吐蕃赞普常以"舅甥关系"来形容唐、蕃间的亲近关系。可这个外甥也真是把舅舅折腾得够呛，200多年的"相爱相杀"贯串了唐、蕃两国历史的始终。直到唐末，吐蕃王朝瓦解，一切烟消云散。

在唐、蕃争斗期间，夹在中间的云南是双方都争相拉拢的对象。云南自古民族众多，唐初，那里活跃着6个王国，史称"六诏"，诏就是王的意思。六诏中，南诏抱紧了唐朝的大腿，发展得最快，最后统一了六诏，建立了南诏国。玄宗朝，唐玄宗册封南诏国王皮逻阁为云南王，对云南实行羁縻统治。唐朝力挺南诏，是希望借助南诏控制云南，进而牵制吐蕃。可是，双方的友好关系很快就因一个桃色事件闹掰了。皮逻阁死后，阁罗凤[①]继任南诏王。云南太守张虔陀瞧不上阁罗凤，不仅调戏他的王妃，还向朝廷诬告阁罗凤，受辱的阁罗凤便杀了张虔陀。这还了得？杀害唐朝官员无异于反叛，唐朝大军气势汹汹前来讨伐。阁罗凤也不甘示弱，立即倒向吐蕃。吐蕃大喜，册封阁罗凤为"赞普钟"，意思是"赞普的弟弟"。在吐蕃的帮助下，南诏击败了前来讨伐的唐军。几年后，唐朝再次讨伐，20万大军被南诏打得全军覆没。就这样，南诏左右逢源，游走于唐朝与吐蕃之间近100年。吐蕃王朝崩溃后，南诏又维持了几十年的统治，于902年因内乱而亡国。5年后，唐朝也灭亡了。

---

① 南诏人的命名习惯是父名尾字为子名首字，例如皮逻阁、阁罗凤、凤伽异、异牟寻。

16

白村江一战千年
传佛法鉴真东渡

唐朝与日本、新罗

唐朝初年，朝鲜半岛正处于"三国时代"。这里的"三国"，指的是朝鲜半岛南部的新罗和百济，还有北部的高句丽。高句丽起源于中国东北，后来扩张到朝鲜半岛，是中国古代的边疆政权。高句丽在三国中实力最强，经常修理新罗和百济。新罗和百济自知不是对手，就找外援来帮忙。百济与隔海相望的日本结盟，新罗则抱紧了唐朝的大腿。唐朝处理周边关系时很擅长借力打力，经常用以夷制夷的套路。所以，唐朝愉快地支持新罗，让这个盟友帮忙打高句丽。隋、唐两朝，统治者一直执着地进攻高句丽。长期的战争让高句丽国力不支，没办法，它也和日本、百济结盟，共同对抗强大的唐朝。逐渐地，朝鲜半岛形成了两大阵营，一方是新罗与唐朝，另一方是日本、百济与高句丽。

很多时候，选择比努力更重要。有了唐朝大哥的支持，新罗的春天到来了。唐高宗时，唐罗联军先拿百济小试牛刀，很快就灭掉了百济。百济背后的大哥日本坐不住了，663年，约3万日军气势汹汹地前来支援百济。在朝鲜半岛的白村江口（今韩国群山附近），两个大哥干起来了——唐日白村江之战爆发。当时日军有战船1000余艘，唐军只有170余艘，唐军明显处于劣势。但唐军的战船更高大，性能更精良，再加上唐军将领指挥得当，最终把日军打得晕头转向。据史书记载，日军有大概400艘战船被唐军的"火箭"焚毁，"烟焰涨天，海水皆赤"[1]。击败了

---

[1] 出自《旧唐书》卷八十四，《列传第三十四·刘仁轨》。

日本援军后，唐罗联军又对高句丽发起了进攻。668年，唐朝军队围攻高句丽都城平壤。最后，高句丽僧人信诚打开城门引唐军入城，立国700余年的高句丽宣告灭亡。

高句丽灭亡后，唐朝在平壤设立了安东都护府等机构，想将朝鲜半岛纳入唐朝版图，这让新罗很不爽。新罗翻脸不认人，转过头来又和大哥开战。唐、罗打了几年，互有胜负，都不太想继续打了。对唐朝而言，朝鲜半岛确实很难搞，不仅因为它距离遥远，还因为朝鲜半岛上的民族的独立意识太强。即便灭了新罗，也会有新的政权崛起，永远灭不完。另外，唐朝还陷入了与吐蕃的战争，大非川之战让唐朝惨败。与新罗相比，吐蕃才是唐朝的肘腋之患，没必要和新罗继续纠缠。新罗这边也无力和唐朝长期为敌，于是，新罗主动低头，派使入唐谢罪，算是给大哥找了一个台阶下。最后，唐朝放弃了朝鲜半岛，将安东都护府迁到今辽宁境内，默许了新罗对半岛的控制。此后，半岛历史进入了统一的新罗时代，某种意义上，新罗是朝鲜半岛历史上第一个统一的民族国家。

唐、罗和解后，两国保持着稳定的朝贡往来。大量新罗商品进入唐朝，居唐朝进口商品的首位。新罗的留学生络绎不绝，他们中的很多人在唐朝考科举，还有人在唐朝做官，最著名的便是崔致远。据说，崔致远12岁跟随商船来到唐朝，临行前，父亲告诉他："10年内务必考中进士，否则你别说是我儿子！"最终，崔致远不负父亲的期望，18岁就进士及第，而后在唐朝为官约10年。崔致远的文学造诣很高，黄巢起义时，他曾撰写《檄黄巢书》(《讨黄巢檄文》)，文笔非常犀利。相传，黄巢读到"不惟天下之人皆思显戮，抑亦地中之鬼已议阴诛"一句时，惊恐地从床上跳了下来。在唐朝，来自新罗的婢女也很受欢迎，新罗婢皮肤白皙，脸蛋圆润，能歌善舞，备受唐朝贵族的追捧。新罗音乐也在唐朝流行起来，它以"琴、歌、舞"结合的音乐形式掀起了新风潮。新罗音乐不仅在唐朝宫廷内演出，还广泛流行于民间。

白村江一战，唐朝把日本人打醒了，奠定了之后千年间的中日关系。日本人很务实，他们从不介意向强者学习，哪怕是曾经的敌人。战败后，日本人认识到了唐朝的先进和日本的落后。此时正值日本国内推行大化改新运动，日本统治者决定全面学习唐朝的制度和文化。日本先后派出了十几批遣唐使团，后几批的规模都在550人以上。使团中，不仅有官方的使臣，还有大量的留学生和学问僧。他们学习了唐朝的制度与文化后，将所学传回日本，又在其中融入了日本特色。比如日本的文字，其主体来源于中国的汉字，汉字表意比较直观，但读音很难掌握，所以日本人又借用汉字发明了假名，来给汉字标音。相传，日本留学生吉备真备把汉字楷书体的部分偏旁截取过来，创造了"片假名"；学问僧空海又根据一些汉字的草书体创造了"平假名"。假名结合汉字，就形成了后来的日本文字。今天，日语中的很多汉字依旧保留着古汉语的意思。比如，走在日本的大街上，有的商铺门口会挂一个"汤"字门帘，这实际上是浴池的意思，因为古汉语里的"汤"表示热水。有的中国游客将"汤"理解为现代汉语的热汤，把日本汤屋当成卖汤的餐饮店，还因此闹出过笑话。

唐朝时，不仅有日本人来唐朝，还有唐朝人去日本。唐朝和尚鉴真受到日本僧人的邀请，冒着生命危险前往日本想去传播佛法。说"冒着生命危险"可不是开玩笑的，因为那时的造船和航海技术不发达，东渡日本是九死一生的。玄宗朝，曾有4艘载着遣唐使的船返日，每船有150人左右，返日途中，一艘船失踪了，还有一艘船仅剩4人回到日本。鉴真前几次的东渡都被意外阻拦或遭遇风暴迷航。第五次东渡的时候，船只在海上被大风吹跑了十几天，本来想去日本，结果被吹到了今海南三亚，鉴真的眼睛还累瞎了。5年后，双目失明的鉴真第六次东渡日本，终于成功。鉴真在日本受到了极高礼遇，成了日本佛教的宗师。

唐朝时，日本的首都是奈良，时称平城京。奈良的城市规划与建筑，处处仿照长安。在今天奈良东大寺的正仓院内，还收藏着许多唐朝时传入的物品，里面或许就有鉴真带过去的。正仓院内的唐代文物是大唐文化的象征，经过了1000多年的沧桑岁月，至今仍诉说着唐朝历史之恢宏与中日关系之源远流长。

日本派出的遣唐使团

17

唐玄奘偷渡取经
王玄策大战天竺

唐朝与印度、阿拉伯

唐朝文化的伟大，在于包容与开放。这种开放是双向的，既能输出自身文化，又能吸取外来文化，可谓收放自如。唐朝吸收的外来文化成果，不仅有新罗传入的音乐，还有从天竺取回的佛教真经。

佛教诞生于天竺（古印度），汉朝时经西域传入中原。唐朝时，佛教迎来了大发展，在武则天时期成了事实上的国教。可是，唐朝人对佛教教义的理解却出现了分歧。最初传入中原的佛经都是用梵文或其他异域文字书写的，中原人想学习佛教教义，就要把佛经的内容翻译成汉文。佛经里有很多深奥的词汇，比如佛、度、涅槃等，很难一下子解释清楚。在翻译佛经的时候，翻译者的主观理解往往占了主导。久而久之，由于对佛经的翻译和对教义理解不同，佛教在中国衍生出了许多宗派。唐朝时，各宗派相互争论，甚至出现了互相矛盾的观点。唐太宗时，有一位法名叫玄奘的僧人，他决心去佛教诞生地天竺探寻佛教的"真经"。玄奘这段经历，就是小说《西游记》里唐僧取经的故事原型。

唐朝人通常从陆上丝绸之路去天竺，要经转西域。唐初，西域被西突厥控制了，想通过那里等于出国。今人出国要持有护照，唐朝也要持有护照，即"过所"。每到边关隘口，凭过所才可通行。到了国外，还要凭过所证明自己的身份，外国官府审核后，若无问题，会在过所上面加盖印玺。《西游记》里提到的"通关文牒"，指的就是过所。过所上登记的信息比较详细，包括持有者的个人信息、出发地和目的地、出行原因和时间、随行人员和所带物品等。玄奘出行前，唐朝与西突厥的关系比较紧张，双方都在边境实行了严格的封边政策，玄奘屡次申请过所都未获批准。最后，求法心切的玄奘决定偷偷前往天竺。

西行道路漫长且艰辛，玄奘并没有能降妖伏魔的徒弟陪伴他，大多数时间里，玄奘都是自己背着经箧，一个人孤独地走在荒凉的原野中。现实中，玄奘西行所遇到的艰难险阻并不比《西游记》里描写的少。途中，玄奘经过了坐落在火焰山脚下的高昌国。这里的艰难险阻并不来自火焰山的熊熊烈火，而来自高昌王火一般的热情。高昌王早年间去过长安与洛阳，见识过唐朝发达的文明。这一次，高昌王又被玄奘精深的佛学修养所折服，他想把玄奘留在高昌讲经说法。高昌王许诺给玄奘国师待遇，玄奘却婉拒了，道："贫僧此行不是为求供养而来，大唐佛典尚不齐全，贫僧舍命西行是为了求取未闻之佛法。"可高昌王执意挽留玄奘，还放狠话说："你要是不留下，天竺你也别去了！"没办法，玄奘只能绝食抗议，4天后就奄奄一息了。玄奘的执着感动了高昌王，最后，二人在佛祖面前结拜为兄弟。高昌王还派出了大概30人的队伍护送玄奘西行，还致书多个沿途国家的统治者，请他们关照玄奘。在高昌王的帮助下，玄奘平安到达天竺。

玄奘在天竺生活了10余年，主要在佛学中心那烂陀寺学习佛法，获得了很高的佛学造诣。贞观十九年（645），玄奘带着657部佛经、7尊佛像与150粒佛舍利回到长安。唐太宗极为重视，在长安城的大慈恩寺设立译场，翻译玄奘带回来的梵文佛经。译场相当于古代版"外国语学院"，这里不仅能翻译外文书，还能教授外语。太宗朝，译场的人员超过600人，规模相当大。玄奘主持翻译佛经19年，翻译了佛经1335卷、1300万字。玄奘及其弟子还将玄奘西行的经历整理成了《大唐西域记》一书，该书成为后世研究中亚和印度等地区的宝贵资料。书中，玄奘将天竺翻译为"印度"，从此便有了印度这一名称。另外，玄奘还告诉了唐太宗一件很甜蜜的事——天竺盛产蔗糖。

唐朝以前，中国人还不会制作在今天被广泛使用的蔗糖，彼时中国人制作甜味剂的原料主要是蜂蜜和麦芽糖，它们的甜度远不如蔗糖。

那烂陀寺是玄奘西天取经的终点

丝绸之路开通后，西域商人用蔗糖交换中原的丝绸，蔗糖作为稀罕物传入中原。西域各国的制糖术多半是从印度学的，印度人很早就会制作蔗糖了，有块状的石蜜（乳糖，一说冰糖），还有沙砾状的砂糖。糖的英语是"sugar"，德语是"Zucker"，法语是"sucre"，都源自梵文"śarkarā"，原意为沙石，引申义指砂糖。唐太宗很想从印度引进制糖术，然后在中原生产蔗糖。印度当时处于分裂状态，在恒河中下游地区有个摩揭陀国，其国王很仰慕唐朝。贞观二十一年（647），唐太宗派出以王玄策为领队的唐朝使团出使摩揭陀国。为了显示大唐国威，使团带了许多财物，准备送给印度的各个王国。不料，摩揭陀国发生内乱，篡位上台的国王不仅没把唐朝当回事，还见财起意，洗劫了唐朝使团。王玄策是个很有胆量的人，他并没有跑回遥远的大唐求救，而是跑到了邻近的吐蕃。吐蕃赞普松赞干布不久前迎娶了文成公主，吐蕃和唐朝的关系正热乎呢！王玄策从吐蕃和尼婆罗（今尼泊尔）借来了数千精兵。凭借这支外援部队，王玄策攻破摩揭陀国，俘虏了1.2万人，篡位的国王被押送到长安。这一战，王玄策可谓"一人灭一国"，声震全印度。战后，唐朝不仅获得了印度各国的尊重，还如愿学会了制糖术。

唐朝的对外战争中，还有一场历史性的战役，它就是唐朝与阿拉伯帝国之间的怛罗斯之战。伊斯兰教创始人穆罕默德基本统一阿拉伯半岛后，阿拉伯人不断对外扩张，逐渐建立起了政教合一的阿拉伯帝国，中国史籍称阿拉伯帝国为"大食"。阿拉伯帝国对外东扩，一路所向披靡，一直打到中亚，闯入了唐朝的势力范围。751年，也就是天宝十年，在中亚的怛罗斯（在今哈萨克斯坦东南部），两大帝国爆发了一场遭遇战。最终，唐军战败，3万军队仅剩几千人撤回安西都护府。阿拉伯帝国虽然获胜了，但也在战役中见识了唐帝国的实力，知道再打下去也不会有什么好果子吃。于是，两大帝国默契地点到为止，不再向对方的势力范围扩张。怛罗斯之战的规模不大，但对中国而言，文化意义却不小。此战有效抵御了伊斯兰文明向中国扩张，西域守护住了中华文化。直到六七百年后的明朝时期，西域才逐渐伊斯兰化。

18

经济重心始南移
国际都会唐长安

唐朝的经济

魏晋南北朝时期，江南地区得到了大开发，南方的经济发展不仅赶上了北方，还大有超越之势。隋炀帝开通贯通南北的大运河，更是顺应了这一趋势。安史之乱爆发后，北方彻底乱套。长期的战乱与割据让许多北方人迁往安定的江南，形成了中国历史上第二波大规模的人口南迁。南迁移民带去了劳动力与生产技术，进一步加快了南方经济的发展，这使得我国的经济重心在唐朝中后期开始南移。

在南方，人们根据江南水乡的水文与水系特征，修建了大量水利工程。密布的水渠直接深入到田间地头，完善了灌溉体系。为了给地势较高的农田灌溉，唐朝人发明了筒车。筒车这种灌溉工具像一个小型的摩天轮，被放置在水渠里，利用渠水流动的冲击力，筒车可自行转动，顺势将渠水提到高处为农田灌溉。南方人还改进了耕地用的犁，将犁臂的直辕改为曲辕，由此发明了曲辕犁。曲辕犁小巧灵活，方便操作，可随意回转掉头，非常适合江南地区丘陵间的小块水田。自然条件本来就比北方优越，再加上水利工程与新农具的加持，南方很快就富了起来。安史之乱后，北方毁坏严重，朝廷税收几乎完全仰仗南方。南方的粮食通过大运河运往北方，供养着都城和军队，可谓：

> 三秦之人，待此而饱；六军之众，待此而强。[1]

---

[1] 出自《旧唐书》卷一百二十三，《列传第七十三·刘晏》。

唐朝中期以后，历代王朝都靠南方地区输血，大运河成了中央朝廷的"大动脉"。

唐朝的手工业也很发达。四川的蜀锦色彩艳丽、纹饰精美，远销波斯与日本。江南的越窑烧制的青瓷如冰似玉，与北方的邢窑烧制的白瓷齐名，时人称"南青北白"，代表了当时制作瓷器的最高技艺。唐朝还有一种彩色陶器，表面釉色以黄、绿、蓝三色为主，后世称之为唐三彩。唐三彩并非瓷器，也不值钱，在唐朝多用作明器给死人陪葬。唐朝政府规定：三品官员可以陪葬90件陶器，五品以上官员可陪葬60件陶器，九品以上官员只能陪葬40件陶器。但受到厚葬之风的影响，平民百姓也流行用唐三彩等陶器陪葬。

唐朝时，南方的商业也蓬勃发展。长江流域的商业城市非常活跃，最具代表性的是扬州。扬州的雄起，全靠大运河。扬州地处大运河与长江的交汇处，是南北交通要道与东西交通要道的交叉点，其优越的交通条件冠绝全国。随着经济重心的南移，扬州成了全国的粮食、海盐、茶叶等商品的集散地，在唐朝"雄富冠天下"，其经济地位堪比今日之上海。南方的另一个大城市是成都，当时被称为益州，时人有"扬一益二"的说法。在唐朝，尽管南方城市的经济较发达，但掌握政治资源、位于北方的首都长安依旧是不可撼动的全国第一大都会。

隋、唐两朝都定都长安，但隋、唐的长安并非汉朝的长安。汉长安做了几百年的都城，出现了严重的环境污染问题，地下水污染尤为严重。古代城市的排水系统比较简陋，多是在街边挖渠，让污水自然下渗。混着尿液的生活污水渗入地下后，和地下水混合，尿了几百年，老长安城的地下水变得"水皆咸卤"，味道很重。隋朝建立后，隋文帝在汉长安城东南10公里的地方新修了一座"大兴城"，作为隋朝的都城。唐朝沿用大兴城为都城并扩建，后更名为长安，这就是隋、唐的长安城。

在开放的唐朝，长安是一个国际化大都市。通往西域的丝绸之路从这里启程，"参天可汗道"从这里直达北方大漠，这里还有众多通向全国各地的交通线。长安城里，不仅居住着中原人，还有来自不同民族、

筒车、曲辕犁，蜀锦、青瓷——唐朝中后期，经济重心开始了南移

国家，拥有不同肤色的人。突厥被威服后，迁居长安的突厥人就有1万多户。此外，长安城内还有大量来自新罗、日本的留学生，以及来自西域各国的胡商。据学者估计，长安城内有大约10万的外国人，全城居民很可能超过100万人。拥有百万人口的大城市在今天很常见，但在1000多年前相当罕见。要知道，同时期欧洲的巴黎只有2.5万人，罗马只有5万人，千年古都君士坦丁堡也只有大概30万人。上百万的各国居民，杂居相处，不会出事吗？不用担心，因为长安有严格的坊市制度。

长安城基本沿中轴对称，干线道路横竖整齐，将城市划分出了100多个方块区域，有点像围棋棋盘。除皇宫外，一个方块区域便是一个坊，坊的大小与今天的居民区相似。坊的四周被坊墙包围，坊墙上开有坊门，大坊开4个门，小坊开2个门。坊门早上开，晚上关；关门之后，居民只能在坊内活动。如果违反夜禁跑到坊外，很可能会被巡逻的金吾卫抓住，然后被打个半死。可以说，唐代坊的作用是严格限制居民活动，保证都城里统治者的安全。白天里，居民可以出坊活动，可以去别的坊溜达或串门，也可以到"市"里去购物。长安城有东、西两个市，每市各占约两个坊的面积。据有关学者推测，光是东市内便有7万多家店铺。西市是进口商品的集散地，因为西市离丝绸之路更近，西域胡商多集中在西市附近的坊居住；东市店铺众多，有很多店铺经营高档奢侈品，因为东市邻近皇宫，周围显贵云集。

生活在大唐长安，每天早上会在钟鼓楼的报时声中醒来，坊门也会在此时渐次打开。白天，你可以愉快地去东、西两市逛街，也可以去看波斯伎跳舞，去听新罗婢弹琴，还能去看黑皮肤的昆仑奴表演杂技。不用担心走路会累，因为长安城内有车坊，可提供车马出租服务。到了傍晚，当你听见街上传来连续的击鼓声，一定要赶紧回坊，因为这是坊门关闭的信号。如果没赶回去，你可能要挨揍了。

19

改史书太宗违规
考科举唐诗大盛

唐朝的文化

唐朝文化包容开放，得益于唐朝统治者重视本土学术的发展，又注意吸收外来文明成果。本节，我们将从史学、宗教、文学三个方面来介绍唐朝的文化成就。

在史学方面，唐朝完善了官方修史制度。在诸多的文明古国中，要数中国最重视对历史的记录。早在先秦时期，我国就有了史官，负责记录国家大政和帝王言行。有两个史官还要一直跟着君王，时刻记录其言行，所谓"左史记言，右史记事"[①]。汉朝时，皇帝的言行记录称为"起居注"，后来，编修皇帝的起居注成为定例。唐朝建立后，从太宗朝开始，宰相兼管史馆，组织史官编修史书，即"宰相监修国史"。皇帝死后，史官会根据其起居注和"时政记"[②]编修一部实录。每隔一段时间，又要在实录的基础上编修纪传体国史。史馆也负责编修前朝史书，我国历代正史有24部，即所谓的二十四史，其中有8部是在唐朝编纂的，8部中有6部为官修史书。此后，历代纪传体正史就基本是官修史书了。

唐朝的史学理论也有巨大发展。史学家刘知几所著的《史通》，是中国第一部有系统的史学批评和史学理论的著作。书中提出史家要具备才、学、识"三长"，还提倡史家要秉笔直书。可在官修史书制度下，史家想做到秉笔直书还真有些困难。虽说官修史书掌握的史料充足

---

① 出自《汉书》卷三十，《艺文志第十》。
② 唐宋时期由宰相主持修撰的皇帝与宰臣商讨军国政事的记录。

且全面，编修者的史学修养也很高，能保证官修史书的专业性，但官修史书有一个无法忽视的弊端，那就是其内容和思想往往会被朝政左右。为了迎合统治者，史家很容易丧失客观立场，甚至出现回避与曲笔。唐太宗就干过间接"篡改"历史的事。他即位后，始终对玄武门一事耿耿于怀，想知道史官是如何记录他这段"黑历史"的。唐太宗去找史官褚遂良，提出要看李渊的起居注和实录，遭到了拒绝。因为皇帝是不允许看内容涉及自己的起居注和实录的，以免史官因秉笔直书而遭受迫害。过了一年，唐太宗又向宰相房玄龄提出此要求。房玄龄拗不过唐太宗的软磨硬泡，就给他看了删减版的。看完后，唐太宗评论道："这玄武门之变，我也是为了江山社稷才如此，史官没必要拐弯抹角，秉笔直书就行了。"虽然这话说得冠冕堂皇，但是唐太宗这么搞，谁还敢秉笔直书呢？

宗教方面，本土的道教在唐初备受统治者推崇，道祖李耳（老子）也姓李，李唐皇帝便认他为祖宗。不过，由于道教的思想内容相对贫乏，方术迷信色彩较浓厚，其传播广度远逊于外来的佛教。武则天一朝，佛教的地位居道教之上，佛教发展进入鼎盛时期。唐帝国成了当时世界第二大佛学中心，一面从佛教起源国印度吸收理论，一面又向东亚各国输出佛法。由于对教义的理解不同，佛教在唐朝分为若干派别。支持武则天主政的华严宗，因以《华严经》为主要经典而得名。净土宗因追求往生极乐净土而得名。净土宗的修行门槛较低，主要是口念"阿弥陀佛"，教义也相对简单，因此受到广大底层民众的青睐，信徒数量较多。影响力最大的是禅宗，以推崇坐禅参悟而得名。禅宗最初分为南、北两宗：北宗主张渐悟，循序渐进；南宗提倡顿悟，醍醐灌顶。后来，南宗压倒北宗，南宗创始人慧能被尊为禅宗六祖。唐朝时期，还有一些外来宗教也很活跃，比如祆教、摩尼教、景教，合称"三夷教"。祆教来自波斯，因崇拜火，又称拜火教；摩尼教也来自波斯，又称明教；景教起源于东罗马帝国，流行于波斯，它是基督教中的聂斯脱利派。因古代中国称古罗马为大秦，景教教堂又被称为"大秦寺"。

唐朝的文学成就以诗歌最为突出。1000多年后的今天，依旧留存着唐朝2200多位诗人的4万多首诗歌，可以推测出唐人写诗的盛况。唐人为何如此钟情于写诗呢？这和科举制的发展有直接的关系。科举里最重要的进士科，在唐初只考"试策"，类似于命题作文，给出时政或学术问题，考生作文回答。考生慢慢就摸出了答题套路——只要背诵前人的优秀范文，考试时稍加修改即可。就像今天语文考试写作文那样，多背几篇范文模仿着写，一般不会得低分。时间久了，试策的文章多是官话、套话，生搬硬套，没有实际内容，时人评价其为：

惟诵旧策，共相模拟，本无实才。①

唐高宗对进士科进行了改革，考核内容加入杂文创作两首。到玄宗朝，杂文专用诗赋，成为进士录取的主要标准。诗赋讲究平仄押韵，很是考验考生的文学素养，背范文不管用了。在科举制的推动下，诗赋创作蔚然成风。众多诗人中，李白、杜甫、白居易三人的名气最大。李白被称为"诗仙"，他写的诗文采斐然，如仙人之作；杜甫被称为"诗圣"，他善于用诗作记录社会状况，因而其诗作有"诗史"的美誉；白居易被称为"诗魔"，他的诗多为讽喻诗，语言通俗易懂。

唐朝文化领域还有一件影响深远的事件——韩愈、柳宗元主导的古文运动。所谓"古文"，是指先秦到汉朝被普遍使用的散体文，其文体比较自由。与之相对的是骈文，骈文形成于南北朝时期，讲究对仗与格律，其中要有大量修辞与典故。比如，《扁鹊见蔡桓公》就是散体文，而《滕王阁序》就是骈文。骈文虽然辞藻华美，气势磅礴，但写起来太麻烦，形式大于内容，并不能很好地表达作者的思想。韩愈主张复兴古文，即主张文章形式要为内容服务，要"文以明道"地表达真理。那真理又是什么呢？在韩愈看来，真理当是儒学，而非佛、道思想。古文运动不仅是文体的改革，更是一场思想复兴运动，复兴的是在佛、道思想压制下呈式微态势的儒学。

---

① 出自《全唐文》卷十三，《严考试明经进士诏》。

"诗仙"李白与"诗圣"杜甫

20

军粮吃完吃人肉
朱温篡唐不全忠

黄巢起义与唐朝灭亡

在藩镇割据中顽强挣扎的李唐王朝,最终在9世纪后期等来了催命鬼。这个催命鬼并不是藩镇的节度使,而是一个贩盐的商人,名叫黄巢。

黄巢出身于盐贩世家,家里比较富有。年轻时的黄巢略通文墨,擅长骑马射箭,喜欢行侠仗义,也算是文武兼备的有志青年。可黄巢不太适合应试教育,数次参加科举考试都没能考中进士。在一次落榜之后,内心郁闷的黄巢写了一首诗,名曰《不第后赋菊》。诗的内容是这样的:

> 待到秋来九月八,我花开后百花杀。
> 冲天香阵透长安,满城尽带黄金甲。

这首诗充满杀气,不仅表达了对唐朝统治的不满,也体现出了黄巢反社会的极端人格。这小子,早晚是要搞出大事情的。

回到家后,黄巢继承祖业,成了一个私盐贩子。在古代,盐业是较为特殊的行业。因为盐是民众的生活必需品,且具有暴利属性,汉武帝以来,盐业一直是国家垄断经营,是为榷盐制度,"榷"就是专卖的意思。古代政府在盐价中加入了许多盐税,将其作为重要的财政来源。政府越是缺钱,盐价就越高。安史之乱后,官盐价格从每斗10文涨到每斗110文,而后又涨到了每斗370文。奇高的盐价让民众苦不堪言,辛辛苦苦赚来的血汗钱,最后都被盐价割了"韭菜"。有的穷人买不起盐,只能吃淡食度日。哪里有利润,哪里就有商人,哪怕是违法犯罪,也要搞钱。民间商人绕过政府贩卖私盐，不用加税，所以盐价很低，深受民众喜爱。在暴利驱使下，私盐贩子铤而走险，甚至以武力对抗官府。古代盐贩带着一点黑社会的味道，有些大盐贩还拥有私人武装，每到乱世，盐贩往往聚众起义。很快，黄巢就走上了起义的道路。同样走上这条路的，还有他的同行王仙芝。

唐僖宗乾符元年（874），王仙芝在长垣（今河南长垣东北）聚众起义，很快就攻占了县城。第二年，黄巢响应王仙芝，在山东冤句（今山东曹县西北）发动起义。随后，两支起义军成功会师，开始并肩作战。众多苦于官府压榨的民众加入了起义军，起义军队伍发展到数万人。后来，王仙芝兵败被杀，黄巢成了起义军的头领，自称"冲天大将军"。黄巢的头脑很灵活，他知道北方地区有许多强势的藩镇，朝廷都拿它们没办法，自己没必要和它们硬碰硬。于是，黄巢没有北上，而是南下转战淮河流域和江南地区。江南地区富得流油，打下那里，既可以壮大自己的力量，又可以断了朝廷的财路。黄巢一路南下，一直打到了广州。黄巢军队中多是北方人，不太习惯南方的气候和饮食，在经过短暂的休整之后，黄巢又挥师北伐。仅一年，黄巢军队就攻下了东都洛阳。又过了一个月，黄巢拿下唐朝首都长安。此时在位的唐僖宗走了先祖玄宗的老路，慌忙逃往成都。

881年，黄巢的军队进入长安，建立了大齐政权。黄巢此时心中想的可能是，既然当年来长安考进士你们不要我，这次我回来要当皇帝！也许是因为触景生情想起了往事，也许是成功后的恣意放纵所致，黄巢的极端人格又暴露出来。他要实现自己当年的理想，要让长安城"我花开后百花杀"。黄巢让手下尽情劫掠。农民军士兵多是穷苦人出身，没见过啥世面，突然成了繁华都城的主宰者，一个个眼睛都红了。富人家的财产都被农民军没收，美其名曰"淘物"。李唐宗室更是悲惨，不仅家财被抢，还很可能搭上性命。诗人韦庄描写当时的情形是：

华轩绣毂皆销散，甲第朱门无一半。[①]

[①] 韦庄《秦妇吟》，出自陈尚君辑校《全唐诗补编》，《外编第一编·补全唐诗·韦庄》。

后来，长安城内的民众协助官军反攻，黄巢大怒，下令对长安城进行大屠杀，谓之"洗城"。

中和元年（881年）三月，唐朝官军大反攻，黄巢派手下朱温前去抵御。激战中，朱温兵力不济，先后10次向黄巢求援。可求援信都被瞒报了，黄巢并没有派出援军。朱温没办法，接受招安，归顺唐朝。唐僖宗重用朱温，还给朱温赐名"全忠"，命他配合官军反攻长安。在多支部队的联合围剿下，黄巢放弃了长安，向东转战。转战途中，起义军的军粮不够吃了，竟然吃起了人肉。根据《旧唐书》的记载，黄巢军队在一天之内就杀了数千人，还建了专门制作人肉军粮的寨子，名曰"舂磨砦"。寨中有数百个巨大的碓，可将人直接磨碎，连骨带肉一起制成军粮。在唐朝官军的追剿下，黄巢军的主力溃败。884年，黄巢兵败自杀。相传，黄巢的侄子把他的头颅割了下来，让人献给唐僖宗，李唐宗室对黄巢恨之入骨，将他的头颅献祭于宗庙。

黄巢起义虽然失败了，但它对唐朝的打击是致命的。首先，平定起义过程中崛起了一批新军阀。比如朱温，他被朝廷任命为宣武节度使。朱温拥兵自重，最终成了唐王朝掘墓人。其次，这场战争使"江淮转运路绝"，朝廷长期仰仗的东南税赋断了。这相当于是给ICU（重症监护室）的病人拔了管，死亡只是时间问题了。更闹心的是，局势的巨变又引发了朝廷内部的政治斗争。长期困扰唐朝的南衙北司之争此时仍在继续。为了对抗北司的宦官，南衙的朝臣极力拉拢新军阀，尤其是朱温为他们站队。唐僖宗死后，唐昭宗继位，朝臣矫诏让朱温领兵进京。朱温彻底剿灭了宦官集团，又解散了宦官执领的神策军。杀完宦官后，朱温开始对朝臣们下手，将领头的朝臣一一干掉。这样一来，朝中便无力量可以制衡朱温。不久后，朱温杀了昭宗皇帝，立了傀儡皇帝哀帝，李唐王朝已经名存实亡。

907年，朱温废哀帝自行上位，改国号为梁，史称后梁。存续了近300年的李唐王朝，至此寿终正寝。荣光短暂，转瞬即逝。再辉煌的帝国，也会有轰然倒塌的一天。随着唐朝的落幕，中国历史进入了一个新的阶段——五代十国。

黄巢起义，"洗城"长安

五代辽宋夏金元篇

本篇讲述从五代到元朝的历史，时间跨度为400余年。

唐朝灭亡后，中国陷入了五代十国的分裂局面。五代和十国的十几个政权都很短命，它们在不到一个世纪的时间中短暂地立国又灭亡。960年，后周武将赵匡胤篡夺了政权，建立了宋朝。之后，宋廷相继灭掉了各个割据政权，结束了五代十国的分裂局面。同一时期，西部、北部边疆地区的少数民族先后建立了西夏、辽、金等政权。宋朝与这些少数民族政权长期并立，彼此有和有战，民族交流密切而深入。金灭北宋后，赵宋政权在江南地区延续，是为南宋。1206年，成吉思汗统一了北方的蒙古草原，建立了蒙古汗国。蒙古人的战斗力极强，先后扫平了西夏和金。1271年，蒙古大汗忽必烈改国号为大元，几年后灭了南宋，实现了天下一统。

上述政权中，对中国历史影响较大的是宋和元。宋朝奉行重文轻武的政策，文化昌盛，两宋时期是中华文明的巅峰时代。宋朝的经济也发展得很好，城市商业繁荣，市民阶层崛起，民众生活水平接近近世社会。元朝的疆域空前辽阔，各民族间的交融进一步深入，对统一多民族国家的巩固与发展有深远影响。

宋元时期相当于中华文明的中年阶段，事业有成，有钱有势，只是家庭关系有点令人烦心。

21

五代十国来又去
不知今夕是何年

五代十国

朱温篡唐后，中国历史进入五代十国时期。从本质上看，五代十国是唐末藩镇割据局面的延续。北方地区演变出五代政权，南方和山西地区演变出十国政权，中国又陷入了南北大分裂之中。

在黄河流域，先后出现了梁、唐、晋、汉、周5个政权。因为这些政权的国号都被过去的王朝用过了，后人为了区分，便在它们前面加上了一个"后"字，即后梁、后唐、后晋、后汉、后周，合称为五代。虽说有5个朝代，但它们更迭得太快，五代存续时间只有53年，还没有汉武帝一个人在位的时间长。最长命的后梁，立国也仅仅16年；最短命的后汉，仅存在了3年。53年中，五代经历了"八姓十四帝"，换皇帝比换衣服还快。

五代的政局之所以如此动荡，是因为这一时期的皇帝都是"兵强马壮者为之"，武将经常篡权。五代的开国皇帝，多是前朝的禁军将领，凭借兵权篡位称帝。没过几年，他们又会被自己手下的禁军将领篡权，报应循环。那时候的政治环境也适应了这种循环篡权的模式，大臣们没有尽忠守节的观念，谁当皇帝就为谁服务，内心并不会有多少波澜。有的大臣甚至身经五朝，君臣关系好似一种雇佣关系。另外，北方草原的契丹也在此期间崛起，契丹人经常南下侵扰，这也成了五代政局动荡的外因之一。

北方的五代，如同走马灯般地变换政权；此时的南方则出现了9个割据政权，这9个割据政权连同在山西的割据政权北汉一起，称为"十国"。十国的开国君主也都是武将出身，多为唐朝后期的藩镇节度使。

北汉 951—979年

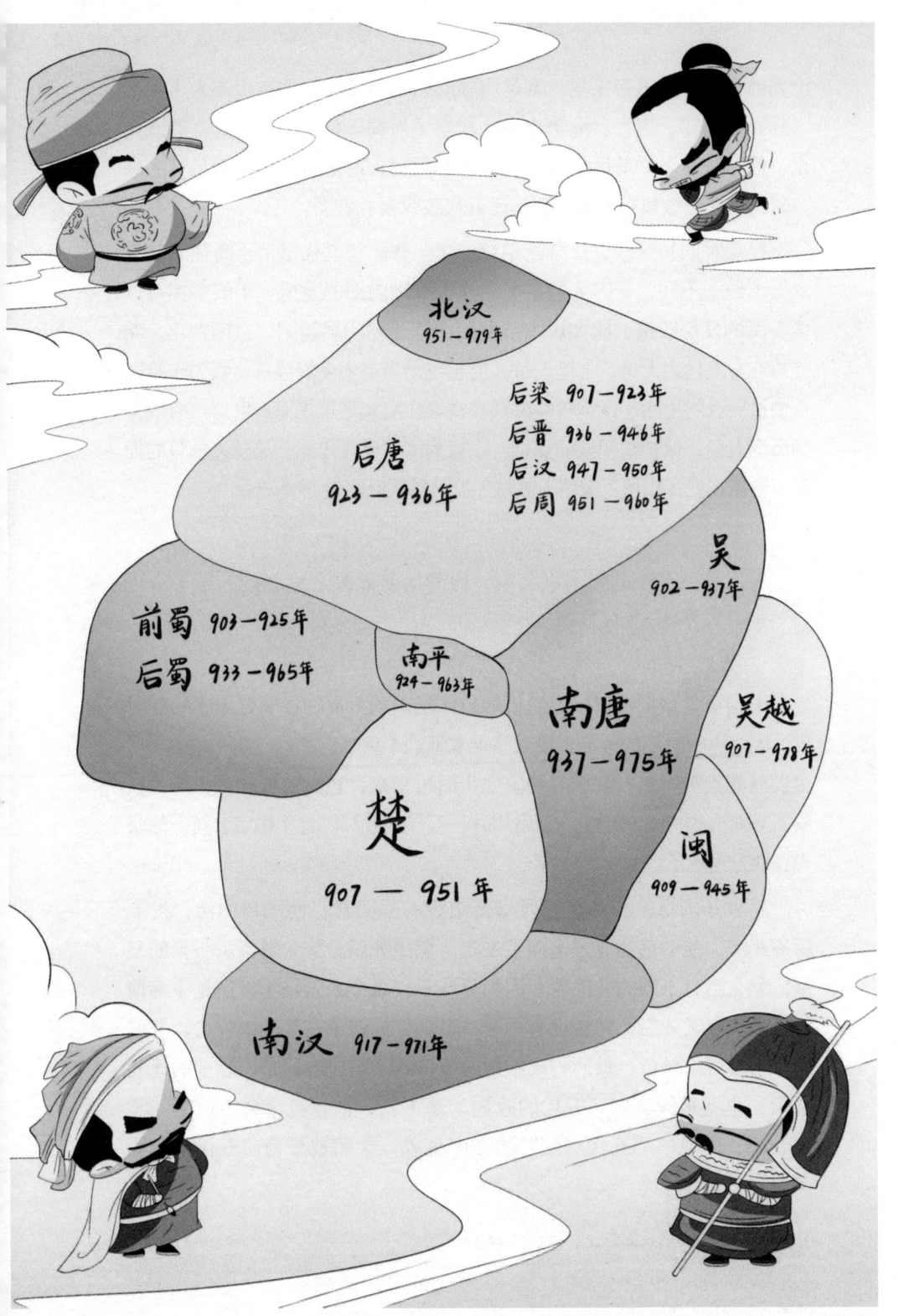

后梁 907—923年
后晋 936—946年
后汉 947—950年
后周 951—960年

后唐 923—936年

吴 902—937年

前蜀 903—925年
后蜀 933—965年

南平 924—963年

南唐 937—975年

吴越 907—978年

楚 907—951年

闽 909—945年

南汉 917—971年

五代十国图

比如前蜀的开国皇帝王建，本是唐朝的西川节度使，他趁唐末天下大乱之际占据四川，唐亡后顺势称帝，建立了前蜀。相比之下，北方的五代是"你死我活"、前后相继的，寿命都很短；而南方的十国则是"大家一起玩耍"，政权存续时间普遍比五代政权要长许多。

存续时间长一些，社会就相对安定一些。与五代皇帝不断征战、谋求天下统一不同，十国的君主多专注于本国内部的发展。十国多实行保境安民的发展政策，比如唐末节度使钱镠建立的吴越国，立国72年，始终尊北方五代为大哥，与世无争。吴越统治者努力发展经济，致力于给民众创造安逸的生活。钱镠带领民众在钱塘江沿岸修筑捍海石塘，可有效抵御海潮入侵，保护杭州城的安全。一直到清朝雍正年间，吴越人修筑的捍海石塘还在发挥作用。宋朝人苏轼评价吴越国时说道：

> 其民至于老死不识兵革，四时嬉游歌鼓之声相闻，至于今不废，其有德于斯民甚厚。①

十国虽是割据政权，但它们各自区域内的发展往往要好于大一统时代，因为这一时期的统治者更专注于本地的小幸福。然而，统一是中国历史发展的大势所趋，割据时的安宁生活再幸福，也无法抵挡大一统的铁拳。当北方的历史车轮滚动到后周时，五代的政局已趋于稳定，统一的曙光在北方出现了。

后周开国皇帝郭威是五代皇帝中少有的明君，他励精图治，发展后周经济，使动荡的北方走向了安定。郭威死后，柴荣继位。一朝的皇帝，怎么会有不同的姓氏呢？因为郭威不仅是个治国好手，还是个痴情好男人。妻子死后，郭威没有再娶，且他们的孩子在战乱中死去，郭威没有子嗣可以继位。最后，郭威把皇位传给了自己的养子、妻子的侄儿柴荣，也就是周世宗。五代的政局动荡不安，很多皇帝会传位给养子或亲戚，出现了"五代八姓"的奇葩现象。柴荣被誉为"五代第一明

---

① 出自《苏轼文集》卷十七，《表忠观碑》。

君",即位之初便立下了"以十年开拓天下,十年养百姓,十年致太平"①的宏伟目标。为了统一天下,柴荣解决了两个棘手的问题——佛教和禁军。

唐朝以来,佛教发展迅速,佛寺成为一股不容小觑的势力。佛寺享有众多特权,比如佛寺地产不用纳税,佛寺里的僧人也不用给国家服役。佛教的过度发展使国家的赋税和兵源减少,势必会对政权产生威胁。柴荣上台后,对佛教进行了全面整顿。当时,社会上有许多未经官方正式批准的民间寺院,是为"无敕额寺院"。柴荣裁撤了3万多所这样的寺院,强令僧尼还俗,最后仅留存僧尼6万余人。佛教史上,称这种对佛教的打击和限制事件为"法难"或"灭佛",著名的"三武②一宗灭佛"的"一宗"指的就是周世宗柴荣。

唐朝后期,为了制衡藩镇,朝廷不断加强禁军建设。因此,直属于朝廷的禁军成为左右时局的重要力量。为了提升军事实力,也为了加强对禁军的控制,柴荣大力整顿禁军。为了严肃军纪,惩治禁军的骄纵之习,柴荣一次性斩杀了违纪的禁军部将70余人。柴荣还对禁军进行优化,裁去老弱士兵,补充精锐兵源,使禁军实力大增,这为他后来的统一战奠定了军事基础。随着后周的国力日益强盛,柴荣开始了统一战争。柴荣先是西征后蜀,攻下多地,而后又南伐南唐,迫使南唐割地称臣。之后,他又北伐辽国,打算收复中原失地。就在统一大业稳步推进之时,柴荣暴病而亡。出师未捷身先死,享年只有三十九。柴荣死后,7岁的儿子柴宗训继位,是为周恭帝。

临终前的柴荣对人世间万分不舍,可谁又斗得过天命呢?柴荣把幼小的柴宗训托付给了随他征战了大半辈子的老战友们,嘱托他们要倾力辅佐年幼的柴宗训,完成自己未竟的事业。柴荣托孤时,老战友们伏地痛哭,纷纷起誓道会效忠幼主。在一众哭泣的人群中,有一个人的心情比较复杂,此人名叫赵匡胤。就是这个人,后来站在后周的肩膀上开创了大宋王朝,开启了中华文明的巅峰时代。

---

① 出自《五代史补》卷第五,《世宗问王朴运祚》。
② 指的是北魏太武帝、北周武帝、唐武宗,这三位皇帝都推行过灭佛运动。

22

亡后周陈桥兵变
秀演技大宋开局

宋朝的建立

常言道,人生如戏,全靠演技。对政治家而言,这句话再适合不过了。只有演技过硬的政治家才能获得大家的信任与掌声,实现自己的政治抱负。历史上,赵匡胤就是一位影帝级的政治家。凭借着高超的演技,他篡位当了皇帝。

赵匡胤出身于官宦世家,曾祖父在唐朝官至御史中丞。赵匡胤出生时,已是五代的后唐时期,他的父亲在后唐禁军中任职。赵匡胤从小就博览群书,受到了很好的教育。也许是受武将父亲的熏陶,赵匡胤也很喜欢舞枪弄棒,骑射水平远在一般人之上。赵匡胤很有个性,喜欢打抱不平,还喜欢赌博。生于五代乱世,凡事得看运气,有时还真的需要赌命。赵匡胤长大后,先后投奔过多位大人物。经过反复考察与思量后,他认定后汉武将郭威最有前途,于是押宝郭威,转投其帐下效力。赵匡胤赌对了,后来,郭威推翻后汉后称帝,建立了后周。赵匡胤也平步青云,出任了禁军高级军官。郭威死后无子,由养子柴荣继位,是为周世宗。赵匡胤继续跟随柴荣南征北战,立下了许多战功。在一次与北汉的作战中,后周军队不敌。危急之中,赵匡胤振臂高呼:"主上面临险境,我等当拼死一战!"他拼命冲杀,以勇武之气振奋了后周军队,最终后周扭转战局赢得了胜利。凭着赫赫军功,赵匡胤升任殿前都点检,相当于皇帝禁卫军的总司令。这个职务掌管着皇帝的贴身警卫,极为重要,一定由皇帝最为信任的武将出任。

五代的诸位帝王中,柴荣算得上雄才大略。若不是他英年早逝,最后统一天下的想来会是后周。临终前，柴荣将皇位传给了7岁的儿子柴宗训，并嘱咐赵匡胤等近臣要倾心辅佐。7岁的小孩，放在今天，刚到上小学的年纪。在古代，幼龄皇帝即位极不利于政权稳定。有一个词叫"主少国疑"，就是说皇帝年龄太小，大家都会心生疑虑，还有的人会心怀不轨。如果放在太平年月，给幼主配上几个好的辅臣，倒也能应付过去。但放在五代可不行，在这个换皇帝比换衣服还快的乱世，幼主就像是狼群中的羔羊，早晚要被吞吃入腹。这不，柴宗训刚刚即位，北方的劲敌就来侵犯边境了！

根据《宋史》的记载，柴宗训即位后的正月，朝廷接到契丹与北汉合兵进犯的军报，后周朝廷忙派赵匡胤领兵出征。第二天，军队到达都城汴（今河南开封）东北约20公里的陈桥驿。当天晚上，有士兵在军营中公开说希望赵匡胤做皇帝，主持大局。次日一大早，赵匡胤的弟弟赵光义和众将领来到了赵匡胤的寝屋外。赵匡胤醒来，看见众人一个个拿着刀剑立于门外，吓了一大跳。一问才知道，原来大家是来恳求他做皇帝的。赵匡胤还未来得及答复，就有人将一件黄袍强行披在了他身上。随即，众将士跪地叩拜，高呼"万岁"。就这样，赵匡胤被逼无奈当了皇帝，这一事件史称"陈桥兵变"。随后，赵匡胤挥师返回都城，接受了小皇帝柴宗训的禅让，成了宋太祖。这一年是960年，五代退场，赵宋[①]王朝登台。

史书对陈桥兵变的记载颇为戏剧化，居然还有被手下强迫当皇帝的！实际上，这一切极有可能是赵匡胤和手下联合演的一场戏。这样做的目的，一是调兵出城，这样更方便行事；二是以此拉拢人心，让大家相信赵匡胤当皇帝是众望所归，而非背信篡逆。然而，再好的演员也会有破绽。首先，赵匡胤率军出征是为了抵御契丹与北汉，可兵变之后大军就回城了，所谓的"入侵"也没有了下文。可以推断，契丹与北汉入侵的消息很可能是假的，是这场篡位大戏的一部分。其次，披身上的黄袍和后来禅位用的诏书，都出现得很及时，如果不是事先准备好的道具，谁会在行军路上带着黄袍呢？凭借着高超的演技，赵匡胤成功地感

---

① 宋朝历史分为北宋和南宋两个阶段，后世称赵匡胤建立的朝代为北宋。

陈桥兵变，黄袍加身

动了众人，顺利地改朝换代，也没有人去计较其中的破绽了。

宋朝建立之初，天下还是四分五裂的状态。当时，南方尚有多个割据政权，北方还有契丹人支持的北汉。对此，赵匡胤制定了"先南后北"的统一策略。柿子得先挑软的捏，契丹人太凶悍，尽量先不招惹，南方各政权的战斗力一般，可以打。的确，南方各政权长时间过着安逸的小日子，打起仗来，如同菜鸡一般。它们中实力稍强的是南唐，其末代君主就是大名鼎鼎的词人李煜。李煜写词，堪称绝代才子，"流水落花春去也，天上人间"[1]；但他治国，却是个薄命君王，打起仗来，真是"落花流水"。宋军进攻前，李煜派使臣赴宋求和，求和之词肉麻至极。李煜让使臣对宋朝说："南唐侍奉大宋，就像儿子侍奉爹，两国亲如父子，宋朝不该打南唐。"可赵匡胤是什么人？影帝级的皇帝，怎么可能被李煜的拙劣表演所打动？既然是演戏，赵匡胤也假模假样地顺势回复道："既然亲如父子，现在父子成了对家，你觉得这种情况应该发生吗？"南唐被攻灭前，李煜又派使臣来恳求赵匡胤。赵匡胤急了，说道：

> 天下一家，卧榻之侧，岂容他人鼾睡乎！[2]

之后，宋军攻克南唐都城江宁（今江苏南京），南唐灭亡。李煜成了俘虏，被押送至开封。有了亡国的难得经历，李煜的词写得更好了，感叹着"故国不堪回首月明中"而终日郁郁，后来被人毒死了。赵匡胤和赵光义用了10余年时间，铲除了多个割据势力，大体实现了统一。

宋太祖赵匡胤，以行伍之身起家，凭兵变夺取帝位，虽有虚伪表演之事，但为政颇为仁义。这一点从柴家的结局可以看出。赵匡胤虽篡了柴家的天下，但对柴家后代恩遇有加，还立下祖训予以保全[3]。《水浒传》里的柴进，就是柴家后代。大宋建国都100多年了，柴氏子孙还是富贵无忧。

---

[1] 出自《全唐诗》卷八百八十九，《后主煜·浪淘沙》。
[2] 出自《续资治通鉴长编》卷十六，《太祖·开宝八年》。
[3] 赵匡胤称帝后，曾立下三条祖训刻于石碑之上，即"勒石三诫"。其内容大致为：一、柴氏子孙有罪不得处以极刑或连坐支属；二、不得杀文人士大夫和上书言事者；三、后世子孙务必遵守以上内容，否则天打五雷轰。

23

立国策重文轻武
杯酒间兵权已释

宋初加强中央集权

历史上，一个新王朝进行制度构建的出发点，多是基于对前一个王朝之弊病的总结与反思。宋朝脱胎于五代十国，后者的弊病主要有两个：一个是五代的武将篡权问题，另一个是十国的地方割据问题。宋初实行的制度，也多是为了预防这两大问题而设计的。

相对而言，武将篡权问题更让赵匡胤寝食难安。一旦解决不好，宋朝的历史宿命可能只是五代之后的第六代。解决武将篡权最有效的办法就是解除武将的兵权，让他们成为光杆司令。为了顺利解除武将的兵权，影帝赵匡胤又演了一出戏。某一日晚朝结束，赵匡胤留下了石守信等大将，说要和他们喝两盅。称帝前，赵匡胤和这些大将没什么两样，大家都是一起吃、一起睡的好哥们。酒席上，大家喝得很尽兴，一边喝，一边回忆往昔峥嵘岁月，聊得好不快活。聊着聊着，赵匡胤就聊到了自己的睡眠问题，说自己最近睡不好觉，哥几个顺势就问：咋回事呢？赵匡胤开始表演，说道："当皇帝难啊，太多人想坐这个位置了。"石守信等人一听，这话有点不对劲啊，赶紧都跪了下来，问道："陛下何出此言？难不成谁有异心吗？"赵匡胤又说："我知道你们没有异心，你们都是朕的好兄弟，但保不住你们的手下贪图富贵，有一天也给你们黄袍加身，到时候你们想拒绝都难啊！"听到这话，几位将领的酒劲瞬间被吓醒了。因为臣下一旦被皇帝猜疑，多半不会有好下场。众人伏地痛哭，请求赵匡胤指条明路。赵匡胤继续表演，他说："人生在世，如白驹过隙，一晃就是一辈子，你们何不交出兵权，然后广置良田美宅，让子孙后代永享富贵，自己也每日饮酒作乐，这样的话，君臣之间两无猜嫌，岂不美哉？"石守信等人听明白了，第二天都称病，请求交出兵权。就这样，赵匡胤解除了实力派武将的兵权。这个"杯酒释兵权"的故事，极富戏剧性，再一次展现了影帝赵匡胤的高超演技。可是查阅官修史书《宋史》，并无对此事的专门记载。其他有关"杯酒释兵权"的记载则各说之间相互渲染，从而有了这样一个有声有色的故事。不管故事真假，赵匡胤顺利地解除了武将的兵权是真的，至于他用了何种方法，已经不那么重要了。

解除了武将的兵权后，赵匡胤改派资历浅的人统领近卫禁军。资历浅的将领好驾驭，搞不出什么大事情。即便如此，赵匡胤还是不放心，他对宋朝的军队定下了几条规矩：第一，要经常换禁军统帅，不让他们与手下混熟，这样即便武将想篡位，也找不到搭档；第二，实行"更戍法"，禁军的驻屯地点每隔几年就换一次，将领也随之更换，形成"兵不识将，将不识兵"的状态，防止将领与士兵相勾结；第三，将统兵权与调兵权分开，将领只有统兵权，而调遣军队要听命于朝廷设立的枢密院，没有枢密院的调兵令，军队出营就视为谋反；第四，重用文官，压制武将。赵匡胤虽然是行伍出身，但他对武将非常不信任。赵宋一朝，形成了重文轻武的国策，文官地位高于武将，武将处处受到压制。北宋时期，担任枢密院正职的官员有73人，其中，武将只有18人。

对武将压制之外，对文官也要多加制衡。历朝历代，皇帝最放心不下的就是统领百官的宰相。宋朝宰相承袭唐朝官职名称，名为"同中书门下平章事"。除此以外，宋朝又设置了副相来分割宰相的权力，副相名为"参知政事"。参知政事拥有的实权与宰相不相上下，二者合称"宰执"。出门时，宰执可以齐头并马。宰相的政权被分割，军权和财权则彻底被拿走。军权归了枢密院，枢密院与宰执的政事堂合称"二府"；财权则归了三司使，三司使也称"计相"，是财政大总管。经过这么一改，宋朝的朝廷中，无论是武将，还是宰相，都没有篡权的实力了。

改革完了中央官制，宋朝还对地方多管齐下，重点防范地方的割据

杯酒释兵权

势力。从安史之乱到北宋统一，国家长期处于割据状态，要么是藩镇割据，要么是武将独立建国。北宋实现了统一，但如何防止天下再度陷入分裂呢？针对这一问题，赵匡胤咨询了谋臣赵普。赵普是北宋初期杰出的政治家，赵匡胤对他十分倚重。"先南后北"的统一方针，就是赵匡胤、赵光义兄弟二人在一个雪夜到赵普家与之商定的。针对地方割据的问题，赵普又给出了满分答案："稍夺其权，制其钱谷，收其精兵"[1]，天下自然就安定了。赵匡胤一点就通，马上出台了一系列的措施来加强中央集权。在行政方面，宋廷任命文官出任地方各州长官，称知州。地方武将统统靠边站，节度使成了虚衔。知州之外，还设通判一职，让通判和知州互相制衡。地方事务须二者共同商定，政令须二者同时签署方才有效。州、县的长官还要三年一换，防止地方官在一地做强做大。在财政方面，地方上的财权也收归中央。宋太宗时期，全国划分了15个路，每路设转运使一名。转运使负责将地方赋税运送中央，由朝廷的三司统一管理，只给地方留一小部分作为日常开支。在军事方面，宋朝将地方的精兵都收归中央，编入朝廷禁军。地方剩下的老弱士兵编为"厢军"，厢军平时修修城墙、做做兵器、跑跑运输，俸禄也比禁军低得多。就这样，精兵没了，钱没了，权力也被分割了，地方再想割据，也只是幻想了。

赵匡胤一系列加强中央集权的治国方略，又经继任者的完善，最终形成宋朝的"祖宗之法"。其核心思路可概括为：收权、分权、重文轻武。赵匡胤实行的集权措施不仅保证了赵宋江山300多年的安稳，还为后世王朝所效仿。从宋朝开始，历代王朝再未出现武将篡权的现象，地方的割据也不足为虑，足见宋朝"祖宗之法"的巨大功效。

---

[1] 出自《续资治通鉴长编》卷二，《太祖·建隆二年》

24

辽北狠人阿保机
斧声烛影赵光义

辽国的兴起

解决完了武将篡权和地方割据两大问题后，宋朝的内部相对安全了。但宋朝皇帝还不能高枕无忧，因为在外部，宋朝还有一个可怕的敌人一直在虎视眈眈，这个敌人就是北方强邻契丹。现代俄语将中国称为"kitay"，拉丁语将中国称为"kathay"，二者都是"契丹"的音译，因为大约1000年前，契丹在世界范围内的影响很大，以至于许多古代欧洲人和中亚人认为契丹就代表中国。

契丹民族兴起于今西拉木伦河和老哈河流域，属于东北三大古族系[①]中的东胡族系，与之前的鲜卑和后来的蒙古是近亲。契丹民族有自己的创世神话。相传，很久以前有一位天女，在天宫待得很无聊，于是她来到了人间。天女驾着青牛车沿着西拉木伦河溜达，巧了，此时契丹族的始祖正骑着白马沿着老哈河溜达。两条河在木叶山这个地方交汇，天女与契丹始祖也在此处相遇。瞬间迸发的热情让两人很自然地结合了，之后他们还生下了8个孩子，其后代不断繁衍，逐渐形成了契丹民族的8个部落。诚然，这个神话里的天女和契丹始祖并非真实存在的，但契丹的8个部落却是真实存在的。唐朝时，契丹的8个部落形成了部落联盟。唐末至五代，契丹部落联盟里出了一位叫耶律阿保机的领袖，阿保机可称"辽北地区著名狠人"，他设下酒局，诱杀了各部的首领，统一了契丹各部。916年，阿保机称帝，建立了契丹国，国号为"契丹"，后来改为

[①] 指肃慎族系、秽貊族系、东胡族系。

辽，皇都称上京（今内蒙古巴林左旗东南）。

契丹是游牧民族，又生活在寒冷的东北地区，与其他东北的古代少数民族一样，天生能征善战。建国才10年，辽国就灭了渤海国，后者可是唐朝时号称"海东盛国"的强大国家。在东北站稳脚跟后，辽国伺机南下。此时正处于五代十国的纷争乱世期间，这对契丹人而言可真的是天赐良机。辽太祖死后，次子耶律德光继位，是为辽太宗。利用中原内部的纷争，辽太宗成功南下中原。

当时，中原处于后唐时期。后唐有一员大将，名叫石敬瑭，任河东节度使。河东地区大致是今天的山西及河北西北部，此地紧邻东北塞外，唐朝以来便是边防要害之地，此地的节度使都手握重兵。安史之乱的始作俑者安禄山，就是在兼任了河东节度使后，才有实力起兵谋反的。后唐的末帝对石敬瑭不太信任，想把他从河东调走。石敬瑭先下手为强，举兵反叛。后唐军队随即前来镇压，围困了石敬瑭。危机之中，石敬瑭想到了北方的邻居契丹。

本来，石敬瑭的职责是防御契丹人，二者应为敌对关系。但此一时彼一时，此时石敬瑭的最大敌人已经是后唐，敌人的敌人就是朋友，石敬瑭决定与契丹人联合。他派人前往辽国，请求契丹人出兵援助。当然，人家也不能白来，石敬瑭向辽太宗许下承诺："如果能帮助我干掉后唐，我可以给你当儿子，还把两国相邻的幽州、蓟州等16个州[①]割让给辽。"辽太宗听后，喜出望外，立即领兵出雁门关，击溃了后唐军队。随后，石敬瑭与辽军联合南下，灭亡了后唐。石敬瑭接受辽太宗册封，登基建国，史称后晋。靠着契丹人，石敬瑭不仅击败了后唐，还取而代之做了新的皇帝，这可真是赚大发了。大喜之余，石敬瑭信守承诺，他认了辽太宗为"父皇帝"。搞笑的是，石敬瑭认的爹比自己还小10岁。对辽太

[①] 这16个州分别是：幽（今北京）、蓟（今天津蓟县）、瀛（今河北河间）、莫（今河北任丘北）、涿（今河北涿州）、檀（今北京密云东北）、顺（今北京顺义）、新（今河北张家口涿鹿县）、妫（今河北怀来东南旧怀来，已被官厅水库淹没）、儒（今北京延庆）、武（今河北张家口宣化）、蔚（今河北蔚县）、云（今山西大同）、应（今山西应县）、寰（今山西朔州东）、朔（今山西朔州西南）。"幽蓟十六州"在北宋末也称"燕云十六州"。

石敬瑭向辽太宗献上幽蓟十六州

宗来说，当不当爹不重要，重要的是获得了梦寐以求的幽蓟十六州。

幽蓟十六州的战略位置极其重要，它们扼守着燕山山脉和太行山山脉一线，南面便是一马平川的华北大平原。守住了幽蓟十六州，就等于守住了中原的"防盗门"，可以有效地阻挡北方游牧民族的骑兵南下。石敬瑭割让了幽蓟十六州，相当于把中原的"防盗门"给卖了，游牧民族可以随意南下。北宋建立后，幽蓟十六州成了历代赵宋皇帝难以放下的"朱砂痣"。赵匡胤很想收回幽蓟十六州，但他深知契丹人的厉害，所以他一直在做准备，并未轻开战端。赵匡胤特别设置了一个小金库，名曰"封桩库"。灭南方各国时，所获得的财富都被他存进了封桩库。赵匡胤对近臣说："等我攒够了钱，就从契丹人手里把幽蓟十六州赎回来，如果他们不卖，我就用这笔钱做军费，把幽蓟十六州夺回来！"可一直到死，赵匡胤也没能实现这个梦想。

赵匡胤50岁时突然驾崩，死得颇为蹊跷。根据司马光所著的《涑水纪闻》记载，宋太祖驾崩后，皇后派宦官去召太祖之子赵德芳进宫。可宦官并没有去召赵德芳，而是去了赵光义的府上。随后，赵光义进了皇宫。皇后见宦官回来，立即问："德芳来了吗？"宦官则回答："德芳没来，晋王（赵光义）来了。"皇后有点蒙，但事已至此，也只能选择接受。皇后见到赵光义，便对他说："我们母子的性命，就拜托您了！"赵光义哭着回答道："共保富贵，无忧也。"①就这样，赵光义以兄终弟及的方式继位，是为宋太宗。有的史料对宋太祖驾崩的记载更为诡异，如《宋史纪事本末》记载，宋太祖病重时，召赵光义入宫商量后事。近臣们在屋外等候时，看见点着蜡烛的屋子内，人影不断移动，还听见斧子的声音。不一会儿，宋太祖就驾崩了，之后赵光义继位。这就是历史上著名的"斧声烛影"之说。

在宋太祖有成年的儿子的情况下，赵光义以弟弟的身份继位，这的确不太合理。宋太宗即位以来，民间就有各种质疑。虽说疑似得位不正，但宋太宗继续推进着宋太祖未竟的事业。为了证明自己，宋太宗还积极准备对辽开战，战略目标很明确——收回幽蓟十六州。

---

① 出自《涑水记闻》卷第一。

25

车神大战高梁河
澶渊之盟不差钱

北宋与辽的和战

在割占了幽蓟十六州之后,契丹势力进入中原北部。此时的辽国,既拥有塞外的广阔草原,又获得了中原的肥沃农田,可谓如虎添翼。更让契丹人兴奋的是,幽蓟十六州是中原的北大门,占领了这里,契丹骑兵可以随时南下撒欢。宋朝建立后,太祖赵匡胤一直在攒钱为夺回幽蓟十六州做准备。攒了十几年,钱攒得差不多了,但宋太祖没了。宋太祖的弟弟宋太宗赵光义即位后,决定对辽开战。

太平兴国四年(979),宋太宗就御驾亲征,灭了契丹人扶持的北汉,彻底终结了五代十国的分裂割据。这场胜利让宋太宗信心大增,他想一鼓作气收回幽蓟十六州,实现宋太祖的夙愿。

战后未经休整,宋太宗就率军直入辽国境内。宋军势如破竹,辽国的易州和涿州望风而降。宋太宗自信心膨胀,挥师疾驰到幽州城下,准备一举拿下辽国南京①。就在此时,辽国名将耶律休哥率援军赶来,宋、辽两军在幽州西北的高梁河(今北京西直门外)展开大战。之前的战斗,宋军还没见过契丹军的主力。这一次,耶律休哥率领的可是契丹的精锐部队五院军。大战开始后,耶律休哥身先士卒,即便身上受伤三处,依旧率军猛攻。幽州城里的辽军也来劲了,打开城门迎击宋军。宋军哪里见识过这样凶猛的东北大汉,很快就全面溃败,死者万余计。最

---

① 辽国实行五京制,有5个首都,分别是上京临潢府、中京大定府、东京辽阳府、南京幽都府、西京大同府。其中,南京在1012年改幽都府置为析津府,建为燕京。

112

狼狈的是宋太宗，来的时候志在必得，最后却腿部中箭，坐着驴车仓皇南逃，被今人戏称为"高梁河车神"。

可宋太宗不信邪，伤好了后还要继续打。7年之后的雍熙三年（986），宋军再次伐辽。这回宋太宗没有亲征，他可能怕到时候连驴车都没的坐。这一次北伐，宋军又被耶律休哥打败。宋军将领杨业被俘，绝食而死，杨业及其家人就是后世"杨家将故事"中人物的原型。雍熙北伐失败后，宋太宗彻底断了收回幽蓟十六州的念头。为了阻挡契丹骑兵南下，宋朝在北方边境地区大规模地挖池塘、修栅栏、栽树木，搞起了物理防御。宋朝是蔫了，可契丹的劲头上来了，这回轮到契丹主动出击了。

宋太宗死后，宋真宗继位。此时辽国的掌权者是辽圣宗的母后，契丹史上著名的女强人萧太后。1004年，萧太后与辽圣宗率20万大军南下伐宋，一路攻城略地，打到了黄河北岸的澶州（今河南濮阳）城下。澶州距离北宋都城开封只有大约200里，如果辽军拿下澶州，骑兵进攻开封便可朝发夕至。

军情传来，宋廷这边慌了。不少大臣主张迁都，有说迁南京的，有说迁成都的。宋真宗说不定也想迁都，只是碍于面子没敢直说。宰相寇准反对迁都，他认为他们跑得再快，也不会有契丹骑兵跑得快，倒不如正面死磕，倒还有一线胜算。寇准力排众议，奏请宋真宗北上澶州，亲自督战。宋真宗听后，压力与恐惧在心中翻腾。但为了祖宗的江山社稷，宋真宗只能硬着头皮北上。此时的澶州附近，集结了宋朝军民数十万，他们的心里也没底，只能勉强保持镇定。澶州城地跨黄河两岸，北岸是澶州北城，澶州北城外面满是饿狼般的契丹大军，宋真宗进城后，只想在澶州南城里躲着，并不想往前凑。寇准一看，这可不行，寇准又是施压又是讲道理，道：

> 陛下不过河，则人心危惧，敌气未慑，非所以取威决胜也。[①]

---

① 出自《续资治通鉴长编》卷五十八，《真宗·景德元年》。

真宗您要是不过河、不登北城，那就无法鼓舞士气，咱们大宋军民必将人心惶惶，敌人不被震慑，咱们无法取胜。费了一番口舌，好不容易才忽悠宋真宗登上了澶州北城的城楼。大宋军民一看皇帝真的来了，立刻就精神了：

> 诸军皆呼万岁，声闻数十里，气势百倍。①

其实，在宋真宗登楼鼓舞士气之前，战场上发生了一件神奇的事情。辽军统帅萧挞览一点没把宋军当回事，他只带着数十轻骑兵，便去澶州城下观察地形。也是巧了，萧挞览刚到城下，就被城墙上的宋军张瑰发现了。更巧的是，张瑰旁边刚好有架床子弩，这种弩可以发射标枪般的大箭。张瑰操作床子弩，一股寸劲，一箭就射中了萧挞览头颅。决战还未开始，辽军主帅就被射死了，且宋朝那边皇帝也来了，宋军士气高涨，气势骇人。辽军方面有点蒙，于是提出了和谈。

宋真宗一听辽军要议和，心中大喜，赶紧派使臣曹利用赴辽营谈判。出发前，宋真宗给曹利用交了个底：只要不割地，哪怕每年赔百万钱财也行！寇准也找到了曹利用，也给他画了一条底线：

> 过三十万勿来见准，准将斩汝。②

最多每年给辽30万，若超过了，你也别回来见我，我会杀了你！最终，曹利用谈判的结果是每年给辽30万"岁币"，包含银10万两，绢20万匹；同时，宋、辽两国结成兄弟之国，辽圣宗称宋真宗为兄，宋真宗尊萧太后为叔母，双方各守疆界，互不侵犯。这一和约，就是历史上著名的"澶渊之盟"。

曹利用回宋复命，途中遇上了宋真宗派来打探消息的宦官，宋真宗

---

① 出自《续资治通鉴长编》卷五十八，《真宗·景德元年》。
② 同上。

澶渊之盟——岁币换来的和平

正焦急地等待谈判结果。曹利用对宦官说这是机密，要当面奏报，只伸出了三根手指给宦官暗示了一下。宦官疾驰回来报告，宋真宗还以为是300万，叫道：这也太多了！可宋真宗转念一想，每年只交300万岁币就能不打仗，倒也能接受，他便顺口说了句：

    姑了事，亦可耳。①

  曹利用回来后，宋真宗得知每年要交的岁币只有30万，差点乐晕过去。于北宋而言，澶渊之盟中交纳岁币这一项多少有点丢人。但相比战争带来的巨额军费开支和不可估量的军民伤亡，这30万岁币又显得微不足道了。北宋、辽因此维持了100多年的和平，宋辽双方友好，使者往来不断，每逢双方有皇帝即位、生辰丧事等，都互派使者往来。鉴于此，澶渊之盟不失为一笔务实的买卖。

  议和后，双方还在边境设立了榷场，即边境贸易场所。北宋凭借经济优势，"岁获四十余万"②，每年的获利远超30万岁币的支出。

  在宋朝的西北部，还有个不好对付的敌人，叫作西夏。西夏由党项族建立，盘踞在河套平原，坐拥河西走廊。宋仁宗宝元元年（1038）十月，西夏国王元昊正式称帝，定都兴庆府（今宁夏银川），并公开上表于北宋。这等于打了北宋的脸，因为西夏过去一直是向宋朝称臣的。随后，宋夏战争爆发，双方打了六七年，宋军皆败。但西夏毕竟人少国弱，跟北宋打持久战有点耗不起了。最后，双方借鉴了澶渊之盟，于1044年议和，宋廷册封元昊为夏国主，西夏仍向北宋称臣，北宋每年给西夏"岁赐"③，两国结束战事。

  这一次，北宋不仅买来了和平，还买来了面子，西夏继续向宋称

---

① 出自《续资治通鉴长编》卷五十八，《真宗·景德元年》。
② 出自《宋史》卷一百八十六，《志第一百三十九·食货下八》。
③ 宋每年给予西夏"岁赐"绢13万匹，银5万两，茶2万斤；在各节日和元昊生日另赐银2万两，银器2000两，绢、帛、衣着等23 000匹，茶1万斤。

臣。反正北宋不差钱，能花钱解决的事，都不是难事。靠着花钱买和平，北宋维持住了北宋、辽、西夏三大政权并立的局面。北宋买来的和平为国内经济发展提供了良好的环境，且促进了不同民族间的经济文化交流，更有利于中华文化的整合与创新。

26

冗兵冗官积贫弱
新政变法来搞钱

王安石变法

俗话说得好，差生文具多。宋朝在军事方面就是这样的差生，别看宋朝的战斗力一般，但它的军队数量却多得惊人。这不仅是为了应对辽和西夏的军事威胁，更是为了遵循"祖宗之法"。

宋初制定的各项"祖宗之法"多是针对国家可能面临的危险而设计的，是对潜在隐患的提前预防之策，所以又称"防弊之政"。"防弊之政"中有一条是大规模养兵，认为这样既可以攘外，还可以安内。攘外好理解，那大规模养兵怎么能安内呢？宋初加强中央集权，已经让篡权和割据比登天还难，但仍无法有效阻止民众造反。宋太祖认为，造反的人都是无业贫民，只要把他们招募到军队里，让他们吃皇粮，就好办了。所谓"可以利百代者唯养兵也"[1]。在这一思路下，宋朝大规模扩军，直属朝廷的禁军数量激增。宋初禁军数量约20万，到宋真宗时翻了一倍多，增加到44万，到宋仁宗时，又翻了大概一倍，达80万。《水浒传》里说林冲是"东京八十万禁军教头"，并非虚言。宋朝实行募兵制，军人都是招募来的，当兵相当于上班，国家要给军人开工资。宋朝疯狂扩军，"冗兵"极多，这导致军费开支极其巨大。到宋英宗时期，宋朝的军费开支已占国家财政支出的大半，所谓"天下六分之物，五分养兵"[2]。

---

[1]　出自《全宋文》（第一百二十九册）卷二七九九，《晁说之二·元符三年应诏封事下》。
[2]　出自《全宋文》（第四十六册）卷一〇〇三，《蔡襄一〇·国论要目十二事疏》。

118

宋朝不仅有大量的"冗兵"，还有大量的"冗官"。"防弊之政"中还有一条：要分权，要让官员相互制衡。所以，一个人的活要派两个人去干，还要再派一个人去监督。这样虽能防止官员专权，但也增加了官员的数量。同时，为了不让官员长期专擅某项权力，宋朝还将官员的"官""职"和"差遣"分离。简单来说，官只代表级别和待遇，职是荣誉头衔，只有差遣才是具体工作。比如北宋名臣包拯的身份是尚书省右司郎中、龙图阁直学士、权知开封府事——前两个是官和职，只有差遣"权知开封府事"是实际工作，相当于首都市长。宋朝还有不少官员有官职而无差遣，白拿国家俸禄。另外，宋朝还有个恩荫制度，皇族宗室和中高级官员可以让亲属和门客补官。官员级别越高，恩荫的人就越多。多种因素影响下，宋朝的官员数量暴增。从宋真宗到宋仁宗的40多年间，官员数量从9000多人增加到17 000多人，几乎翻了一倍。

冗兵和冗官都需要国家财政供养，此外宋廷每年还有岁币、岁赐的支出，这又产生了"冗费"。冗兵、冗官、冗费，合称"三冗"，宋朝再有钱，也扛不住这么使劲花。宋仁宗时，财政危机已经显现。为了改变积贫积弱的局面，庆历三年（1043），宋仁宗任命范仲淹为参知政事，让范仲淹主持了一系列的改革，史称"庆历新政"。

庆历新政从整顿吏治入手，加强了对官员的考核。宋朝官场因保守之风盛行，官员们不求有功，但求无过，个个都只想当老好人熬升职、等加薪。范仲淹主张按政绩升迁，严格考核，碌碌无为者靠边站。新政还主张限制恩荫，一是限制恩荫的数量；二是对恩荫者进行考试，不合格者不授官。此外，范仲淹还提出了一系列改革科举、减轻徭役、利于农业发展、加强边防的改革方针。范仲淹的想法是对的，但他操之过急了，一上来就对官僚体系开刀，势必遭到整个官僚集团的激烈反对。新政推行了一年多便以失败告终，国家积贫积弱的局面并未改变。之后的20多年间，宋朝的财政危机愈发严重，财政赤字逐年扩大，北宋的统治面临着严重危机。此时在位的皇帝是宋神宗，在他的支持下，庆历新政的升级版出台了，它就是1069年开始的王安石变法。

王安石变法以富国强兵为目的，内容涉及经济、军事、教育等诸多

王安石变法

方面。其中推行范围最广、影响最大的，是青苗、募役、保甲三法。青苗法本质上是官府放贷，在每年春正月和五月青黄不接时，农民可向官府借贷，收粮后还款，加20%的利息。此法目的是为政府增收，并保证农业生产，同时减少民间高利贷对农民的盘剥。募役法也称"免役法"，其核心是收免役钱。宋代百姓要轮流给官府义务劳动，称为"职役"，比如看管仓库、运送官物、督催赋税等。职役干扰了民众的生产和生活，很多人会逃避。募役法推行后，民众不再服职役，改为交免役钱，官府雇人服役。以前不服职役的人，如官员、僧尼、道士等，现在也要交钱。此法理论上既不耽误农业生产，又保证官府的活有人干，还能增加政府收入。保甲法是把农民编练成民兵，有两丁以上的农家出一人为保丁，十家组成一保，五保组成一大保，十大保为一都保，各设保长负责。保内要互相监视，一人犯罪，其他人连坐受罚。保丁平时在家务农，农闲时参加军事训练，力求实现兵农合一，提高宋军战斗力。

　　王安石变法取得了一定成果，特别是在富国方面，成绩斐然。变法后，北宋政府很快就有钱了，国库积累的财物可够户部支用20年。而其他方面，变法收效甚微。强兵方面，宋神宗后来两次对西夏用兵的结果都是一败涂地，损失了至少60万人，宋神宗因此郁郁而终。更闹心的是，变法遭到社会上下各阶层的激烈反对。以司马光为代表的反对派批评变法是在敛民财、折腾老百姓。的确，由于变法推行得太急，加之用人不当，很多措施适得其反。比如青苗法，初衷本是借钱给农民救急，政府还能赚利息。可推行过程中，基层官员急功近利，不缺钱的农民也被官府强行放贷。青苗法一年分两次放贷，每次加20%的利息。有的地方故意加息，据说有些过分的，利息加到了80%，这已经和明抢没什么区别了，和民间的高利贷比有过之无不及。募役法和保甲法也是乱搞一通，有的地方前脚刚收了农民的免役钱，后脚又以保甲法为名让农民服职役。宋神宗死后，司马光出任宰相，变法几乎全部废止。

　　王安石变法的初心是好的，措施也很好，但他高估了北宋社会的转型能力。王安石想以政府垄断代替市场，导致底层官员急功近利，"一切向钱看"，最后改革失败是历史之必然。任何政府如果既想当裁判，又想当运动员，就一定会破坏游戏规则。到头来，大家都不会愿意和你玩了。

27

女真满万不可敌
灭辽缘起海东青

金朝的建立

古代的中原政权经常会面对北方游牧民族的威胁。唐朝之前的威胁主要来自北方偏西的少数民族，如汉之匈奴、晋之五胡、唐之突厥；自唐朝中期以后，威胁向北方偏东转移，东北的少数民族轮番搞事情。先是契丹人建立了辽，把宋朝折腾得够呛；辽代后期，又一批东北人支棱起来了，他们就是女真人。

女真人是东北的坐地户，其先祖属于东北三大古族系中的肃慎族系。南北朝时女真被称为勿吉，隋唐时女真被称为靺鞨。靺鞨生活在白山黑水之地，渐渐发展出了多个部落，著名的有7个，其中以粟末靺鞨和黑水靺鞨为南北二强。高句丽灭亡后，粟末靺鞨首领大祚荣在东北建立了渤海国，渤海国接受了唐朝的册封，号称"海东盛国"。契丹崛起后，于926年灭了渤海国。曾被渤海国役属的黑水靺鞨转附契丹，契丹人称黑水靺鞨为"女真"。据清朝的官修史书记载：

> 金之姓为朱里真，夫北音读肃为须，须朱同韵；里真二字，合呼之音近慎；盖即肃慎之转音。[①]

所以，后世许多学者认为，"女真"一词正是"肃慎"的转音读法，实

[①] 出自《钦定满洲源流考》卷一。

为同名。

依据不同的生产方式，人类文明可分为农耕文明、游牧文明和海洋文明等类型。女真文明可归入游牧文明的大范畴，但具体而言，女真文明并不是纯粹的游牧文明，而是一种渔猎文明。渔猎文明属于多技能文明，渔猎文明社会的生存能力比较强，生活于其中的人既能骑马打猎，又能下水捕鱼，有时还能农耕。宋朝的相关史书形容女真人道：

（善）骑，上下崖壁如飞，济江河不用舟楫，浮马而渡。①

人如虎，马如龙，上山如猿，下水如獭，其势如太（泰）山。②

因为女真人的战斗力很强，时人评价说："女真不满万，满万不可敌。"既然女真"满万不可敌"，那就不能让女真人满万，所以辽朝统治者一直对女真人进行分化与打压。

辽朝将文明程度高一些的女真人迁到辽东地区，编入辽国户籍，称之为"熟女真"；没有被编入辽国户籍的女真人，继续"散养"在今黑龙江和吉林一带，过着粗犷而彪悍的生活，他们被称为"生女真"。生女真有许多部落，它们都臣服于辽。生女真部落每年要向辽朝进贡本地的土特产品。在诸多贡物中，辽国最青睐的是一种名为海东青的雕。后来，就是因为进贡海东青一事，女真民族愤然起兵反辽。

辽国建国后，皇帝不喜欢常年待在某一都城，更喜欢到处巡幸，就像今天的房车旅行那样潇洒。每年的春、夏、秋、冬四季，辽国皇帝都有固定的巡幸地。皇帝巡幸到哪儿，朝廷就搬到哪儿。

契丹人称巡幸地为"捺钵"，即"行营"的意思。春捺钵地点在长春州（今吉林前郭尔罗斯西北塔虎城），每年春天，辽国朝廷就会到此地办公，皇帝在此地会见各部落首领，并举行围猎活动。围猎时，海东

---

① 出自《大金国志校证》卷之三十九，《初兴风土》。
② 同上书，卷之四，《太宗文烈皇帝二》。

青是最佳的围猎伴侣，这种猛禽飞起来快若闪电，能瞬间捕杀大雁和天鹅。正是因为海东青的勇猛，辽国皇帝对它钟爱有加，就像今天的中东富豪喜欢玩猎鹰一样。

除了打猎、玩耍外，海东青还能给辽国带来丰厚的外汇收入。那时，有一种名为北珠的珠宝风靡于北宋。据史料记载：

> 北珠在宣和间，围寸者价至三二百万。[1]

周长一寸的北珠在北宋可以卖到二三百万钱，快赶上宰相一年的俸禄了。这种北珠产于辽国境内，藏于辽东大海里的珠蚌内。当地有一种天鹅，专门吃珠蚌，北珠就会藏于这种天鹅的嗉囊里，只要契丹人猎获这种天鹅，就很可能得到价值连城的北珠。而猎获天鹅的最佳办法，就是用海东青捕杀。为了对宋朝出口北珠以创收，也为了满足部分契丹贵族收藏北珠的需求，辽国强迫女真人大量进贡海东青。

为此，辽国还派出了名为"银牌天使"的官员出使女真地区，实际上是作为催收官员，专门征收海东青。"银牌天使"每到女真部落，不仅索要海东青和各种礼物，还强迫女真的年轻女子"荐枕"，不论女真女子已婚还是未婚，只要貌美的，都得陪他们睡觉。女真人忍无可忍，愤然起兵抗辽。

女真人的抗争此起彼伏，且多为小规模游击战，这让辽国防不胜防。不得已，辽国采用了"以夷制夷"的办法，辽国扶持了几个女真部落的首领，让他们协助辽国镇压和管理女真各部。生女真完颜部的首领就被委以此任。仗着给辽朝做"二鬼子"，完颜部迅速强大起来，不久后建立了女真部落联盟。女真人已经满万，马上就要不可敌了。而此时的辽国，又出了一个作死皇帝，他就是辽国的末代皇帝——天祚帝。

1112年，天祚帝在春捺钵举办"头鱼宴"，就是在春季捕获第一条

---

[1] 出自《铁围山丛谈》卷第六。

百折不挠、以小博大，阿骨打和海东青，有着相似的精神特点

鱼后举办盛大的宴会。这次宴会宴请了生女真各部的首领，完颜部的阿骨打也来参加了。天祚帝很像今天东北的酒蒙子，一喝多就要耍，不仅闹腾，还特别恶心人。酒过三巡，天祚帝让女真首领们给他跳舞助兴。虽说这些人都是辽国的"二鬼子"，但人家好歹也是领导，让他们当众跳舞，这多少有点侮辱人了。其他首领也许会屈从，但完颜阿骨打生性刚烈，直接拒绝了天祚帝。天祚帝感到很扫兴，想杀了阿骨打，被手下阻拦才作罢。

头鱼宴的跳舞风波，让阿骨打彻底看清了辽国的罪恶与腐朽，他决心率领女真人灭掉辽国。1114年，阿骨打率军攻打宁江州（今吉林松原市东石头城子），许多辽籍女真人参加反辽斗争，女真军迅速发展到1万人。此时的女真已不再是分散而弱小的"散养部落"了，而是一个强大的部落联盟。在阿骨打的领导下，女真人把契丹人打得节节败退，真的是"满万不可敌"。1115年，阿骨打在会宁（今黑龙江哈尔滨市阿城区南白城）称帝，建立了金朝。

称帝前后，阿骨打还构建了金朝的国家制度。在中央，金朝实行勃极烈[①]制度，选择若干宗室显贵出任"勃极烈"，参与议事和辅政，实行集体领导。在地方，金朝推行猛安谋克[②]制，将所有女真人都编入猛安、谋克，初制300户为一谋克，10谋克为一猛安。战时，以此建制统军；平时，以此管理人员。就这样，女真人被完全组织了起来，战斗力迅速提升。建国当年，金军就攻占了辽国的军事重镇黄龙府（今吉林农安）。天祚帝见事态严重，亲率10余万大军前来讨伐，想要夺回黄龙府，竟被阿骨打所率的2万金军击溃。根据史书记载，辽军一触即溃：

死者相属百余里。[③]

[①] 金初官号，为女真语音译，"治理众人"之意。
[②] 金建国以前，"猛安"为女真部落统军首领，"谋克"为氏族长；金建国后，诸军由猛安、谋克逐级统领，"猛安谋克"又用以称军事组织。
[③] 出自《辽史补注》卷二十八，《本纪第二十八·天祚皇帝二》。

黄龙府之战胜利后，金军势如破竹，第二年拿下辽东。1120年，阿骨打亲率大军攻占上京临潢府，天祚帝彻底慌了，跑到了西京大同府，退守残存的半壁江山。

就在金军一口一口吃掉辽国的时候，辽国的"百年友邦"北宋坐不住了。北宋此时也出了一个作死皇帝，他不仅给辽国送了终，也陪葬了自己的北宋江山。

28

坑儿子徽宗禅位
改年号暗藏玄机

靖康之难

北宋末年,女真人建立的金国在东北雄起,打得辽国节节败退。此时的北宋、辽、金三国,战斗力最强的是金,其次是辽,最差的当数北宋。北宋朝廷若是明智,应采取联辽抗金之策,就像当年孙、刘联合抗曹那样。可北宋皇帝利令智昏,在关键时刻走了着臭棋。

北宋当时的皇帝是宋徽宗赵佶。他是宋神宗的第十一子,本来是没有机会当皇帝的。宋神宗前五个儿子都早殇,所以宋神宗驾崩后只能由最年长的老六继位,是为宋哲宗。哥哥当了皇帝,赵佶获封端王,生活倒也不错。可宋哲宗命短,24岁便英年早逝,且宋哲宗唯一的儿子早夭,所以皇位只能兄终弟及。宋哲宗活着的弟弟中,最年长的是老九,可老九有眼疾,没法当皇帝。老九之后,便是老十一赵佶了(老十早殇)。就这样,赵佶捡漏得以继位。相传,赵佶出生前,宋神宗在宫中秘书省观看南唐后主李煜的画像,见其形象风流儒雅,不禁再三惊叹。之后,赵佶出生那夜,宋神宗又梦见了李煜。于是,坊间流传赵佶乃李煜托生。李煜是著名的文艺皇帝,赵佶和他像极了。无论是书法绘画,还是诗词琴瑟,宋徽宗的水准可谓登峰造极。宋徽宗独创的书法字体"瘦金体",纤瘦有力,独具风韵,相关书法作品是后世收藏界的极品。在体育运动方面,宋徽宗的水平也不赖,骑马、射箭、蹴鞠、捶丸,他都玩得有模有样。

宋徽宗样样皆能,却唯独不善于治国。他在位时,追求奢靡,下令组建皇家运输队"花石纲",10艘船称一"纲"。运输队管事官员从

经学者考证,《听琴图》并非赵佶所画,但图中的抚琴者,正是赵佶

江南搜刮奇花异石，然后运到都城用以修建园林。民众苦不堪言，起义接连不断，宋江和方腊就是这时候闹起来的。在对辽关系方面，宋徽宗更是盲目。澶渊之盟订立后的100多年间，宋、辽宛如兄弟。宋真宗驾崩时，辽圣宗召集众臣举朝致哀；宋仁宗驾崩时，辽道宗闻讯后号啕大哭，几成泪人。宋徽宗在位时，辽国正被金国痛打。出于情谊，宋应该支援辽；即便只为国家利益考虑，宋也应该支援处于弱势的辽国，让辽做宋、金之间的挡箭牌，避免金军侵宋。可无论是于情还是于理，宋徽宗的脑子都没转过来。他所惦念的，是赵宋皇帝们心中那颗"朱砂痣"——幽蓟十六州，此时也常称"燕云十六州"。宋徽宗心里盘算着，如果能联合金军灭辽，就能趁机收回燕云十六州，他就可以实现太祖、太宗都没实现的梦想了，到那时，大宋王朝复兴，他就是宋朝历史上最伟大的皇帝了！这事不能多想，一想就会偷着乐。偷着乐的宋徽宗，立即派人出使金国，商议联金灭辽。

宋朝使臣如果从陆路去金国，必须经过夹在中间的辽国。若被辽军发现，宋朝还真没法交代，总不能说"我要去联合金国灭了你"。所以，宋使是从山东乘船出发的，横渡渤海前往东北，对外宣称是去金国买马。经过两年的反复谈判，宋金于1120年达成协议：金军从北方进攻辽中京大定府，宋军从南方进攻辽南京析津府，即燕京；灭辽后，金同意将燕云十六州归入宋朝，宋朝将原给辽之岁币转送给金国。谈判过程中，双方使者都是从海上往返的，盟约因此得名"海上之盟"。

1122年，金军按约定南下，很快就攻下了辽国的中京和西京。此时，15万宋军也北上攻打燕京。已经被金军打得晕头转向的辽军，见宋军来趁火打劫，大骂宋人背信弃义。辽军奋起反击，把宋军打得大败而归。几个月后，宋军再攻燕京，这一次宋军进了城。本来，宋军是以解放者的身份前来光复故土的，可是宋军纪律败坏，进城后烧杀抢掠，又被燕京百姓联合辽军打了出来。在百姓心里，统治者是什么人不重要，重要的是统治者是否把百姓当人。两次都未攻下燕京，宋军将领为逃避罪责，赶紧向盟友求援。金太祖看宋军这般丢人现眼，也实在看不下去了，遂出兵燕京，一举攻下。

战后，宋使觍着脸去金国讨要燕云十六州，把金国君臣都给弄蒙了。完颜阿骨打对宋使说：

> 我自入燕山，今为我有，中国（北宋）安得之！[①]

阿骨打说的也在理，你们宋军没有按约定攻下燕京，我们金军自己打下来了，凭什么把燕云十六州给宋朝呢？宋使无言以对，只好回国奏报。宋朝打仗是不行，但是宋朝不差钱啊！虽然打不回来，但宋朝可以买回来。经过讨价还价，金军同意先将燕京和其他6个州交割给北宋，但北宋每年给金的岁币要追加100万贯。金军撤离时，将燕京一带城中的人口与财物抢走，归还宋朝的只是几座空城。即便这样，宋徽宗依旧龙颜大悦，兴奋地命人制作"复燕云碑"来给自己歌功颂德，北宋朝廷一片欢天喜地。宋徽宗在联金灭辽中的这番搞笑表演，不仅暴露了自己的智商之低，也暴露了宋廷的财富之多。在悍匪面前露富，无异于作死，宋朝的悲剧马上就要来临了。

1125年，金军俘虏天祚帝，辽亡。同年，金军发兵10余万南下攻宋，很快就包围了宋都开封。兵临城下，江山危在旦夕，宋徽宗誓死不愿做亡国之君，于是把帝位禅让给了儿子宋钦宗，宋钦宗即位后改元靖康。相传，宋钦宗当时死活不愿继位，是被人强行套上龙袍被迫"营业"的。即位后，宋钦宗就向金军求和。金军当时并未做好灭宋的准备，便答应了求和，勒索大量财物后撤军。半年多后，金军再次袭来，一战便攻下了开封。1127年初，徽、钦二帝出城投降，被金军掳走，北宋宣告灭亡。

北宋灭亡时，宋徽宗的儿子康王赵构，正在外地组织军队准备抗金。徽、钦二帝被俘后，赵构在群臣拥戴下登基，是为宋高宗，南宋由此开始。赵构登基前后，人们在宋钦宗的年号"靖康"上发现了玄机：靖康的"靖"字，可以拆分出"十""二""月""立"4个字，再加上靖康的康字就是"十二月立康"。康王赵构正是在十二月就任兵马大元帅的，当时的人们相信，这一切，都是天意。

[①] 出自《续资治通鉴长编拾补》卷四十六，《徽宗·宣和五年》。

29

续命皇帝跑得快
绍兴和议求偏安

南宋与金的对峙

金军攻占开封后，兵力只剩五六万，无力长期占领开封。中原的天气也开始转热，来自东北的金兵很不适应。于是，金军撤军北返。金军满载而归，不仅掳走了徽、钦二帝，还掳走了后妃、宗室、朝官等3000多人，并劫掠了大量财物。临走前，金军在开封立了北宋旧臣张邦昌为傀儡皇帝，让他负责维持秩序。

张邦昌并不想当这个皇帝，被迫登基后，他仍以臣子之礼事宋。金军北返时，张邦昌身着缟素向徽、钦二帝跪拜送行，边拜边哭。而后，他又请求康王赵构自立为帝。在张邦昌和一批北宋旧臣的拥戴下，赵构在南京应天府[①]登基即位，是为宋高宗。尽管张邦昌小心翼翼地恪守臣子本分，但他终不被君臣礼法所容。没多久，宋高宗就找借口把张邦昌弄死了。宋高宗即位后，大臣们多次请求他还都开封。但宋高宗对"靖康之难"心有余悸，认为开封无险可守，万一金军来个"回手掏"，他逃都逃不掉。宋高宗不但不还都，还从应天府跑到了更远的扬州。结果真让宋高宗猜着了，1129年，金朝主战派完颜宗弼率军南下，要彻底消灭赵宋。金军长驱直入，急袭扬州。宋高宗闻讯，来不及和宰相打招呼，带着五六个近侍直接跑路了。宋高宗逃往了杭州，金军渡江追击，宋高宗又从杭州出逃，经越州（今浙江绍兴）转明州（今浙江宁波南），最后逃到定海。金军下海追击，还是没能追上宋高宗。夸张一点说，南宋

[①] 北宋有东、西、南、北四京，南京应天府在今河南商丘市南。

朝廷能够续命,全凭高宗皇帝跑得快。金军也担心孤军深入会有危险,追击无果后就赶紧北返了。北返途中,金军在位于建康东北的黄天荡被韩世忠率领的宋军阻截,被围困了40多天才突围出来。金军完全撤出江南后,1132年,宋高宗移驾已改名"临安府"的杭州,临安府成了宋朝的"行在","行在"指皇帝行幸之地,换句话说,临安府成了南宋的临时都城。一年多以前,一个被金人掳走的北宋旧臣也逃到了临安府,此人后来主导了宋金议和,他便是秦桧。

秦桧当年是北宋的主战派,力主抗金。开封城破,秦桧被金人掳走北上。之后,秦桧得到完颜昌的赏识,还被委以官职。完颜宗弼南侵时,秦桧以参谋的身份随金军南下。按照秦桧的说法,他是趁机杀了监视他的金兵,然后抢了一条小船渡海逃回来的。秦桧回到南宋后,很是迎合宋高宗,不久后便升任宰相。针对宋金局势,秦桧提出了"南自南,北自北"的南北分治方案,主张宋金议和。宋高宗也很想议和,但朝廷内部的主战派与主和派意见不一,战和政策一直不定。在群臣的弹劾下,秦桧被罢去相位。绍兴七年(1137),主和派的完颜昌得势,他主张对南宋议和。宋高宗得知后,再次任命秦桧为宰相,负责与金议和。宋高宗一是不想打了,二是想借议和接回在靖康之难时被金人掳走的母亲韦氏。绍兴九年(1139)初,宋金达成了和议:南宋向金称臣、纳贡;金把陕西、河南地区划归宋,并送回宋徽宗的灵柩及宋高宗的母亲韦氏。可是,完颜昌与南宋议和的行为遭到了金朝主战派的激烈反对。订立和议的同一年,主战派将领完颜宗弼掌权,随后杀了完颜昌,主战派得势。次年,完颜宗弼率10万大军南下,欲夺走陕西与河南。

在与金军的长期作战中,宋军的战斗力有所提升,涌现出以岳飞、韩世忠、刘锜为代表的抗金名将。尤其是岳飞,他统领的军队训练有素、纪律严明,"冻死不拆屋,饿死不掳掠",人称"岳家军"。面对完颜宗弼毁约南侵,宋军全面迎击。先是在顺昌(今安徽阜阳),刘锜以2万宋军击退10万金军,迫使完颜宗弼退守开封。金军在此战中派出了精锐部队"铁浮图",这是一种重装甲骑兵,每三人为一组,用皮索相连,人马皆有铠甲护体。"铁浮图"向前冲时,不怕箭射和刀砍,就像一堵移动的城墙,能轻易地冲散宋军;此外还有号称"拐子马"的铁甲轻骑兵从左右两翼包抄。靠着"铁浮图"与"拐子马",金军屡屡获胜。刘锜看出了"铁浮图"和"拐子马"马腿裸露的弱点,组建了一支敢死队,每人携带一竹筒豆子,手持长刀冲在前面,见到"拐子马"便抛竹筒,马被撒出的豆子吸引后,敢死队便对着马腿砍。遍地的竹筒也限制了"铁浮图"的活动,混乱中有较大机会砍中套索的马,一匹马被砍倒,另外两匹也无法前行,不管是"铁浮图"还是"拐子马",都被揍成了趴窝马。顺昌大捷后不久,岳飞又在开封附近的郾城和颍昌(今河南许昌)大败金军。完颜宗弼彻底被打蒙了,准备放弃开封北撤。就在此时,宋高宗下令各路宋军停止追击,班师回朝。宋高宗并不想乘胜追击,只想见好就收,以便趁热打铁与金军议和。

绍兴十一年(1141),宋金订立绍兴和议:南宋向金称臣、纳贡;双方东以淮河,西以大散关(今陕西宝鸡西南)为界。相比上次议和,这次宋朝失去了陕西、河南的大片领土,显然是赔了。宋高宗如此着急议和,是因为他实在是打怕了。他不仅怕被金军打败,更怕宋军将领日后无法控制。

宋高宗即位以来,朝廷一直在和金军作战,朝中武将的地位不断上升,尤其是岳飞,功高震主。他的军队被称为"岳家军",而非"宋家军"或"赵家军"。在宋高宗看来,这是十分危险的。更要命的是,岳飞为了江山社稷,曾建议宋高宗尽快立储。宋高宗本有一幼子,但后者在躲避战乱的过程中夭亡了。之后,宋高宗就没再有孩子,长期颠沛流离的生活可能让他失去了生育能力。岳飞以武将的身份提出立储问题,这不仅犯了武将干政的政治大忌,还让宋高宗很是难堪。为了绝对的政治安全,宋高宗决定除掉岳飞,他让秦桧去操办此事。就在绍兴十一年年底,宋廷以"莫须有"的罪名处死了岳飞父子,铸成千古奇冤。岳飞之死,是皇权社会中的政治悲剧。换作别的皇帝,岳飞可能也不会得到善终,只是别的皇帝不一定像宋高宗这般令人不齿。

今天,在西湖畔的岳飞墓前,有一尊秦桧铁像跪在那里,接受过往游客的唾骂。泄愤之余,大多数游客并不知道:秦桧只是执行了宋高宗的指令,应该跪在那里的,其实还有宋高宗。

岳飞屈死风波亭

30

苏湖熟天下吃饱
江南好重心南移

经济重心南移

南宋偏安南方，与金朝隔淮河对峙。双方你看不惯我、我看不惯你，又都没办法吃掉对方。虽说只剩半壁江山，但南宋在江南这片小天地里过得却非常滋润，南方经济迅猛发展。我国自唐朝开始的经济重心南移，最终在南宋时期完成。此后，中国的经济格局都是南强北弱。

经济重心的南移，总共分为三个阶段。第一阶段在三国两晋南北朝时期，江南地区得到开发，为经济重心南移奠定了基础；第二阶段在唐朝中后期，经济重心开始南移；第三阶段在南宋时期，经济重心南移完成。这三个阶段都伴随着大规模的人口南迁。人口南迁与经济重心南移互为因果，相互促进。两晋之交，中原地带战乱频繁，许多中原的汉人为了躲避战乱，选择去往江南，是为永嘉南渡；唐朝中期，安史之乱爆发，北方乱套了，连唐玄宗都跑到了四川，许多中原人为了躲避战乱，也都逃到了南方；南宋初期，金军南下，宋高宗不断往南边跑，最后偏安江南，大量中原人也跟着南宋朝廷一起跑路到南方。人口的南迁，不仅带去了劳动力，还带去了先进的生产技术，人们充满开拓新生活的拼搏精神。两宋存在的300多年里，南方地区一直都是希望的田野，支撑着两宋的经济发展。

民以食为天，在古代，吃饭问题关系着江山社稷的安稳。两宋时期，农业有了跨越性发展。究其原因，一是江南地区的持续发力，二是生产技术的革新。江南地区气候湿热，光照充足，如果一年只种一季粮食，实属浪费资源。两宋时，稻麦复种制已经在江南普及，闽粤地区还出现了双季稻。稻是指水稻，脱壳后就是大米。北方人吃面，南方人吃米，这是中国人几千年来的饮食结构。不巧的是，北宋时期，江南地区的气候由湿润转向干旱，频繁地发生旱灾，极不利于水稻种植。

1012年，江淮两浙地区又是春旱无雨，耽误了春耕。灾情奏报给宋真宗后，宋真宗比听到辽军南侵还着急。这可不是闹着玩的，春耕被耽误，秋天就会闹饥荒，老百姓饿急了就会起来造反。宋真宗询问群臣有何对策，有人建议让受灾地区改种占城[①]稻。

这是一种原产自越南的水稻，唐末就引入了福建地区。占城稻有3个优点：耐旱、长得快、产量高。宋真宗一听，这简直就是上天为大宋量身打造的水稻品种！事不宜迟，宋真宗立即"遣使就福建取占城稻三万斛"[②]，分给江、淮、两浙三路转运使。不仅送去了种子，还让官员贴皇榜教农民如何种占城稻，真可谓"科技助农"。占城稻长得很快，灾区的水稻种得晚，却比别的地方丰收得还早。民众尝到了甜头，纷纷改种占城稻。

到南宋时，整个长江流域都种上了占城稻。长江下游的苏州、湖州地区成了天下粮仓，以至于当时有谚语曰："苏湖熟，天下足。"占城稻养活了宋朝的百姓，促进了宋朝人口的增长，根据史料估计，宋朝人口总数很可能超过1亿。

农业发展了，民众吃饱了，生产力也解放了，官民也就有力气发展别的行业了。两宋时期，手工业也迎来了大发展。

制瓷业方面，宋朝出现了汝、官、哥、钧、定五大名窑。产自河南汝州的汝窑瓷器，以名贵的玛瑙为釉，釉色能呈现出雨后的天青色，"似玉非玉胜似玉"，是文艺皇帝宋徽宗的最爱。汝窑瓷器专供皇室使用，若有不合格的产品，一律砸碎深埋，不许流入民间，以至于有"纵有家财万贯，不如汝窑一片"的说法。据不完全统计，如今存世的宋代

[①] 即占婆补罗，古国名，在今越南中部，中国史籍称"林邑"，9世纪后期改称"占城"。
[②] 出自《续资治通鉴长编》卷七十七，《真宗·大中祥符五年》。

汝窑瓷器不足100件。2017年，一件直径13厘米的汝窑天青釉洗在香港拍卖，卖出了2.94亿港元的天价。

宋朝的造船业也很发达，当时遥遥领先于世界。宋太宗时期，全国每年造船的数量就超过了3000艘。大的海船可以载五六百人，船上可供应所载人员一年的饮食。宋朝的船还配备了许多"黑科技"，如船舱广泛使用水密隔舱技术，也就是在船底舱室建造多个独立的封闭小隔舱，发生触礁或碰撞导致一两个舱室破损进水的情况下，只需将进水的舱室封闭即可，可有效减少沉船事故发生。船上还配有罗盘，也就是指南针，可以在出海时指明方向，是远洋航行的好伴侣。

发达的手工业使得众多商品得以生产，除了国内消费外，生产的商品还可以出口创收，因此，发展对外贸易成了两宋的时代需求。

宋朝以前，对外贸易主要通过陆路，即陆上丝绸之路来进行；两宋时期，西北地区长时间被西夏占据，宋、夏又长期敌对，陆路贸易几乎断绝。不过这都没关系，以宋朝先进的造船业和航海技术，完全可以用海路代替陆路来进行对外贸易。

正是从宋朝开始，陆上丝绸之路渐渐衰落，海上丝绸之路成了我国对外贸易的主干线。1987年，我国在广东阳江附近海域发现了一艘南宋时的沉船，考古界将它命名为"南海Ⅰ号"。

这是一艘外贸商船，上面载满货物，光是出土的瓷器便有1.3万余件套（截至2016年初）。这艘沉船见证了宋代海外贸易的盛况。为了管理海外贸易，宋代还在大型港口城市如广州、泉州、明州等地设立市舶司，市舶司类似于今天的海关。宋高宗绍兴十年（1140），仅广州一地的关税收入就达110万贯。据学者估算，两宋间，各地市舶司每年的税利之和占到了朝廷财政总收入的1%～5%。

都说宋朝不差钱，总是花钱买和平，俨然一个爱撒币的散财童子。调侃之余，我们更要看到宋朝花钱买和平的背后，是强大的经济实力。比军事，宋朝甘拜下风；拼经济，大宋无可匹敌！

"南海Ⅰ号"船体结构与水密隔舱复原示意图(参考"星球研究所"微信公众号《一个800年前的海底盲盒》一文所用图,原制图/冯艺卓、汉青)

31

唐宋变革入近世
城市生活快乐多

宋代城市生活

近代以来，日本学者对中国史的研究颇为深入，其角度与观点也相当独到。如日本学者内藤湖南提出的"唐宋变革论"，该理论认为唐宋之际是中国从"中古"踏入"近世"的变革时期，这一观点在学界引起了不小的反响。从城市生活角度而言，唐宋之际的确出现了重大变革，宋代人的城市生活已经初具近代城市生活的面貌，宋代城市居民的幸福感之高也是中国古代前所未有的。本篇我们就回到宋代，过一天宋代人的城市生活。

你住在北宋都城开封府，时人称之为东京。北宋选择在此定都，主要出于地理位置和交通的考虑。唐朝中期以来，中国的经济重心逐渐向南方地区转移，长安和洛阳的位置显得愈发偏远，已不再是"天下之中"。开封在洛阳的东面，更接近东南地区，可谓"八方辐辏，四面云集"。开封拥有发达的交通，特别是水路交通，因为开封拥有包括汴河在内的多条运河。汴河就是京杭运河的通济渠，汴梁也得名于此。隋、唐、宋三朝，全仰仗京杭运河为首都运送物资钱粮。在京杭运河和它所沟通的江河的沿线，分布着许多城市，城市里都有许多居民。与其他王朝的重农抑商倾向不同，宋代政府很重视商业，尤其重视城市商业。城市商业发达，人们的就业机会也比较多。宋初实行"不抑兼并"的土地政策，许多失去土地的农民拥入城市讨生活。你居住的开封城，人口超过了100万，是当时公认的超一线大都市。

清晨，你在睡梦中被报时人的木鱼声唤醒。报时人都是附近寺庙

宋朝时开封迅速崛起,一跃成为当时世界第一大都市

的僧人,他们会在早上走街串巷报时间,还会顺便播报一下当日天气。"天色晴明",嗯,今天天气不错,可以出去转转。你拿起椅子上的衣服,穿好。宋代已普及高腿座椅,人们告别了席地而坐。刚穿戴好,就听见有人敲门,是水贩来了。开封城里有很多官方修建的水井,居民已经能喝上干净的井水。可你家离水井有点远,你不想自己每天辛苦地去挑水,于是便花钱买了送水服务。水贩每天早上按时送水,按担收费,每担的价格不超过8文钱。你让水贩把水倒进缸里,顺便舀了一瓢喝。透心凉,爽歪歪。这水是刚从井里打上来的,有些凉,不适合用来洗脸。可你又不想烧水,于是你决定去早餐摊洗脸,顺便吃早点。

宋代政府解除了对城市商业的空间限制和时间限制,沿街都能摆摊,昼夜皆可营业。据《东京梦华录》记载,开封地摊经济的盛况是:

夜市直至三更尽,才五更又复开张。

凌晨三五点钟,早餐摊就开始营业了。宋代城市居民的饮食习惯已经是一日三餐了,如果早上不想开伙,就到早餐摊去解决。你走出家门,眨眼的工夫就溜达到了街市上。你来到一家常光顾的早餐摊,要了一份炒肺,外加一盆洗面汤。考虑到有的食客早上来不及烧水洗脸,许多早餐摊都卖洗面汤。反正摊位的炉火要一直烧着,热水有的是。你吃的炒肺,是一种类似于卤煮的早点,热乎乎的,一碗不过20文钱。洗漱完毕,吃过早点,你打算去大相国寺逛逛。倒不是去烧香拜佛,今天是初八,大相国寺每月初一、十五和逢三逢八的日子都开放庙市,因此大相国寺是开封城内购物和玩耍的必去之地。

一路走去,街道上的人越来越多,越发显得拥挤。开封城内千街万巷,除了御街和主干道外,其他道路都很拥挤。因为开封城人多地少,商业繁盛,占道经营和扩建房屋现象很普遍,时人称之为"侵街"。侵街严重的道路,连马都进不去。到了大相国寺附近,更是人山人海。幸好街道司今天派了人来维持交通,你才能够挤进庙市。这街道司是宋代都城特有的机构,下辖500名兵士,专门负责街道店铺整治和秩序维持,有时还负责疏导交通、清洁街道等，有点像今天的城管和交警。走进相国寺，那真是人声鼎沸，仅中庭两庑就有上万人在交易。卖珍禽奇兽的、卖衣服鞋帽的、卖书籍字画的、卖土特产的，应有尽有。大相国寺内还有各种各样的文艺表演，有僧人表演梵乐，有教坊人员演奏宫廷音乐，当然也有民间艺人的杂耍表演，场面热闹非凡。

宋代还有一种专门的娱乐场所，名叫"瓦舍"，也称"瓦子"或"瓦肆"。所谓瓦舍，就是一个超级大的演出大棚，可由多个小棚并列相连。瓦舍之中，又有许多块供演出使用的小场地，类似于舞台，多用木栏杆围起来，故称"勾栏"。每个勾栏内表演一种节目，这家表演说书，那家表演傀儡戏（木偶戏），这家表演幻术（魔术），那家表演逗笑打诨。还有一种集说唱、舞蹈、表演于一体的舞台表演深受民众喜爱，它就是杂剧。杂剧诞生于晚唐，流行于宋代，后来在元代发扬光大。瓦舍内的人流量很大，商家还会向来看表演的客人兜售美食和其他商品。总的说来，瓦舍就像今天的购物广场这类综合娱乐场所，有地方可以玩，有地方可以购物，有地方可以吃饭。在瓦舍，你可以逛上一整天都不喊累，因为太好玩了。即便逛到太阳落山之后，你也不用像唐朝人那样要在夜禁之前赶紧回坊。因为在宋代坊市的界限已被打破，夜禁也基本废弛。

商品经济的繁荣，让城市空前热闹；市民阶层的崛起，让生活多姿多彩。与秦汉时期相比，宋代的疆域可能没有那么广阔，军事力量可能没有那么强大，但老百姓的生活却是有滋有味的。历史评价可以是多维度的，但民众的幸福感应是核心维度。以此观之，宋代的近世生活堪称小民的幸福时代。

32

四大发明三在宋
活字印刷不常用

宋朝的科技

　　谈到中国古代的科技成果，大家都会想到四大发明。"四大发明"这一概念是英国汉学家艾约瑟·埃德金斯（Joseph Edkins）提出的，后来被中国学界广泛引用。四大发明中有三大发明在宋朝出现或取得了重大突破。由此可见，宋朝在我国古代科技史上是绕不开的重大时期。

　　书籍是知识的源泉，那么古人要如何复制书籍呢？唐朝以前，书都是人工抄写的。以抄书为业称为佣书，东汉的班超早年间就是干这个的。抄本书的价格很贵，唐朝时大约为1000文一卷，放在今天，就是几千元一本的天价书。所以，那个时候能大量藏书的，要么是官府，要么是贵族，反正得有钱。东汉至魏晋时期的士族阶层凭借着家族的大量藏书，垄断了获取知识的途径，进而垄断了仕途。隋唐时期，科举制兴起，庶民可以通过读书考试逆袭，因而人们对书籍的需求量激增。另外，唐朝佛教兴盛，也需要大量复制佛经。因此，廉价且高效的书籍复制技术应运而生，也就是雕版印刷术。它需要将文字反刻到木版上，涂上墨后印到纸上，其灵感可能来自中国古代的石碑刻印技术。唐朝中后期，雕版印刷术已普及，书籍传播跨入刻本时代。但雕版印刷术也有一些缺点，比如一套雕版只能印一部书，储存雕版还很占地方。为了改进这些缺点，北宋庆历年间，印刷工毕昇发明了活字印刷术。活字印刷术的核心原理是用一个个独立的字模取代整块的雕版，字模可根据书籍内容重新排列组合，反复使用。毕昇使用的是胶泥活字，后世还出现了木活字和铜活字。可是，毕昇的活字印刷术在现实中的应用却不多。《北京图书馆古籍善本书目》收录了古籍善本11 000多部，其中的活字印本只有150余部，只占约1/100。这是因为活字印本的印刷质量并不好，印本中有的字深、有的字浅，每行字的间距也不一致，不如雕版印本美观。更重要的是，汉字的数量太多了，光是常用的就有两三千个，挑拣字模的过程很麻烦。对熟练的刻工来说，刻版的速度并不会比活字排版慢多少。所以，宋朝以后的书籍也多采用雕版印刷。

尽管活字印刷术在中国用得少，但德国人将这一技术改进后发扬光大了。活字印刷术被发明后，从中国传播到世界各地。几百年后，德国人约翰内斯·谷登堡（Johannes Gutenberg）可能以此为灵感，发明了铅活字印刷术，这一发明改变了世界的印刷史。西方文字的字母数量少，挑拣方便，制模简单，很适合活字印刷。更重要的是，谷登堡还发明了一套高效的机器印刷系统。他改制的手摇式印刷机可通过拉杆控制压印板来快速印刷，他改进的油墨使印刷的字迹更加清晰。手摇式印刷机流水线式工作，说不定只需一小时就能印刷出一本书。很快，这种铅活字印刷术就在欧洲普及，推动了出版业的革命，促使欧洲人摆脱中世纪的文化桎梏。19世纪，谷登堡的铅活字印刷术传入中国，逐渐取代我国用了1000多年的雕版印刷术。中国的活字印刷术影响了西方，西方的铅活字印刷术又改变了中国。人类社会就是这样的命运共同体，不同类型的人类文明相互借鉴、相互影响。

同样改变世界的中国发明还有指南针和火药。中国古人很早就发现了磁石能够吸引铁的现象，但不知其理，朴素地认为磁石是铁的"母亲"，因为"慈爱"吸引了铁。所以，古人称磁石为"慈石"，意为慈爱的石头。西汉时，一个方士用磁石做成了两枚可以相互吸引的棋子，给汉武帝演示两枚棋子如何在棋盘上自相碰撞，汉武帝拍手称奇，封该方士为"五利将军"。地球也是个大磁体，南、北各有一个地磁极，磁石受地磁极吸引，可指示南北。战国时期，中国人制作了指向工具司南；宋朝时，更精巧的指南针出现了。为了方便读数，人们将指南针安置在有方位刻度的圆盘中，制成了罗盘。指南针在宋朝时广泛用于航海，阿拉伯人乘坐中国海船时学会了这项技术，又将它传入欧洲。到了

校正　　　上版　　　雕刻

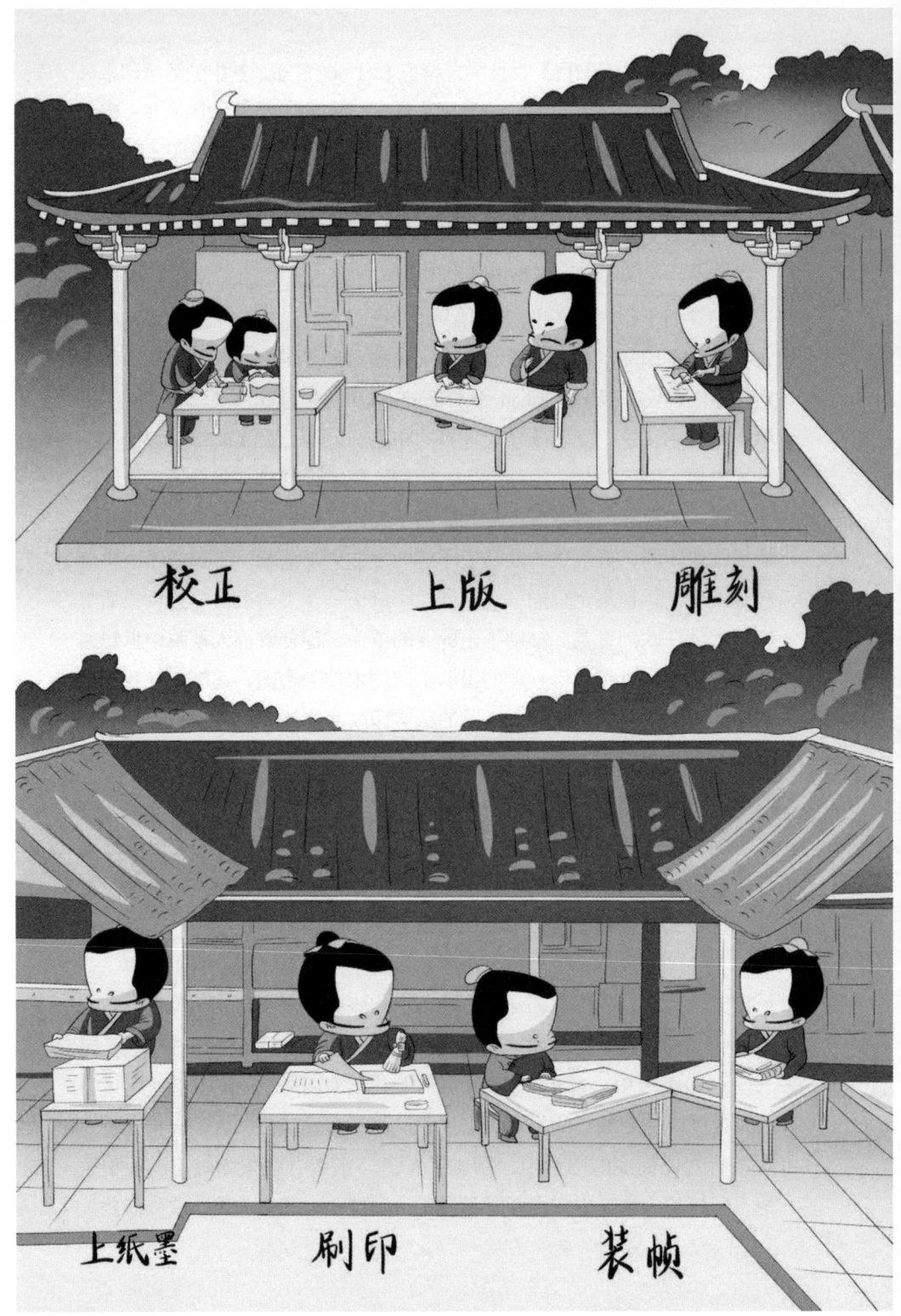

上纸墨　　刷印　　　装帧

雕版印刷术全流程

大航海时代，当欧洲的航海家探索新航路的时候，正是指南针为他们的远渡重洋指引方向，从而指引欧洲人开启了人类历史新纪元的大门。

火药的产生与中国古代的炼丹术有关。为了追求长生不老，方士们将乱七八糟的东西投入炼丹炉里。炼着炼着，突然间浓烟四起，火光冲天，像是神仙显灵了！后来方士们发现，炼丹炉里有硫黄和硝石的时候，就会"神仙显灵"。就这样，早期的火药被发明出来了。火药不能让人长生不老，但能爆炸伤人。唐朝末年，火药开始应用于军事，士兵会用投石车抛掷火药包攻城。宋朝时，人们发明了火枪和突火枪。突火枪的主体是一根巨大的竹筒，筒内装填火药和弹丸"子窠"，点火后射出弹丸杀敌，有效射程为150余步。宋人还将火药筒绑在弓箭上，制成"火箭"，提高了弓箭的射程和破坏力。到了元朝，人们将突火枪升级成火铳，枪身加粗加长，用金属管代替竹筒。有一种用于城防的火铳，其口径有碗口大，在攻城战中，元军使用火铳就像影视剧中李云龙使用意大利炮那样令人闻风丧胆。

13世纪，火药经"欧亚大陆中间商"——阿拉伯人之手传入欧洲。欧洲人借此发明了火绳枪和榴弹炮，人类从冷兵器时代过渡到热兵器时代。冷兵器时代，欧洲的封建领主很厉害，他们防守靠城堡，进攻靠骑士。但在火药武器面前，城堡不堪一击，骑士被炸得满地找牙，欧洲的封建阶级不可避免地走向衰落。火药推动了欧洲社会的变革，加快了新时代的到来。

33

草原谁强谁有理
狠人要数铁木真

蒙古汗国的建立

正当南宋朝廷偏安在西子湖畔享受生活的时候，北方的草原上又有一个战斗民族崛起了。这个民族不仅改变了中国的历史走向，还影响了世界历史的进程。这个民族不仅将游牧民族的战斗力发挥到了极致，还将冷兵器时代的军事征服推向了巅峰。这个民族，就是征服了欧亚大陆的蒙古。

蒙古最初只是草原上众多少数民族中的一个，一说起源于东北三大古族系之一的东胡族系。后来，东胡族系衍生出了室韦，室韦各部中有一部为"蒙兀室韦"，此即"蒙古"一词的来源。蒙兀室韦人原居住在额尔古纳河以东地区，回纥（鹘）汗国灭亡后，蒙兀室韦西迁到回鹘的漠北故地，又融合了一些回鹘与突厥的后裔。后来，鞑靼[①]也进行了西迁，与蒙兀室韦比邻而居。鞑靼较早组成部落联盟，实力强大，所以，史书中"鞑靼"一词有时也用作中国北方诸少数民族的统称。宋、辽两朝对草原诸部采取羁縻统治，只是笼络，管理得并不好。草原诸部都是独立的，分合不定，彼此间经常攻打与劫掠。劫掠是游牧民族的生活常态，因为游牧这种生产方式对环境与气候的依赖性太强。与农耕文明社会可以获得稳定的收入不同，游牧文明社会的收入极其不稳定，有时一场寒潮就会让其一无所有。因此，劫掠是游牧民族的生存方式——强权即真理，谁抢到就是谁的。根据蒙古族典籍《蒙古秘史》的记载，12世纪的蒙古草原非常混乱："星天旋转，诸国争战，连上床睡觉的工夫也没有，互相抢夺，掳

[①] 原为突厥统治下的一个部落，突厥灭亡后，逐渐强大。两宋、辽、金时期，除本部外，又将漠北蒙古称"黑鞑靼"。后来蒙古崛起，鞑靼被蒙古所灭。

掠。"直到一个狠人出现，才终结了这种混乱的局面。这个狠人，就是成吉思汗。

　　成吉思汗名叫铁木真，关于他降生的传说充满了狠戾与杀气。他的父亲是蒙古乞颜部的首领也速该，铁木真出生之时，也速该刚刚击败了邻近的塔塔儿部，俘虏并处死了塔塔儿部的首领铁木真兀格。按照蒙古人的信仰，如果抓到敌方勇士时，本部落正好有婴儿降生，这个勇士的勇气会转移到这个婴儿身上。因此，也速该给恰好降生的儿子取名为铁木真。用杀死的敌人的名字给自己的孩子命名，这种狠劲一般人学不来。相传，刚出生的铁木真紧握右手，手里面居然握着一个凝血块。后人解读，这是手握生杀大权的象征，预示着屠戮与征伐。实际上，铁木真手里握着的血块由母亲子宫内的血液凝结而成，从现代医学的角度来看，这并非什么稀奇之事。铁木真虽出身贵族，但他的童年却充满苦难。他9岁的时候，父亲被塔塔儿部的人毒死了。蒙古人没有什么忠义观念，只信奉生存法则，一旦某个首领死去或倒台，他的手下和部族会迅速作鸟兽散，投奔新的首领。年幼的铁木真被部族抛弃，母亲带着他与众兄弟在斡难河畔艰难地讨生活。

　　苦难重重的生活造就了铁木真钢铁般的意志，也让他养成了不容被挑战的性格。有一次，铁木真的一个异母弟弟同他争夺一尾鱼，铁木真认为这不可容忍，在精心谋划之后，将这个弟弟一箭射杀。连兄弟都杀，这绝对是个不讲情面的狠绝之人。铁木真长大后，开启了惊心动魄的逆袭之路。在铁木真崛起的过程中，有两个人对他的帮助最大，一个是他的义父王罕，另一个是他的义兄弟札木合。此二人是蒙古另外两个分支部落的首领，铁木真倚靠他们的势力收复了父亲的旧部，将部落逐渐发展壮大。后来，由于利益冲突，铁木真击败了此二人，吞并了他们的部落。经过多年的征战，狠人铁木真最终统一了整个草原。1206年，铁木真召集各部贵族在斡难河源召开大会，会上，铁木真被推举为全草原的大汗，号"成吉思汗"[①]，蒙古汗国由此建立。

　　成吉思汗创立了一系列国家制度，对蒙古汗国政权加以巩固。首先

[①] 蒙古语"强大"或"海洋"的意思。

是领户制度，将全体草原牧民以十户、百户、千户、万户为单位组织起来，分给贵族和功臣统领。这个制度对整合草原各部发挥了巨大作用。以前，蒙古只是草原上的一个大型部落。领户制度建立后，全草原的各民族各部落都被纳入蒙古汗国的统治范围，壮大了蒙古汗国的力量。领户制度将以前部落的界限打破，各部不再独立，打散、融合之后，各部统一受成吉思汗指挥。另外，领户制度打造出了独特的行政军事组织，无论是日常管理，还是战时动员，运行起来都相当高效。其次是怯薛[①]制度，即挑选贵族子弟组成大汗护卫军。怯薛军有一万人，分为四班，轮番护卫大汗，每班值守三天。怯薛制既培养了精兵，又将贵族子弟放在大汗身边做人质，能够有效驾驭贵族。此外，成吉思汗命人创造了蒙古文字，颁布了成文法典，使蒙古汗国的发展走上了正轨。完成了国家内部的制度构建后，成吉思汗开始了对外征服与扩张。

成吉思汗有一句名言："男子最大之乐事，在于压服乱众，战胜敌人，夺取其所有的一切，骑其骏马，纳其美貌之妻妾。"简而言之，就是消灭敌人，掠夺敌人，骑敌人的马，睡敌人的老婆。成吉思汗先拿附近的西夏开刀，快乐地对西夏劫掠了好几遍，迫使西夏称臣、纳贡。随后，成吉思汗又向南进攻金朝，这个多年雄霸蒙古地区的宗主国，被成吉思汗打得统治者南迁中原腹地，国家危在旦夕。向西，成吉思汗的势力一直延伸到中亚。中亚有个强大的国家叫花剌子模，其统治者没把成吉思汗当回事，劫杀了蒙古商队，还杀死了成吉思汗派去交涉的使臣。成吉思汗大怒，大举西征复仇。最终，花剌子模被灭，国王逃到里海的小岛上郁郁而终。趁成吉思汗西征的工夫，西夏和金这两个难兄难弟紧紧地抱在了一起，结成了抗击蒙古的军事同盟。蒙古大军随即再征西夏，就在围攻西夏都城期间，成吉思汗病死在军营里。

临终前，成吉思汗留下了一系列的遗嘱，其中最重要的有两条：一是灭西夏后要屠城；二是要结交南宋，借道南宋从背后灭掉金。历史仿佛又轮回了——当年北宋联金灭辽，把自己玩死了；这一次，南宋又会怎样抉择呢？

---

① 蒙古语音译，"番直宿卫"之意，由宿卫、侍卫、环卫三队组成。

一代天骄成吉思汗

34

元朝建立行汉法
厓山跳海大宋亡

元朝的统一

蒙古人天生善战，其生产、生活方式与作战方式没有太大区别——平日里骑马射箭打猎物，战场上把人当成猎物即可。蒙古士兵大多是骑兵，这种冷兵器时代最先进的兵种，相较步兵有碾压性优势。他打你，他能追杀得你全军覆没；你打他，他能退得无影无踪。而且蒙古骑兵几乎不需要后勤补给，打到哪儿抢到哪儿。即便没抢到，他们还有"黑科技"军粮——来自大草原的风干牛肉粉。把一头牛的精华红肉切成肉条，经过风干和捶打后，可捣成粉末。蒙古人会把牛肉粉装进牛膀胱制成的行军袋中，一袋牛肉粉够一个蒙古士兵吃上大半年。蒙古人的战术也很厉害。他们在草原上围猎时，能调动上千牧民组成巨大的包围圈。这种围猎方式用在战场上就是围歼战术，以少量兵力就可将数倍的敌人包围，再配合精锐骑兵的进攻，敌人很难逃出包围圈。蒙古人攻城的手段更为凶残，每攻一城，若守城者投降，城中居民尚有活路可言；如若不降，必然屠城。蒙古人的屠城方式里有一种相对仁慈的"车轮斩"，就是只将高于蒙古车轮的男性全部杀掉；最恐怖的屠城方式是不分老幼，全都杀。但蒙古人不杀工匠，会留着工匠为自己效力。在有些被蒙古人入侵的城市里，城中有的居民会在身边备一把锯子，一旦蒙古人屠城，他们就借此冒充工匠。凭借这种凶残的战斗方式，蒙古骑兵从日本海一直打到今维也纳附近，几乎征服了整个欧亚大陆。然而，在蒙古人对外征服的过程中，最难啃的一块骨头，却是战斗力比较低的南宋。

南宋自绍兴和议后，与金屡有冲突，但大体保持了宋、金南北对峙的局面。蒙古崛起后，成吉思汗曾派使臣到南宋来商议共同伐金的事宜。南宋朝廷为此展开了激辩，争论到底应该联蒙伐金还是联金抗蒙。最后采取了折中方案，谁也不联合，但先把每年给金的岁币停了。金朝被蒙古人打残了，失去了北方的大片领土，想从南宋这边得到补偿，于是，金朝以南宋不给岁币为理由，出兵侵宋。此时的金朝已是强弩之末，并没有从南宋这里占到便宜，可这下子却把南宋打急眼了，南宋同意了蒙古的请求，两国达成"和好"协议，共同伐金。在同一个历史问题上，赵宋犯了两次相同的错误。

1231年，蒙古汗国第二代大汗窝阔台率三路大军伐金，其中一路军攻入宋境后从金朝后方发起进攻。金军无力抵抗，金哀宗弃都城南逃，辗转逃至河南蔡州（今河南汝南）。这时，南宋军队来了，带着30万石军粮来支援蒙古军队攻打蔡州。1234年，蒙、宋合力将金朝灭亡，金哀宗自缢殉国。灭金之后，南宋朝廷兴奋异常，兴高采烈地祭告太庙，庆祝这历史性的胜利。支棱起来的宋军，想浑水摸鱼收复中原，于是趁乱进军开封和洛阳。这种冒险行为无疑是偷摸蒙军的老虎屁股，蒙军突然杀回，宋军损失惨重，狼狈南逃。不久后，蒙军就大举进攻南宋。宋军将防御重点放在了四川，凭借险要修筑堡垒，暂时抵挡住了蒙军的进攻。在宋、蒙对峙期间，蒙军顺势征服了吐蕃，灭掉了大理，完成了对南宋的包围。1258年，蒙古第四代大汗蒙哥大规模伐宋，次年围攻四川合州钓鱼城（今重庆合川区东），蒙军攻势受阻，其间蒙哥死于军营中。关于蒙哥的死因，至今仍众说纷纭。有的说蒙哥是因为久攻不下内心抑郁而病逝，有的说是因为中了宋军的飞石或流矢重伤而死。

宋人的抵抗如此激烈，是因为他们真的无路可退了，南宋再往南退就是大海了。更关键的是，蒙古人的治汉政策让宋人无法接受。蒙古的前四代大汗，都以草原为本位，视中原等征服地区为几碟小菜，只想掠夺，不想用心治理。从根本上来说，这是文明类型不同所造成的认知差异。蒙古人游牧于草原，他们觉得城市是很奇怪的存在，理解不了城市的作用，所以蒙古人作战时经常屠城。对早期的蒙古人来说，将中原夷平为牧场，然后在这里牧马放羊，那才是快活之事。蒙古对农耕文明的毁灭性掠夺，逼迫着南宋军民与蒙古死磕了几十年。到了蒙古第五代大汗忽必烈当政之后，蒙古的治汉政策发生了变化。

忽必烈是成吉思汗的孙子，蒙哥的弟弟。与其他蒙古贵族不同，忽必烈年轻时就对汉文化很感兴趣，他的身边聚集了一堆汉人士大夫。蒙哥在位时，让忽必烈管理中原地区，这让忽必烈更直观地认识到了农耕文明的发达。蒙哥死后，忽必烈与弟弟阿里不哥争夺汗位，最终，忽必烈在汉人的支持下获得成功。汉人明白，虽然忽必烈也是征服者，但至少比那些劫匪般的蒙古贵族强得多。忽必烈即位后，推行汉法，就如元初名臣徐世隆所说："帝中国，当行中国之事。"1271年，忽必烈给蒙古汗国改了个具有汉人风格的国号——大元。忽必烈还将统治中心南移，定都于大都（今北京）。他劝课农桑、尊崇儒学、推行仁政、广开言路，在忽必烈的汉化政策下，汉人开始接受元朝的统治，至少不再把蒙古人当作劫匪了。

1276年，元军攻入临安，宋恭帝上表请降，南宋灭亡。大臣陆秀夫和文天祥等人先后拥立了宋恭帝的弟弟赵昰、赵昺为帝，组成南宋流亡政权，活动于东南沿海一带，以图光复大宋。后来，文天祥被俘，拒绝归顺，选择殉国。元军继续追剿南宋流亡政权，一路追到了南海边的厓山（今广东江门新会南）。双方进行了一场海战，宋军再次战败。陆秀夫望洋兴叹，老泪纵横，绝望地背负着少帝赵昺跳海自尽。随行的10余万军民相继跳海殉国，海面上浮尸一片。厓山一战，是南宋志士最后的倔强。至此，元朝完成了国家统一。

值得一提的是，最终消灭南宋残余势力的元军是元朝的汉人部队，其统帅是蒙古汉军都元帅张弘範。陆秀夫跳海后，张弘範在陆秀夫负少帝跳海处刻石碑以纪念，石碑上书"镇国大将军张弘範灭宋于此"。其实，张弘範和陆秀夫都是在为朝廷尽力，只是二人所为的朝廷不同罢了。

人生自古谁无死，留取丹心照汗青——文天祥抗元

35

广开疆域设行省
汉化迟滞无百年

元朝的政治

蒙古人建立的元朝,是中国历史上第一个由少数民族建立的大一统王朝。它具有两大特征,一是少数民族为政治主体,二是疆域空前辽阔。本节我们将了解元朝构建的国家制度,并分析元朝为何注定国运不长。

在中央,元朝有四大机构。核心机构是中书省,长官为中书令,总理全国政务。元朝以前,相权一直被历代王朝分割与削弱,而元朝的相权却加强了。难道元朝皇帝就不担心相权过大吗?他们还真不太担心,因为,在元朝,君相之间不是简单的君臣关系,更像是一种主奴关系。在草原政权中,臣下都相当于大汗的家奴,可以任大汗予夺与凌辱。元朝建立后,这种草原作风也沿袭到了朝中。宰相多由蒙古人担任,被皇帝视作家奴。主子不怕家奴造反,只怕家奴不干活。元朝的兵马由枢密院掌管,长官由太子兼任。精兵"四怯薛"则由皇帝直接统领。元朝的监察机构是御史台,长官御史大夫负责监察百官,御史大夫的权力很大,因此"非国姓不以授",只能由蒙古人担任。元朝还设立了一个新的中央机构——宣政院,主管全国佛教事务,还管理吐蕃地区的军政事务。

元朝的疆域空前辽阔,面积超过1300万平方公里,以当时的交通条件而言,位于大都的中书省若要管理地方,有些鞭长莫及。于是,中书省派出分支机构常驻地方,名曰"行中书省",我们可以理解为"行走到地方的中书省"。元朝时,全国各地共设置了10个行中书省[①],简称

[①] 今山东、山西、河北之地直接归中书省管辖,称"腹里";除了吐蕃和畏兀儿以外的地区,元朝政府设置了10个行省。

行省。至此，省从中央机构演化为地方行政单位，行省制至今仍影响着我国的地方行政制度。行省之下设置了路、府、州、县，长官称"达鲁花赤"①，主要由蒙古人担任，也会任用出身较高贵的色目人。元朝还将许多新领土纳入了版图，具有代表性的是西藏和台湾。西藏即吐蕃，此前一直未被统一的封建王朝所征服。唐朝时，吐蕃帝国一度傲视大唐。蒙古崛起后，统治者为了招降吐蕃，派出王子阔端和吐蕃的地方政教领袖萨班·贡噶坚赞在凉州（今甘肃武威）进行会晤。这次会晤意义重大，不仅商定了将吐蕃纳入元朝版图，还拉开了藏传佛教传入蒙古的序幕。元朝建立后，朝廷在吐蕃设立了宣慰使司都元帅府，掌管吐蕃军民事务，直接听命于中央的宣政院。台湾早在三国时期就和大陆有了官方联系，但当时大陆上的政权并未设立行政机构来管辖台湾。元朝时，朝廷设立澎湖巡检司，管辖澎湖和琉球（今台湾）的事务，台湾首次被统一的封建王朝所管辖。

作为一个少数民族政权，元朝有两大特殊问题没能解决。第一个是民族问题。为了保证蒙古人的主体地位，元朝形成了四等人制。四等人的划分依据是血统和归顺蒙古的先后顺序。第一等人是占统治地位的蒙古人，他们能担任各种高级官吏并享有各种特权；第二等人是来自西域或中国西北的少数民族，被称为"色目人"，色目人擅长经商理财，蒙古人最开始委托他们放高利贷，后来又让他们掌管国家财政，极尽敛财之能事；第三等是原金朝境内的各族人民以及四川、云南的居民，统称为"汉人"；最末等的，主要是原南宋境内的汉族人，被称为"南人"。四等人在政治、经济、法律上有诸多不平等之处，造成了较大的民族矛盾。元朝的第二大问题是汉化过程迟缓。尽管忽必烈在位时蒙古人就开始汉化，但由于蒙古人游牧的时间太久，加之学习能力太差，而且他们也不大愿意去学，所以蒙古人的汉化水平一直不高。元朝皇帝的汉语水平有限，召见汉臣需要有翻译人员在场。这点比起清朝皇帝差远了，同样出身于少数民族，清朝皇帝的汉文化修养甚至远超部分汉臣。很长一段时间里，元朝连科举制都废止了。蒙古人重视喇嘛教（藏传佛

---

① 蒙古语"镇守者""盖印者"之意，转而有"监临官""总辖官"之意。

教的俗称），大多数蒙古人对儒家文化并不感兴趣，他们认为儒学会损坏人的真性。至于汉臣，元朝统治者虽然也会任用，但并不信任汉臣。如中书右丞相，终元一朝，只有一位汉人担任过。蒙古人治国的核心任务只有两个：一是防止反叛，二是收取赋税。这样简单而粗暴的统治不可能长久，文天祥当初就曾预言"虏运从来无百年"。其实，文天祥还是太乐观了，元朝统一仅仅过去50多年，便迎来了末世。1333年，元顺帝即位，他成了元朝的末代皇帝。

　　元顺帝最初也想励精图治，无奈已积重难返。亲政之后，他就遭到了三连击。第一击是政治腐败。为了整顿吏治，元顺帝派出了24名官员巡视地方，巡视官有权就地处决五品以下的贪官污吏。可这些巡视官却与地方贪官同流合污，民间流传着"万两黄金奉使回"的说法，可见元朝的政治腐败已无可救药。第二击是金融危机。元朝是中国古代唯一全面使用纸币的王朝。纸币本身只是货币符号，其价值全凭政权的信用担保。而元朝政府长年滥发纸币，金银保证金又严重不足，导致纸币疯狂贬值。元顺帝上台后发行"交钞"，新的纸币贬值更加严重，物价疯涨。若用旧中统钞来计算，米价每石上涨了六七万倍。对元顺帝最致命的打击是黄河水患。元朝时水患频繁，黄河没多久就会决口一次，频率远超前朝。黄河水患的危害极大，不仅会危害民生，河道里的淤泥还会堵塞大运河，严重阻碍漕运。另外，黄河泛滥直接威胁两淮盐场，那可是赋税的重要来源地。本来就缺钱，钱袋子这下还要泡洪水。元顺帝急坏了，赶紧让工部尚书贾鲁去治理黄河。为此，元朝征发了十几万民夫和两万士兵疏通河道，贾鲁用了不到一年的时间就成功完成了任务。治理黄河本是利国利民之举，但此时的元朝社会已经承受不起这样的"伟大工程"了。

　　在没有挖掘机的时代，治河全靠人们手挖肩挑。工程进度逼得紧，河工们只能在炎炎烈日下拼命地干活。累得要死不说，监工还极尽压迫。更可气的是，连朝廷给的"食钱"都被官员贪污了大部分。流血流汗，还吃不饱饭，河工们的怒火在心中累积。这股怒火，最终引燃了元末农民大起义。

治黄河者方能治天下，在古人眼中，决堤的黄河就是一条不可阻挡的黄龙

36

元朝全国通快递
出征日本遇神风

元朝的交通与对外关系

元朝的国号取自于《周易》的"大哉乾元"。疆域大,是元朝最引以为豪的地方。

为了加强疆域内的联系、便于政务处理,元朝建立了四通八达的站赤网络。"站赤"是驿传的蒙语音译,驿传是中国古代官方的邮政和交通系统的一部分,主要负责两项任务:一是传递官府文书和物资,二是接待出差官员。元朝时,全国有1500多个站赤,站赤分为陆站和水站。陆站又分牛站、马站、驴站,配有车轿;黑龙江下游一带还设有狗站,那里冬季天冷,可以让狗拉雪橇。古人称驿站为"驿",元朝时惯称"站",今天我们说的"车站",正是受元朝的影响。日语还保留着驿的叫法,如东京站的日语可叫作"東京驛"。驿站所在地有站户为出差的官员提供交通工具和食宿招待,此外,驿站还负责运送官方物资。

若要传递公文,元朝使用急递铺。急递铺源于宋代的"急脚递",因速度快,最初只用于传递军情。后来,又有了"金字牌急脚递",用于传达皇帝的指令。金字牌是红底金字的木牌,上书"御前文字,不得入铺",沿途人员看见皆要避让与配合。岳飞抗金故事中的"十二道金牌",指的就是金字牌急脚递。元朝将急脚递称为急递铺,每10里或15里或20里设置一铺,每铺设铺卒5人。铺卒传递文书时,腰间挂一铃铛,或骑马,或步行。下一个急递铺听见铃声传来时,会立即让一名铺卒准备接应,然后以接力的方式将公文传至下一个急递铺。急递铺的速度非常快,一昼夜可传递400里,急件可达500里。

站赤制度对维护元朝统治具有重大作用

元朝时，全国的经济重心已在南方，国家赋税钱粮皆仰仗东南供给。为了将南方的物资北运至大都，元朝又开通了两条水路运输线路。隋朝开通的大运河以洛阳为中心，线路向洛阳走了一个折弯。而元大都在北方，漕运若绕弯洛阳则费时费力。于是，元朝开凿了一些新的河段，将大运河截弯取直，运输距离缩短了大约900公里。我们今天说的"京杭运河"，实际上是指元代改道后的大运河。另外，元朝还大力发展海运，进行南粮北运。运输海船从江南的刘家港（今江苏太仓市东浏河镇）出发，前往大都附近的直沽①，顺风时，海船航行10天左右便可到达。

元朝的外交手段特别强硬，几乎打遍天下无敌手。元朝建立前，蒙古汗国就在四处征战，最著名的是三次西征。第一次西征由成吉思汗亲自指挥，灭了花剌子模，追击部队一直打到了今乌克兰南部。灭亡金朝后，成吉思汗的孙子拔都指挥了第二次西征。第二次西征扫荡了东欧平原，深入勃烈儿（今波兰）、马札儿（今匈牙利）等地，还打败了马札儿与捍迷思（今德意志）的联军，一直打到今维也纳附近。若不是窝阔台汗逝世，拔都需要回国奔丧，西欧的中世纪说不定会被蒙古人终结。拔都后来在今伏尔加河下游建立钦察汗国，接受元朝册封。钦察汗国境内，俄罗斯人的祖先罗斯人被蒙古人统治了近200年。汉语称罗斯为"俄罗斯"，也是受蒙古人影响的结果。蒙古语单词不以"R"开头，所以蒙古人在罗斯的蒙古语读音"ROCCIA"前面加了个"O"音前缀，读起来是"斡·罗斯"，转译成汉语就变成"俄罗斯"。蒙哥即位后，他的弟弟旭烈兀指挥了第三次西征。这次西征灭亡了阿拔斯王朝，并对阿拉伯帝国的首都巴格达进行了屠城。据史料记载，巴格达至少有80万居民惨死。旭烈兀进攻叙利亚时，蒙哥的死讯传来，旭烈兀停止西征，回国奔丧。后来，旭烈兀在中东地区建立了伊儿汗国，也接受元朝册封。除了钦察汗国和伊儿汗国外，蒙古人在中亚建立了察合台汗国，在西域建立了窝阔台汗国，四者并称为蒙古四大汗国。

忽必烈也没闲着，他要续写征服者的传奇。忽必烈一面南下灭宋，

---

① 在今天津市内狮子林桥西端旧三汊口一带。

一面眼观八方，看看周边还有哪里没被征服。他将目光投向了东方的朝鲜半岛和日本。五代初年，朝鲜半岛建立了王氏高丽政权，王氏高丽向中原政权称臣。从成吉思汗时代开始，蒙古便多次对高丽发起战争。高丽虽顽强抵抗了，但终是挡不住蒙古的铁骑。忽必烈上台后，蒙古第七次入侵高丽，把高丽彻底打成了元朝的"驸马国"——高丽国王必须迎娶蒙古公主为王后，还要把世子送到大都作为质子。高丽国王还身兼元朝征东行省①的丞相一职，相当于元朝皇帝的臣下。之后，忽必烈又派兵进攻日本，让高丽出兵协助。1274年，元朝与高丽的联军共3万多人登陆日本，靠着先进的武器和严密的作战方式，把日本人打得溃不成军。但海上突发暴风雨，联军的数艘战船触礁，人员伤亡严重，不得不败退。听到战败的消息，忽必烈相当震惊，但当时他正忙于对南宋最后一战，没工夫搭理日本，只是派出了使臣到日本劝降。可日本人很嚣张，竟把元朝使者斩杀了。1281年，忽必烈第二次派兵进攻日本，这一次派出了14万大军，其中不仅有蒙古和高丽军队，还有10万善于水战的南宋新附军。登陆后，正当大军准备发动总攻击的时候，海面忽然刮起台风，联军的战船被撞得支离破碎，许多士兵坠海淹死。就这样，元朝二征日本又失败了。台风两次奇迹般地拯救了日本，日本人称之为"神风"。第二次世界大战时，日本的神风特攻队就得名于此。

　　元朝的外交活动不仅有武力征服，还有和平交往。元朝时，不少来自中亚和西亚的人到中国定居，他们与元朝各民族长期杂居，逐渐融合出一个新的民族——"回回"，即后来的回族。许多欧洲人也在元朝时来中国经商、从政或定居，最著名的是意大利旅行家马可·波罗（Marco Polo）。马可·波罗在元朝生活了17年，回国后将其见闻口述成《马可·波罗行纪》一书。马可·波罗在书中对元朝一顿猛吹，措辞夸张到被人怀疑他是否真的去过中国。马可·波罗在描述元朝的财富的时候，经常用"百万"做计数词，因此有人戏称他为"百万先生"。这本书在某种程度上刺激了欧洲人到东方寻求财富，从而开辟新航路。

---

① 　征东行省又称征日本行省，前期是元朝政府为进攻日本在朝鲜半岛设立的特殊行省，后期是元朝为强化对高丽的统治而设置的行政区。

37

程朱理学存天理
世俗文化解人欲

宋元时期的文化

　　纵观两宋的文化史，最大的成就当数理学。理学是儒学的一个发展阶段。儒学在春秋时期由孔子创立，在战国时期趋于完善。汉朝时，经过董仲舒的改造，儒学成了皇权社会的思想统治工具。可魏晋时期，儒学不那么吃香了。因为那时候社会动荡混乱，儒家所倡导的礼教一点也不管用，倒是融合老庄思想与儒家经义的玄学主张放飞自我，得到了魏晋士人的青睐。南北朝时，佛教兴盛，道教迅猛发展，这更挤压了儒学的生存空间。隋唐时期，儒学也没有完全复兴，比如《隋书》里有这样一段评价：

　　　　佛，日也；道，月也；儒，五星也。[1]

相比于佛、道两教被看作日月，儒学仅仅被视作点缀的星星。唐朝中期，韩愈等人倡导古文运动，实际上是想复兴儒学。

　　与佛、道二教相比，儒学确实先天不足，它最大的问题在于只关注人与人之间的社会关系，对宇宙和自然的探讨很少，不及佛、道的教义那么宏大。一个完整的哲学体系，至少要解释三个层面的问题：人的问题、社会的问题、宇宙自然的问题。如何将儒学的短板补齐，将其改造

---

[1] 出自《隋书》卷七十七，《隐逸》。

为系统化的哲学思想体系，就是宋代理学家的时代任务。

理学的创始人是北宋的周敦颐、程颢、程颐等，由南宋的朱熹集大成①。理学的核心是"理"，即万事万物遵循的普遍法则。理先于宇宙而存在，主宰着万事万物，如太阳东升西落、四季轮回变化，又如人的生老病死、爱恨情仇，这些皆因理而产生。

理在人身上的体现就是性，既有与生俱来的代表善的天地之性，也有后天习染的代表恶的气质之性。理学家将天地之性看作"天理"，将气质之性看作"人欲"。

> 人心私欲，故危殆。道心天理，故精微。灭私欲则天理明矣。②

人欲易使人陷入危险，而道心代表着精微的宇宙天地的法则。必须消灭后天欲望，顺应天理，实现天人合一，这就是理学家主张的"存天理，灭人欲"。那要如何感悟理呢？既然理存在于万事万物之中，那我们就可以通过观察事物而感悟真理，比如看花开花落，比如观人间百态。理学称这种观察为"格物"，"格"就是观察推究，理学将获得真理称为"致知"，合起来就是朱熹主张的"格物致知"。我们都熟知的"铁杵磨成针"的故事，就体现了格物致知的思想——李白通过观察老大娘将铁杵磨成针这件事，悟出了"凡事要下功夫"的真理。这个故事最早见于南宋祝穆的《方舆胜览》，而理学宗师朱熹正是祝穆的表舅。"铁杵磨成针"可能是祝穆杜撰出来的，他应该是想借李白来宣传表舅朱熹的格物致知之思想。

理学将宇宙万物和人类社会联系在一起，用"天理"解释了何为

---

① 宋代理学分为两派。一派为主观唯心主义理学，其代表人物陆九渊提出了"宇宙便是吾心"等主张；客观唯心主义理学的首创者是程颢、程颐兄弟二人，集大成者为朱熹，他们的学说基本一致，认为"理"派生和主宰万事万物，该学派被称为"程朱学派"或"程朱理学"。程朱理学是宋代理学的主要派别。
② 出自《二程集》《遗书卷第二十四》。

世界的本原。为了解释这一问题,理学不仅活用了儒学思想,还融合了一部分佛教与道教的理论。比如"灭人欲",这很符合佛教的禁欲观;比如宇宙观中的"理",这和道生万物的"道"非常相似。实际上,理学将儒、道、佛三家的思想合为一体了,借此将儒学系统化、哲学化、神圣化。更为关键的是,理学巧妙地将诸如君臣、父子、夫妻等伦理关系也解释为天理,这也是理学受到专制皇权的青睐的关键所在。按照宋代理学的理念,服从君王已经不仅仅是道德问题了,更像是一种宗教信仰。南宋时,程朱理学被官方尊为正统思想,元、明、清三朝相沿不改,影响极为深远。

然而,再强大的意识形态也改变不了经济基础所决定的上层建筑。虽然理学家极力鼓吹"存天理,灭人欲",但随着商品经济的发展和市民阶层的崛起,满足"人欲"的世俗文化仍在宋元时期大放异彩。

比如宋代流行的词,相比唐诗,词更适合配乐演唱,更受世人青睐。诗每句的字数相同,多为七言或五言。每句字数一致,尽管这样也可以唱,但唱出来并不好听,因为没有节奏变化,听起来就像念经。词就不一样了,词的别名是"长短句",因为每句长短不一,唱出来有节奏和起伏,更能让人感受到韵律的美感。人们称作词为"填词",因为词要先有固定的音乐曲调,再根据曲调填词。所谓"词牌",代表的就是一首词的曲调,规定了每句的字数和韵律。同一词牌之下,可以填多首词,词的风格可以豪放,也可以婉约,玩法多样。

词在宋代的风靡得益于宋代城市酒肆业的兴盛,人们喝酒时喜欢听人唱词助兴,就像今人会去酒吧听人驻唱一样。这种世俗文化也吸引了不少大文豪加入填词队伍,最负盛名的当数北宋的词人柳永。柳永生性浪漫、风流,虽有一身才华,却仕途坎坷,只做过屯田员外郎这样的小官。柳永的词风格婉约、语言通俗,"层层铺叙,情景兼融,一笔到底,始终不懈"[1],在当时流传很广,对宋词的发展有很大影响。或许因为怀才不遇,柳永常年出入风月场所,与酒肆歌楼的歌伎打成一

---

[1] 出自《乐章集校注》《柳词总评》。

念奴娇·赤壁怀古

大江东去,浪淘尽、千古风流人物。
故垒西边,人道是、三国周郎赤壁。
乱石穿空,惊涛拍岸,卷起千堆雪。
江山如画,一时多少豪杰。

遥想公瑾当年,小乔初嫁了,雄姿英发。
羽扇纶巾,谈笑间、强虏灰飞烟灭。
故国神游,多情应笑我,早生华发。
人生如梦,一尊还酹江月。

苏轼开创了豪放派的词风,这不仅革新了词体,还促进了思想的解放

片。柳永为乐工、歌伎创作了大量适合歌唱的慢词，名篇众多，传播极广，时人称：

> 凡有井水处，即能歌柳词。①

如果柳永为哪个歌伎填上一首词，这个歌伎一唱就会大火，瞬间身价倍增。颇为感人的是，柳永晚年穷困潦倒，死后无钱出殡，最后还是歌伎们为他集资营葬的。人常言"戏子无情"，这句话放在宋朝并不如此。

到了元朝，比宋词更为通俗的元曲出现了。元曲分为散曲和杂剧两种。散曲和词很像，都是唱出来的长短句，但散曲对押韵和字数格式的要求比词更为简单灵活。另外，散曲的语言中融入了较多俗语，更符合民众的口味。

元朝人光听散曲并不过瘾，还要加入表演，这样更便于欣赏。杂剧就是这样一种戏曲形式，融配乐、歌舞、念白、动作于一体，极具艺术性。杂剧作家关汉卿的代表作《窦娥冤》塑造了窦娥这一善良正直、在黑暗势力压迫下敢于反抗的妇女形象，近代学者王国维评价道：

> 即列之于世界大悲剧中，亦无愧色也。②

除了赏词、听曲、看杂剧外，宋元的城市里还流行听人"说话"。说话人的说讲底本称话本，其中，白话短篇的称"小说"，用浅近文言写成的篇幅较长的称"讲史书"。话本的语言通俗而生动，为市民喜闻乐见。元末明初，话本演变为通俗小说，四大名著中的《水浒传》和《三国演义》就脱胎于说话人的话本。总之，无论是流行歌曲，还是小说与戏剧，我们今人喜欢的艺术形式，大多能在宋元时期找到根源。

---

① 《乐章集校注》中编，《出仕后之十》。
② 出自王国维：《宋元戏曲史》。

史学大家陈寅恪先生曾说:

>华夏民族之文化,历数千载之演进,造极于赵宋之世。[1]

的确,无论是学术思想之发展,还是世俗文化之勃发,宋朝都是中华文明的巅峰时代。

---

[1] 出自陈寅恪:《邓广铭宋史职官志考证序》,《金明馆丛稿二编》。

明清篇

本篇讲述的是明朝和清朝前期的历史，时间跨度为400余年。

明清时期是中华"第二帝国时代"晚期，明、清两朝的制度和政策有着明显的延续性。明朝建立后，朱元璋进行了一系列的改革，皇权空前加强。为了消除相权的威胁，朱元璋彻底废除了延续了千年的丞相制度，对朝政亲力亲为。后继的统治者为了应付繁重的政务，设立了内阁，还重用宦官，形成了明朝特殊的阁臣与宦官共同辅政的中枢系统。明朝在初期较为强盛，支持了费钱费力的下西洋活动，成就了世界航海史的创举。明朝的边患问题比较突出，前有蒙古和倭寇，后有满洲，西方殖民者也在明代到来。明朝灭亡后，满洲入主中原。满洲人创立的清朝全面继承了明朝的制度，并加以全方位地完善。在边疆治理方面，清朝取得了空前的成就，清廷对蒙古、新疆、西藏、台湾等地区都建立了长期有效的行政管辖。但是对于外患问题，明、清两朝都采取了被动的闭关自守政策，使中国逐渐落后于西方。

明清的君主专制制度已经落后于时代，统治者不得不依靠特殊手段来加强皇权。如明朝的厂卫特务统治和清朝时大兴的文字狱。与此同时，许多进步思想也在明清之际涌现。

明清时期是封建王朝的暮年时代，虽然在家中有只手遮天的权力，但事实上已经衰老了。

38

天下反顺帝北走
建明朝乞丐逆袭

明朝的建立

明朝的国号很可能来源于一个民间宗教。这个民间宗教所策动的农民大起义，瓦解了元朝的统治。这个宗教，就是元、明、清三代流行于民间的白莲教。

白莲教源于佛教净土宗，宋代时就已存在，其教义通俗易懂，因而广受底层民众信仰。古代的农民起义常把宗教作为思想武器，起义往往带着一定的迷信色彩。因为许多宗教的教义对底层民众比较有吸引力，另外，借助宗教较容易将民众组织起来。比如东汉的黄巾起义，首领张角依托的是道教的分支——太平道。元朝时，白莲教大盛。栾城人韩山童宣传白莲教教义，倡言"弥勒佛下生"，自称明王出世，其信徒刘福通等还宣传说韩山童是宋徽宗的八世孙，以此作为舆论，动员百姓反元复宋，"重开大宋之天"。古人搞起义，关键是得赶上好时机。元朝末年，政治腐败，经济崩溃，还赶上黄河发大水。元顺帝为了治理黄河水患，命贾鲁治理黄河，治河工地满是河工的哀号。韩山童、刘福通等人眼看机会来了，就趁机搞了个神秘事件。他们弄来了一个独眼石人，在石人背部刻上"莫道石人一只眼，此物一出天下反"，然后将石人埋在河道里。河工们挖河道时不经意间挖出了独眼石人，看到上面的字，河工们深信这是上天要灭亡元朝的神谕，纷纷奔走相告。时机成熟了，韩山童与刘福通聚集三千白莲教徒，准备发动起义。不料走漏了风声，官兵来围，韩山童被捕身死，刘福通转而成为起义军首领，率众出走颍州（今安徽阜阳），并攻下了颍州城。因起义军以头戴红头巾作为标识，被称为"红巾军"。与此同时，全国各地都爆发起义响应刘福通率领的红巾军。其中有一支红巾军在郭子兴的率领下，攻占了濠州（今安徽凤阳东北）。郭子兴后来有了个名动天下的女婿——朱元璋。不过，郭子兴攻下濠州时，朱元璋只是个无名小卒。

如果将我国历代开国皇帝的出身进行排名，朱元璋可以去争夺倒数第一。汉高祖刘邦是农村小混混出身，而朱元璋的出身甚至不如小混混。朱元璋出身之低微，从其祖上的名字就能看出端倪。朱元璋的父亲名叫朱五四，爷爷叫朱初一，太爷爷叫朱四九，而朱元璋的本名叫朱重八（出生时父母年龄相加是88岁）。一家子祖孙几代都和数字或日期杠上了，这都是因为家里太穷了——在元朝，"庶民无职者，不许取名"，升斗小民只能以父母年龄相加的数字或自己的出生日期作为姓氏后面的代号。朱元璋小时候忙着给地主家放牛，17岁时家乡又遭灾，父亲、大哥、母亲在一个月内饿死了。幸好本村一个叫刘继祖的地主给了朱家一块地，朱元璋才和二哥用破衣服将亲人的尸体包裹，草草下葬，那场面十分凄惨。这个地主一时的善念，让他在日后得到了巨大的回报。朱元璋称帝后，追封刘继祖为义惠侯，恩及其子孙后代。埋葬完父母和大哥，二哥抛下他逃难去了，孤苦无依的朱元璋到附近的皇觉寺出家了。古代正规的出家人须持有国家颁发的度牒，度牒我们可理解为"僧尼资格证"。度牒要么通过考试获得，要么得花钱买，朱元璋显然都办不到。所以，他只能在寺庙里做打杂的"行童"，相当于仆从小和尚。可做了不到两个月的行童后，寺庙也快揭不开锅了，朱元璋被打发出去云游化缘，换句话说就是去讨饭。朱元璋在安徽、河南一带讨了三年饭，这段经历对他而言十分重要。首先，在此期间，朱元璋体察了民间疾苦，懂得了人情世故，积累了人生经验；其次，朱元璋熟悉了周边的地理情况，利于他后来领兵割据；最后，他锻炼了体魄，也磨炼出了坚毅的性格。云游归来后，朱元璋收到了发小儿汤和的来信，邀请他加入郭子兴的红巾军。朱元璋赴邀前去，随之开启了成为帝王的逆袭之路。

朱元璋机智果敢，加入红巾军后，因骁勇善战得到了郭子兴的赏识，成了郭子兴的贴身侍卫。郭子兴认定朱元璋今后必能成大事，便将自己的养女马姑娘嫁给了他。这位马姑娘就是后来有名的"大脚马皇后",马皇后拒绝裹脚,被称为"马大脚",是极具自主意识的一代贤后。郭子兴病逝后,朱元璋统领了郭的旧部,成了红巾军的一位重要领袖。从一个仆从小和尚逆袭为起义军领袖,朱元璋实现了人生的华丽转身。但朱元璋并未满足,他还有更高的目标——当皇帝。朱元璋广纳贤才,如刘基、李善长、徐达,这三人被朱元璋比作自己的张良、萧何与韩信。此外还有朱升,他为朱元璋制定了夺取江山的总方略"高筑墙,广积粮,缓称王",核心思想就是闷声发大财。朱元璋很听劝,在其他起义军领袖纷纷称帝称王的时候,他却依照朱升的策略在积蓄力量。实力强大后,朱元璋先后击败了南方的各股割据势力。1368年,朱元璋在应天府(今江苏南京)称帝,建立明朝,年号洪武。朱元璋用"大明"做国号,很可能是受到了白莲教"明王出世"说的影响;也有说法认为是取自"日月重明大宋天",即明朝光复了大宋江山。

朱元璋称帝前夕,元朝还未灭亡,为了彻底推翻元朝的统治、顺利地登上帝位,1367年,朱元璋命大将徐达率25万大军进行北伐,还提出了"驱逐胡虏,恢复中华"的口号。这个口号巧妙地利用了汉人的民族情绪,鼓动性极强。500多年后,孙中山也借用了这一口号,提出了"驱除鞑虏,恢复中华,建立民国,平均地权"的政治纲领,最后以孙中山为代表的资产阶级革命政党成功推翻了清王朝的统治。徐达一路北上,势如破竹,不到一年就打到了通州,直逼大都城下。元顺帝见大势已去,明智地拒绝了臣下的死守劝谏,带着老婆、孩子出健德门北逃。实际上,徐达可能是故意放走元顺帝的,因为朱元璋并不想俘虏元顺帝,毕竟他自己也曾是元朝的臣民,逮住了元顺帝可不好办——大家都是皇帝,没必要赶尽杀绝。元顺帝知难而退,也算是顺应天命,因此得到了"顺帝"的尊号。

兴亡只在转瞬间,自元世祖定国号起,不到100年的光景,蒙古人又回到草原上放牧去了。他们逃回家的败退之路,正是当年祖先征服世界的出征之路。从哪里来,回哪里去,权势只是过眼云烟,故乡才是内心的永居之地。回到草原后,元顺帝和继任者继续保留着"元朝"的名号,史称"北元"。

朱元璋，中国历史上唯一一个贫苦农民出身的开国皇帝

39

废丞相皇帝累死
组内阁太监帮忙

内 阁 制

也许是因为从乞丐逆袭成皇帝的过程太不容易了，所以朱元璋倍加珍视手中的权力。当了皇帝后，朱元璋对于权力有近乎偏执的掌控欲。他不信任手下的大臣，特别是百官之长的丞相。

谈论历史的时候，我们经常把丞相和宰相两个词混用。二者虽然可以混用，但还是有一定区别的。丞相是一种具体的官职名称，而宰相是一种泛称，泛指最高行政长官。也就是说，丞相一定是宰相，但宰相不一定都叫丞相。比如北宋前期，宰相的官职名为"同中书门下平章事"，并没有丞相一职。换句话说，宰相是"政府一把手"的通称，而丞相是像左、右丞相这样的具体官职。

宰相制度起源于先秦时期。周朝实行分封制，天子分封诸侯"建国"，诸侯再往下分封卿大夫"立家"。这个"家"可不是我们今天说的家庭，而是封邑。由于卿大夫的家业很大，需要有专门的家臣负责管理，家臣之首称"家宰"，相当于豪门大管家。在甲骨文中，宰字的形象就很像在家中干活的奴隶。春秋战国之际，社会剧烈动荡，许多卿大夫掌一国之权，他们的家臣也就转变为国家官僚。以前卿大夫之家的大管家现在成了国家的大管家，家宰晋级成"宰相"。到了秦朝，统治者正式创立了丞相制度，丞相成了宰相的正式官名。秦汉时期，丞相的权力很大，是百官之长，一人之下，万人之上。丞相可以坐而论道——坐着同皇帝商议政事。政府官员也由丞相任命，另外，当时连皇帝的诏令也要在丞相签署后才能发布。一般性的行政事务，丞相可以自行决断，无须向皇帝请示。打个比方，秦汉时期，皇帝就像公司的董事长，而丞相则是这个公司的总经理，负责日常工作。

丞相的权力如此之大，势必对皇权构成威胁。因此，君权与相权之争几乎贯串了整个封建时代。唐宋时期，皇帝用"群相"的办法来削弱相权。说白了，就是多设几个宰相，防止一人的权力过大。唐朝实行三省六部制，三省的长官都是宰相，相权被一分为三，三省长官"斗地主"，互相牵制。到了宋朝，皇帝又设立了参知政事做副相，副相的地位和宰相几乎平等，分割了宰相的行政权。另外，宋朝还让三司使去分割宰相的财权。在宋朝，宰相连"坐而论道"的权利也没了，只能乖乖地站着，听命于皇帝。在削弱相权的历史中，元朝算是异类。因为蒙古皇帝仍带有草原作风，草原政权中，不论君臣，只论家奴。宰相被视作家奴，皇帝就比较信任宰相，所以元朝的宰相被赋予了很大的权力。元朝的国事多由宰相处理，皇帝更爱享受生活。明承元制，最初以左、右丞相为中书省长官，但朱元璋打心眼里厌恶丞相的存在，认为其权力会威胁皇权。为了一劳永逸地解决这个问题，洪武十三年（1380），朱元璋借口丞相胡惟庸谋反，将其诛杀，并趁机废除了丞相制。朱元璋还为此立下祖训，规定子孙今后不准设丞相，若有臣子胆敢提议设丞相，杀无赦。之前历朝历代皇帝只是削弱相权，朱元璋很干脆，直接消灭了丞相制度，虽然手段简单粗暴，但行之有效。

丞相被废，丞相所辖的中书省也一并废除，中书省下辖的六部改由直接对皇帝负责。相当于炒掉了总经理，董事长要亲自主持公司大大小小的工作了。这可累坏了朱元璋，有时候，他一天就要批阅200多份奏章，阅读量赶上读一本长篇小说了。不光要读，还要批示呢。对一个50多岁的老人来说，这个工作量有点要命了。没办法，朱元璋只好安排秘书来帮忙。为了防止秘书独揽大权，朱元璋搞了个春、夏、秋、冬四辅官制度，每隔一段时间换一个秘书，让他们轮流坐庄。这个制度实行了一年左右就以失败告终，因为轮流坐庄使工作失去了连续性，四辅官遇事不知前因后果，办事有头无尾。最后，明太祖朱元璋还是自己扛下几乎所有的工作，俨然一个老年工作狂，一直干到71岁驾崩为止。

明太祖之后的皇帝就没有这么勤奋了，他们还是得找秘书帮忙。明成祖即位后，他选用博学多才的翰林院官员兼任某殿或某阁的大学士，组成了秘书团队。因为他们常在皇宫内的文渊阁值班，文渊阁地处内廷，因此被称为内阁。内阁阁臣参与机密事务，其意见对皇帝的影响较大。这就好比皇帝给自己请了一个"家教团"，有不会做的作业就询问"家教"。明成祖以后的皇帝更加懒了，他们直接让"家教"给参考答案。百官的奏章送上来后，内阁阁臣先审阅，草拟处理意见并写在一张小票（纸条）上，然后贴附于奏章上呈给皇帝，这个过程叫作"票拟"。皇帝根据票拟意见用红笔在奏章上批阅，这个过程叫"批红"，相当于抄答案。再后来，皇帝连答案都懒得抄了，直接找人帮忙抄。找谁抄呢？反正不能让内阁阁臣自己抄，否则就没人能牵制他们了。那就找皇帝最信任的人来抄吧，明朝皇帝最信任什么人呢？当然是宦官。明朝时高级别的宦官称太监，从明宣宗时期开始，由太监负责批红。司礼监秉笔太监负责批红，然后交给司礼监掌印太监审核，相当于检查作业。司礼监掌印太监审核无误后盖上大印，最后发回内阁执行。掌印太监有最终的决定权，是权力最大的太监。为了提高宦官的文化水平，明朝皇帝还在宫中开办了"宦官专科学校"，称为内书堂。不要小看这个内书堂，里头的教师可都是翰林院高官，培养出的可都是治国理政型的高级宦官。

在明朝中央，内阁和太监分工明确，形成了一套特殊的中央决策机制。内阁中，首席大学士也被称为首辅。内阁首辅虽无宰相之名，却是事实上的宰相。明朝最著名的内阁首辅是万历朝的张居正，他辅政时，与当时的司礼监掌印太监冯保相互配合，使衰落的大明王朝一度出现了复兴局面。由此可见，国家若想治理得好，不一定要指望皇帝勤政，"家教"找得好，也可以。

在明朝中央，内阁和太监分工明确

40

废行省三司互制
设厂卫特务横行

明朝的制度

在封建时代加强中央集权的历史浪潮中，元朝的官僚制度像是一波退潮。唐宋时期被弱化的相权，在元朝又被加强了；宋朝时被分散的地方权力，在元朝又被集中了。这种退潮的出现，根源在于元政权的少数民族属性。蒙古人入主中原，对汉人并不信任，所以把权力集中地交给蒙古人。蒙古官僚被元朝皇帝视为家奴，把权力交给他们比较放心。明朝建立后，朱元璋要重新将权力攥在皇帝一人手中，在废除丞相制度后，他又对军事制度和地方行政制度开刀了。

废除丞相制的同年，朱元璋还废除了中央的大都督府。元朝时，大都督府隶属于枢密院，是国家的最高军事机关，掌管全国军队，既有统兵之权，又有调兵之权。双权在手，这就很危险。朱元璋把大都督府改为五军都督府，即中、左、右、前、后五军都督府。五府统领着全国军队，相当于把全国划分为五大战区，分散了军权。另外，五军都督府只管军籍和军政，没有调兵权。调兵权归兵部，而兵部直接听命于皇帝。打仗时，兵部奉旨调兵，按照皇帝的旨意任命统兵将领，发给印信。打完仗后，将领要交还印信，士兵则散归原来的卫所。所谓卫所，是明朝常备军的军事编制，分为卫、所两级。一个卫约有5600人，下辖5个千户所，每千户所1120人，下辖10个百户所。明初卫所遍布全国，总兵员在180万人左右。卫所里的军士来自附近的军户，军士平时进行农业生产，为卫所生产军粮，寓兵于农。世袭军士单独编户籍，称军户，一般不能除籍。军户由卫所管理，地方官府管不着。有的地方未设置正式的行政区划，在这类区域的卫所则作为一级行政单位，称为"实土卫所"，可管辖区内军民。卫所制在明朝地方上的影响较大，后来的天津卫、威海卫等地名都直接来自明朝的卫所名。

元朝时，地方设立行省，行省长官独揽一省的军政财权。蒙古人这样搞不怕地方割据吗？还真不怕，因为行省的长官都由蒙古人出任，他们以少数民族身份主政汉人占绝对多数的行省，汉人不会和他们一条心，所以他们都忠于蒙古皇帝。明朝政府若也这样，很容易造成地方割据。所以，朱元璋废除了行省，在地方设立了三司，即承宣布政使司、提刑按察使司、都指挥使司。承宣布政使司掌管民政和财政，相当于省政府；提刑按察使司掌管司法和监察，相当于一省的公检法机关；都指挥使司掌管军政，也管理地方的卫所，军政听令于兵部。三司互不统属，彼此形成制衡关系，地方就很难割据了。

朱元璋还建立了严密的特务组织来监视百官。特务统治自古就有，如三国时期的"校事"、隋唐的"察事"等。但将特务组织化、专业化并委以重用的，唯有明朝统治者。明朝禁军中的锦衣卫，乃皇帝亲兵"上十二卫"之一。锦衣卫身穿飞鱼服，本是皇帝出行时充门面的仪仗部队，朱元璋特派锦衣卫负责特务的工作。锦衣卫可绕过司法机关，对任何人开展秘密侦查、逮捕、审问，乃至处刑。锦衣卫手段狠毒，行事无人监督，令百官和宗室闻其名而丧胆。锦衣卫的侦查手段相当厉害。某日早朝后，朱元璋问大臣宋濂昨晚干了什么，宋濂回答说在家宴请朋友。朱元璋接着问道：都有谁啊？吃的啥菜啊？都唠啥了？宋濂纳闷，皇上今天咋这么磨叽呢，但他也不敢隐瞒，一一如实回答。朱元璋听后点头表示满意，随即从袖中掏出了昨晚宋濂所设家宴的座位图，笑道："爱卿果然是诚实君子，没有欺骗朕！"宋濂被吓得一身冷汗。还有一例，老儒生钱宰在洪武年间被征召去修撰《尚书》，有一日他有些疲惫，随口赋了一首吐槽诗：

　　　　四鼓咚咚起着衣，午门朝见尚嫌迟。
　　　　何时得遂田园乐，睡到人间饭熟时。[①]

[①] 出自《水东日记》卷四，《钱子予》。

锦衣卫作为明朝所设的特务组织，直接对皇帝负责

第二天早朝时，朱元璋问钱宰："你昨天吟的诗还不错，可是朕何时曾嫌你上班迟了？"钱宰被吓了个半死。在锦衣卫无孔不入的监视下，百官没有隐私可言，人人自危，压力巨大。永乐年间，明成祖在锦衣卫之外又成立了由亲信太监领导的特务组织东厂，后世又设西厂。厂卫特务统治的出现，说明常规手段已经无法满足皇帝的专制需求了，皇帝需要用恐怖统治来驾驭百官。这也恰恰说明了君主专制制度在明朝时已经在走下坡路了，朝廷只能靠变态手段才能维持皇权独尊。

搞完制度后，朱元璋又开始搞人了。最让朱元璋寝食难安的是功臣群体，尤其当朱元璋到了晚年时，他的猜忌心更重，总觉得这些功臣都像白眼狼。朱元璋认为，只有死去的功臣才是好功臣。在这种极端思想的影响下，朱元璋对功臣集团进行了血腥的政治清洗。借胡惟庸谋反案，朱元璋先后屠戮了3万多人。最倒霉的是开国功臣李善长，在胡惟庸被诛杀的10年后，有人旧事重提，说李善长当年知情不举，实乃大逆不道。此时的李善长已经77岁了，为明朝效力了一生，但依旧没有得到朱元璋的垂怜，全家70多口被屠戮。讽刺的是，李善长还持有朱元璋御赐的免死铁券！在绝对的皇权专制下，根本就没有契约精神可言。李善长被杀的三年后，又出了个大将蓝玉谋反案，朱元璋借机又屠戮了1.5万人。胡惟庸案后，还有空印案和郭恒案，这两案的处置虽是为了敲山震虎，减少贪腐，却有数万人丧命。

中国历史上存在着这样一个有趣的现象：精英阶层人士开创的王朝，开国君主一般对功臣都比较宽仁；社会底层人士建立的王朝，一般都会对功臣大开杀戒。前者如宋太祖赵匡胤，即使他对功勋武将存在猜忌，最后也只是以杯酒释兵权的方式让他们安全"下庄"，保全了他们的性命与荣华富贵；后者以汉、明开国之君为代表，汉高祖和明太祖都对功臣举起屠刀，能杀则杀。论其原因，他们的所作所为既因为巩固皇权的政治需要，更因为底层人士逆袭成皇帝后的心理错位。出身于底层的自卑导致敏感与猜忌，从而产生攻击性，以致没有仁慈怜悯之心，所以，农民皇帝往往刻薄寡恩、迷信暴力。历史证明：跟农民皇帝打江山，共患难易，共享乐难。

183

41

清君侧叔叔篡位
迁北京天子守边

靖难之役

农民出身的朱元璋，不仅有着极端的权力掌控欲，还有满脑子的"家天下"思维。自西汉初期以来被渐渐淘汰的分封制，又被朱元璋重新搞了起来。在老朱的意识里，还是家里人比较可靠。

朱元璋身体素质很好，生育能力极强，他一共生了26个儿子，可以组成两支足球队，还带替补队员的那种。为了加强对地方的控制，朱元璋把儿子分封到各地去做藩王，让他们为老朱家镇守地方。所谓"打虎还得亲兄弟，上阵须教父子兵"，这就是"家天下"的逻辑。有鉴于历史上的诸侯割据问题，朱元璋对藩王"分封而不锡土，列爵而不临民"，就是不分封土地，也不让藩王管理地方事务。那么藩王靠啥镇守地方呢？靠护卫军。朱元璋允许藩王拥有护卫军，少者几千，多者上万，以军事力量镇守地方。诸藩王中，朱元璋最满意的是老四朱棣。朱元璋看他有股子狠劲，很像当年的自己，便封朱棣为燕王，让他驻守北平（今北京），和另外几个塞北藩王一起防御北元势力，是为"塞王守边"。朱棣常年和蒙古人交手，屡立战功。此外，朱元璋还给了朱棣"节制沿边士马"的大权。

尽管朱棣的能力很强，但朱元璋并不能立他为太子。因为在传统的宗法制下，太子只能是嫡长子。朱元璋是个很注重传统的人，登基后就册立了嫡长子朱标为太子。其实朱元璋也很喜欢朱标，朱元璋对朱标寄予厚望，给予了他精心的培养。朱标也不负众望，从小就熟读儒家经典，为人仁慈宽厚。朱标对弟弟们还非常友爱，弟弟每每有过错，他都从中调和求情，很有大哥的样子，具有很高的威信。如果朱标能顺利继位，明朝或许会迎来一个岁月静好的文治时代。可朱标的运气实在是不佳，38岁就病死了，走在了老爹的前头。白发人送黑发人，这让朱元璋悲痛欲绝。更让老朱痛苦的是，诸藩王见太子之位空缺，都感觉自己的机会来了，摩拳擦掌地等着老朱册立新的储君。最后，老朱做了一个让儿子们大失所望的决定——封朱标的嫡长子朱允炆为皇太孙，立为储君。

朱允炆的性格与父亲朱标很像，有着仁慈宽厚的文人气质。可能是朱元璋自知杀人太多了，不想继承者再用血腥手段治国，所以为明朝选了个仁慈之君。朱元璋晚年时又担负起了教育皇太孙的责任，就像今天带娃的爷爷那样。老朱这一辈子虽贵为人极，但活得也是挺累的。洪武三十一年（1398），年逾七十的朱元璋驾崩，结束了传奇而又辛劳的一生。朱元璋死后的庙号为"太祖"，白手起家而得天下，太祖之号实至名归。皇太孙朱允炆即位后，改年号为建文，朱允炆即明惠帝，通常被称为建文帝。从建文帝的年号可以看出，明朝统治者厌倦了血雨腥风，呼唤文治时代。但历史没给建文帝这个机会，他虽然继承了父亲的仁慈，却缺乏父亲的威信，更没有爷爷的心机和手段。即位后，叔叔们都虎视眈眈，建文帝感受到了叔叔们的威胁，决心削藩。即位后的一年里，多位藩王被建文帝罗织罪名贬为庶人，湘王还自焚以抗争。对于实力最强的燕王朱棣，建文帝没有立即削藩，而是削其兵力，同时派兵对北平加以防范。

朱棣并没有坐以待毙，当即起兵反叛。朱元璋晚年曾在家法《皇明祖训》里留下话称：如果今后有奸臣当道，藩王可以领兵进京讨奸。朱棣就以此为借口，声称朝中力主削藩的齐泰和黄子澄是奸臣，他俩想挑拨老朱家叔侄间的骨肉亲情，所以他要起兵"清君侧"。朱棣打出了"靖难"的旗号，意思是帮皇帝平定乱局，历史上称这场叛乱为"靖难之役"。北平附近驻守的明军都听燕王的，叛军很快扩充到10万人。建文帝虽然握有五六十万中央军，却苦于无良将可用，因为明朝的开国名将早就被爷爷朱元璋借着政治清洗杀得不剩几个了。相比之下，朱棣身经百战，他常年和凶悍的蒙古人过招，打起建文帝的军队来，可谓手拿把掐。经过4年的战争，朱棣攻下京师，反叛成功。在我国封建时代的历史中，靖难之役是地方反叛成功案例的典型，虽有一定的偶然性，却也证明了朱棣的超高武力值。

进入京师后，朱棣在全城搜寻大侄子朱允炆，可惜没找到。下落不明的建文帝多半是在宫中自焚而死的，也有说法称建文帝当云游僧去了。民间传说中，朱元璋临终前曾给大孙子留下了一个锦盒。京师被攻陷后，建文帝打开了锦盒，发现里面放着袈裟和度牒，还有一把剃刀。原来，朱元璋料到孙子可能坐不稳皇位，所以给他留了退路——实在不行就出家吧，爷爷当年也是这么过来的。传说中，建文帝最终出家隐退，隐姓埋名，四处游历。占领南京后，朱棣登基，之后，朱棣对建文旧臣进行了血腥清洗。名臣方孝孺，因拒绝为朱棣起草登基诏书，方孝孺的九族亲属连同门生共873人被屠杀，史称"灭十族"。在血腥暴力这点上，朱棣和朱元璋还真是一脉相承。为了不让自己的反叛模式再被成功复制，朱棣即位后继续削藩。朱棣毕竟是叔叔，他的削藩手段比朱允炆高明多了。朱棣先是对藩王大加赏赐，但要求藩王必须交出兵权，势力较大的北方塞王，还被朱棣迁往南方。藩王的护卫军不断减少，有的仅剩几十个人。这点兵力，不要说反叛，就连来一场市井群殴都没有十足的胜算。

解决完建文旧臣和藩王的问题后，朱棣还是夜不能寐。他觉得皇宫里满是不散的阴魂，有父亲的，有大哥朱标的，说不定还有大侄子朱允炆的。京师城里的阴气太重了，朱棣想回到自己的大本营北平，现在名为北京（1403年北平建为北京），那里才是他的心安之地。另外，北方塞王多被他迁往南方，北方边境空虚了，他回到北京还可以进行"天子守边"。还有，将北京作为首都，还可以平衡南北，经济重心早已完全南移，如果政治中心也放在南方，很容易让北方"离家出走"，造成国家分裂。出于多方面的考虑，朱棣于1421年迁都北京。

朱棣篡位上台，在道义上并不光彩。但论治国能力，朱棣不负祖宗。他在位的永乐朝是大明王朝存在的近300年中最有脸面的时期。

紫禁城

朱棣迁都北京

42

扬国威郑和出海
为炫富七下西洋

郑和下西洋

沿着父亲开创的道路,朱棣将明朝国力推向了巅峰。大明王朝立国277年,长脸的事多是朱棣在永乐年间干的。其中最为今人所津津乐道的,是郑和下西洋。

西洋是以中国为中心的地理概念,只要是中国西边的海域,都是西洋。近代的"西洋",多是指大西洋沿岸地区,而明朝人眼中的"西洋"是指印度洋周围,具体而言,就是今南海以西(约自东经110°以西)的印度洋的海域及沿岸地区。下西洋活动的指挥官是郑和,他是一个受永乐皇帝赏识的宦官。郑和本来不姓郑,而是姓马。根据相关学者的考证,郑和的祖上来自西域,其先祖名叫赛典赤·赡思丁(Sayyid-Ajjal Shams al-Din Omar)。成吉思汗西征时,赡思丁归附了蒙古并跟从蒙古人征伐,后来迁居到中国。赡思丁做过云南行省的行政长官,在任期间深受民众爱戴。后来,赡思丁家族改汉姓为马,郑和就是其后代。郑和在家排行老三,小名三保。马三保的童年生活很快乐,他还受过良好的教育。大概在马三保11岁的时候,家中发生了重大变故。这一年是洪武十四年(1381),明军攻入云南。作为特权阶层的后代,马三保被明军俘虏,之后被阉割,又被发遣去做宦官。在古代,不仅皇宫中会使用宦官,王府里也会用。马三保被送到了北平的燕王府,成了朱棣的宦官。这次的工作调动给马三保的人生带来了重大转折。

马三保在燕王府时很会办事,得到了朱棣的赏识。在靖难之役中,马三保随军南下,立下了不小的战功,被朱棣赐姓郑,从此便有了"郑和"这一名字。之后，郑和升级为内官监太监。朱棣见郑和有才，决定派他去做一件大事——率领船队出访西洋各国，这便有了"郑和下西洋"。

朱棣为什么要让郑和下西洋呢？根据《明史》的记载，首要目的是为了寻找失踪的建文帝，他可能躲在西洋的某地。这倒也有一定可能，但它不是郑和下西洋的核心目的。因为郑和下西洋的活动在永乐年间前后持续了近20年，朱棣早已坐稳皇帝宝座，没必要如此执着地寻找建文帝。所以，寻找建文帝只能说是郑和下西洋的附加任务。郑和下西洋的主要任务是宣扬明朝国威。朱棣是篡位上台的，很想用政绩来证明自己登基的合理性。就像当年的宋太宗，他多半是借"斧声烛影"得位的，所以为了证明自己，他焦急地想收回幽蓟十六州。同理，为了证明自己的伟大，朱棣要建立以明朝为中心的国际关系体系，即朝贡体系。在这一国际关系体系中，明朝是天朝上国，能册封其他国家，其他国家要对明朝进行朝贡。那如何才能让其他国家来朝贡呢？首先得证明自己的实力。所以，朱棣要派船队出访西洋各国，要"耀兵异域，示中国富强"[①]。说白了，就是去外国炫富，给明朝长长脸，然后让番邦小国都来朝贡。除了上述两个目的之外，郑和下西洋还要为朱棣寻找一些具有异域风情的珍奇异宝，满足皇帝的个人爱好。

1405年至1433年，郑和先后7次率船队下西洋。船队有200多艘船，有用于作战的战船、装淡水的水船、装粮食的粮船，还有负责补给的马船等；其中体积最大的是宝船。《明史》记载，大的宝船长四十四丈，约140米，宽十八丈，约60米，占地面积比一个足球场还要大一圈。也有学者认为这个记载有夸大的嫌疑，因为考虑到木质材料和当时的造船技术，不大可能造出这么大的航海木帆船。但毋庸置疑的是，郑和船队的规模是空前的。郑和首次下西洋有27 000多人随行，其中有使臣、官兵、航海技术员、财务人员、翻译、医生、厨师、工匠等。这么多船，这么多人，这么复杂的分工，能顺利航行到千万里外且安全返回，可见明朝的航海技术与郑和的指挥能力都是世界一流的。船队先是沿着宋元时已有的航线航行，这些航线靠近陆地，可随时靠岸进行补给，也便于访问

---

① 出自《明史》卷三百四，《列传第一百九十二·宦官一·郑和》。

沿岸各国。每到一国，郑和都会向当地人宣读诏敕，举行隆重的册封典礼，确定该地与明朝建立朝贡关系。接下来就是朝贡贸易，明朝奉行厚往薄来的原则，给得多，收得少，赔本赚吆喝，以此体现天朝的富有和开放。郑和像散财童子一样奔波于西洋各国，最远到达过非洲东海岸，即今天的索马里摩加迪沙一带。所到之处，郑和船队都受到热烈欢迎，来了就给钱，谁能不喜欢呢？有的国家还派使者跟随船队回访明朝，增进了明朝同西洋各国的友好往来。

在西洋各国，郑和及随行人员看到了许多神奇稀罕之物。他们见到了传说中的神兽"麒麟"，实际上是长颈鹿。榜葛剌[①]和麻林[②]还将这种代表祥瑞的神兽进贡给了明朝，永乐帝龙颜大悦，命人作画以纪念。郑和的船员还在西洋吃到了许多奇异的热带水果，比如有船员记载：

> 有一等臭果，番名"赌尔乌"，……若烂牛肉之臭，内有栗子大酥白肉十四五块，甚甜美可食。[③]

这就是今天的水果之王榴梿，可惜船队并没有将它带回中国，因为它的味道太大了，实在没办法进献给皇帝。

郑和下西洋是人类航海史上空前的壮举。但这个不计成本的壮举耗费的资金太多了，它虽为大明王朝赚足了面子，却未能给国民带来多少实际利益。随着永乐皇帝和郑和相继离世，下西洋活动宣告终止。相传，后世有一明朝官员怕有皇帝效仿永乐帝，还把郑和的出使水程等资料藏匿或销毁。就在郑和下西洋结束后过了大概半个世纪，欧洲人凭借几艘小帆船开启了大航海时代。同样是航海，欧洲人更注重实际利益，他们发现了美洲大陆，开辟了环球航线，开启了全球化的国际贸易，还打开了人类近代史的大门。

[①] 即榜茄罗国，在今孟加拉国和印度西孟加拉邦一带，位于恒河下游，15世纪前期与中国互有交往。
[②] 在今非洲东岸肯尼亚的马林迪一带，曾在永乐十三年（1415）遣使来华。
[③] 出自《瀛涯胜览校注》《苏门答剌国》。

郑和下西洋，带回长颈鹿

43

鞑靼瓦剌动干戈
边境互市化玉帛

明朝与蒙古

根据《明史》的记载,明朝极盛时期的疆域:

东起朝鲜,西据吐蕃,南包安南,北距大碛。

东北部包含了今俄罗斯远东地区和朝鲜的一部分,南部囊括了今越南一带,超过了今日中国的版图范围。但是,明朝未能对这么大的疆域实现长期而有效的控制,实际上,明朝对很多边疆领土的管理是有心无力的。多数时间内,明朝控制得住的疆域只有"两京十三布政使司",也就是长城以南的地区。终明朝200多年的历史,边患问题始终是明朝的痛点。对明朝来说困扰时间最长、威胁最大的边患,是北方的蒙古。

蒙古人被朱元璋赶回草原后,元室汗廷依旧自称"大元",史称北元。直到明成祖时期,蒙古人才放弃了"大元"的国号,又恢复了蒙古帝国的称谓。这时的蒙古分裂成了三大部——鞑靼、瓦剌、兀良哈。鞑靼部是蒙古的本部,其首领是成吉思汗黄金家族的后裔,仍自称蒙古帝国大汗。鞑靼部的西边是瓦剌,又称卫拉特。瓦剌部最初并非蒙古部落,只因族人生活在蒙古地区,又很早地归附了成吉思汗,所以也归入了蒙古,属于"非主流"蒙古部落。兀良哈部的人生活在东北地区,明初就归降明朝了。朱棣发动靖难之役时,反叛军队里就有兀良哈骑兵的身影。明朝在兀良哈部所在地设置了朵颜①等3个卫，任用蒙古当地人担任长官，实行松散的羁縻统治。所以，兀良哈部和明朝的关系还算不错。相比之下，鞑靼部和瓦剌部就比较麻烦了。它们不仅彼此间互相争斗，而且一方得势后，还会进攻明朝，如同二狼争一兔。

朱元璋和朱棣多次对蒙古用兵，朱棣曾五次亲征蒙古，最后一次出征时，他死在了回师途上。老朱父子的出征取得了一些胜利，但并未从根本上消除蒙古的威胁。实际上，农耕民族很难彻底征服游牧民族，这是文明类型的不同决定的。当年汉武帝倾举国之力与匈奴作战，也没能彻底消除匈奴的威胁，后来汉朝还是再次对匈奴采取了和亲政策。朱棣之后的明朝统治者对蒙古的政策转攻为守，明廷在蒙古边境大规模修筑防御城墙，也就是明长城，明朝时称之为"边墙"。明长城东起鸭绿江边的丹东虎山，西至甘肃嘉峪关，相当于明朝的北方边界。洪武年间，曾在长城以北设立过3个卫，但被后来的明朝统治者放弃了。后世的学者研究发现，长城和400毫米等降水量线的一段大致重合。这并非巧合，因为年降水量低于400毫米，便难进行农耕活动，所以，长城也就成了古代农耕区与游牧区的地理分界线。

利用长城这一军事工程，明军也会使用一些主动出击的手段，常见的是"烧荒"和"捣巢"两大招。所谓烧荒，是每年秋后，明军派出被称为"夜不收"的特别行动部队，北出长城到草原上放火烧草，要往北烧200里左右。把草烧没了，蒙古骑兵的战马在这一带就没有草吃了，相当于画出了一个安全区。所谓"捣巢"，就是偷袭。趁蒙古男子外出放牧之时，明军快速地偷袭他们的老巢，赶走他们的牲畜。尽管明军有各种奇妙手段齐上阵，但依旧没能阻挡蒙古人南侵。

明英宗时期，瓦剌部崛起，其首领也先率军于1449年南下攻打明朝，很快就攻破了长城防线。在宦官王振的挟持下，明英宗率军50万人亲征。可明英宗并没有明太祖和明成祖那两下子，他行军没多久，就在

---

① 元中叶以后，部分兀良哈人居于朵颜山地区，明以其地置朵颜卫，朵颜卫及其毗连的两卫合称"兀良哈三卫"。

193

土木堡（在今河北怀来东）被瓦剌军俘虏了，史称"土木之变"。瓦剌人本想以皇帝要挟明朝，可明朝的大臣十分刚烈——社稷为重，君为轻，皇帝被俘虏了，我们就换个皇帝！之后，明英宗的弟弟即位，是为明代宗，年号为景泰。在兵部侍郎于谦的指挥下，明军发起了北京保卫战。也先见明军如此顽强地抵抗，知道打下去也无利可图了，最后撤军北返。因为北京保卫战中的出色指挥，于谦被称赞道有"再造大明"之功。

大概100年后，蒙古鞑靼部又支棱起来了。鞑靼部首领俺答汗率领蒙古铁骑南下攻打明朝，也很快便攻破了长城防线。1550年，鞑靼大军兵临北京城下，史称"庚戌之变"。当时的明朝皇帝是明世宗嘉靖帝，主政的是权臣严嵩。严嵩害怕战败，称蒙古人只是来劫掠的，他们抢够了自然就会撤兵。严嵩下令明军坚守北京城不出，任由蒙古骑兵在北京城周边劫掠。鞑靼军队劫掠数日后，满载而归地返回了草原。

庚戌之变后，明朝人转变了思路，既然蒙古人劫财不劫命，那就用和平的方式喂饱他们。实际上，游牧民族南下劫掠的根本原因在于生产力低下，草原上生产的物资无法满足他们的生活需求，除了让他们抢，还有什么好办法呢？有办法，那就是边境互市，通过贸易交换产品。庚戌之变后，明朝与蒙古开始局部互市。1571年，明穆宗隆庆帝和俺答汗订立了和议。首先，明朝册封俺答汗为顺义王，双方讲和；其次，允许蒙古每年朝贡贸易一次。这个朝贡贸易，就是明朝厚往薄来的赔本赚吆喝。隆庆年间与蒙古的朝贡贸易和北宋的岁币外交本质上是一回事，只是前者看上去更有面子。朝贡贸易之外，双方还在长城边塞设立了马市，允许双方民众自由贸易。隆庆和议后，明朝与蒙古的贸易实现常态化，蒙古人通过朝贡和互市获得了想要的物资，劫掠也就渐渐停止了。隆庆和议之后至明亡以前，北方边境基本相安无事。

隆庆和议后，长城成了汉、蒙两族交往的纽带，汉、蒙两族化干戈为玉帛。此后，一批又一批的内地人出长城杀虎口关隘来到蒙古，他们抑或经营边贸，抑或开垦农田，史称"走西口"。清朝与民国时期，走西口的风潮更加兴盛，这促进了民族交融，对统一多民族国家的发展有着积极意义。

土木堡之变后大明王朝创造的奇迹——北京保卫战胜利

44

南倭北虏两大患
西方势力也到来

明朝的海疆问题

明朝大部分时间里遭受着来自两个方向的威胁。一个是北方陆疆的蒙古，明朝人称之为胡虏；另一个是南方海疆的日本海盗，明朝称之为倭寇，合起来就是"南倭北虏"。上一节，我们介绍了北虏的问题，本节我们再来聊一聊倭寇。明朝的倭患问题比较复杂，可分为前后两个时期来展开叙述。

前期的倭患始于元朝末年，一直持续到明朝永乐年间。明初时的日本处于南北朝的大混乱时代，日本各地被封建领主割据。日本封建领主称大名，大名彼此间攻伐乱战，今儿你死，明儿我亡。这可苦了大名手下的武士，如果他们效忠的大名被推翻，武士就会失去生计。因为武士不从事生产，全靠为大名作战谋生。武士就不能种地、干活吗？那是不可能的，他们宁可叼着牙签装作吃饱了，也不会通过劳动来糊口，因为劳动被认为有损武士尊严，而武士将尊严看得比命还重要。武士失去了主子，往往靠抢劫为生。但日本国土面积狭小，到处都是武士，大家抢来抢去也没啥意思。于是，武士们将目光投向了海的那边——地大物博的中国。面对这片广阔天地，武士们想要"大有作为"。元末明初，日本武士伙同一部分浪人、商人组成了海盗集团，大肆劫掠中国沿海地区和朝鲜半岛南部，前期的倭患问题出现。

为了防御倭寇，明初在东南沿海地区设置了许多卫所，仅浙江一地就有11卫、30所。除了军事防御外，明朝还实行了严格的海禁政策。朱元璋多次下令，禁止民众出海捕鱼或进行贸易，还将沿海居民内迁，对倭寇实行坚壁清野的作战策略。永乐年间，明朝国力强盛，军事御倭的效果较明显，明军曾一次性在辽东歼灭倭寇上千人。实际上，明朝建立后，日本统治者也在积极改善与明朝的关系。永乐初年，日本使者尊明成祖朱棣为皇帝，这相当于承认了朱棣篡位的合法性，深得朱棣欢心。另外，日本统治者也在一定程度上约束了倭寇劫掠。朱棣龙颜大悦，给予日本朝贡贸易的权利。明初实行海禁后，只允许外国与明朝在固定的时间和地点进行特许贸易。外国船队每隔数年定期来华，献上本国进贡的特产后，可获得明朝的国赐。国赐远多于进贡，厚往薄来，以体现天朝排场。明朝与日本的官方贸易又称勘合贸易，日本船队来华时，要带着明朝事先颁发的勘合文书，相当于特许证。通过勘合贸易，日本能获得中国的物产，也在一定程度上减少了倭寇劫掠。得益于朱棣军事手段和贸易手段的双管齐下，明初倭患问题得到了缓解，明日关系趋于稳定。

到了明朝中后期的嘉靖年间，倭寇再次猖獗，是为后期倭患问题。这次倭患的标志性事件，是发生在宁波的争贡之役。嘉靖二年（1523），两个日本大名的船队同时来明朝进行朝贡贸易，先后到达宁波。后到的船队贿赂了市舶司的主管太监，得以插队抢先和明朝进行贸易。另一支日本商队的人员对此不满，便发动暴乱，他们捣毁了宁波市舶司的嘉宾堂，抢劫了当地的仓库，最后夺船而走。这次劫掠，让倭寇发现了明朝沿海防备的空虚，给倭寇壮了胆。明朝政府认为暴乱源于贸易本身，彻底禁绝了对日贸易，严行海禁。本来勘合贸易就无法满足日本对中国物产的需求，现在又完全禁绝了，这更刺激了倭寇的劫掠欲望。以争贡之役为起点，明朝后期倭患大爆发。

与明初的倭寇不同，明中后期的倭寇加入了大量中国人。明朝人形容当时的情况是：

今虽曰倭，然中国之人居三之二。[1]

---

[1] 出自林希元：《林次崖先生文集（下）》卷十二，《杂著》，何丙仲校注。

贸易禁令引发大规模的倭乱

这些人多是明朝沿海地区的商人或手工业者，他们长期从海外贸易中获利，现在明朝严行海禁，使他们的利益严重受损。于是，这些人组成了武装走私集团，加入了倭寇阵营。他们亦商亦盗，以日本为据点，用着倭寇的服饰与旗号，时人称"假倭"。嘉靖朝的"净海王"王直，就是一个出身于徽商的假倭。相比于真倭，假倭更了解中国的内部情况，假倭的存在使得倭患更加猖獗。为此，明朝派戚继光、俞大猷在东南沿海进行武力抗倭，取得了巨大成效。嘉靖朝之后的隆庆朝，朝廷又取消了海禁政策，开放民间海外贸易，史称"隆庆开关"。与此同时，日本国内的织田信长稳住了日本局势。各种因素影响下，明朝的倭患在隆庆以后逐渐平息。

织田信长死后，其家臣丰臣秀吉继承了霸业。丰臣秀吉的野心很大，他不仅想统一日本，还想征服朝鲜，甚至想入侵中国。为了实现梦想，1592年，丰臣秀吉出兵约莫15万入侵朝鲜，不到一个月便占领了朝鲜都城汉城，随后又攻下了平壤。朝鲜是明朝的藩属国，国王立刻向明朝求援。当时明朝统治者是明神宗万历皇帝，他立即出兵援助朝鲜，万历援朝抗倭战争由此开始。战争打打停停，先后打了7年。最终，丰臣秀吉死后，日军战败并撤军，明朝取得了胜利。虽然获胜了，但这场战争几乎耗尽了明朝的国力，可谓惨胜。战后不到半个世纪，明朝便亡了。

明朝时，欧洲人开辟了新航路，其间，一批又一批的欧洲殖民者来到中国。最先到来的是葡萄牙人。正德年间，葡萄牙殖民者在今广东宝安区一带登陆，之后被屡次驱逐，但并未离去。嘉靖三十二年（1553），葡萄牙殖民者向澳门当地的明朝官员谎称商船遇风暴漏水，请求上岸晾晒货物。不承想，这一晾晒就晒了400多年。此后，葡萄牙殖民者通过贿赂明朝官员取得了澳门的居住权，但他们每年要给中国政府500两银子的租金。此后，澳门成了葡萄牙殖民者在东亚的据点。到晚清时期，葡萄牙殖民者通过不平等条约割占了澳门。

明朝的海疆问题如此棘手，既有反侵略的原因，也有贸易政策的原因。这种复合型的外交问题，又因为卷入了西方殖民国家，变得更加复杂。海疆问题成了此后数百年间中国政府面临的最大挑战，也成了近代中国历史发展的主要线索之一。

45

痴情者成化弘治
抢民女武宗上街

从仁宗到武宗

明朝立国277年，共传了16帝。明朝16个皇帝中，值得称赞的没几个，碌碌无为的倒不少，还有几个皇帝，堪称中国历代帝王之"奇葩"。接下来，我们就介绍一下明朝第四到第十的7位皇帝。

明成祖之后，是明仁宗。明仁宗朱高炽是朱棣的长子，他做了20年的太子，一直兢兢业业。可惜，他登基后不到一年就驾崩了。之后，明仁宗的长子朱瞻基继位，是为明宣宗，在位10年。明仁宗、明宣宗两位皇帝的执政风格较为温和，在他们执政期间，朝内君臣关系融洽，内阁主导的文官政治形成，明朝经济也持续发展，百姓实现了安居乐业，史称"仁宣之治"。从明朝建立到明宣宗驾崩的近70年时间属于明朝的前期，也是明朝最太平的一段岁月。明宣宗死后，他的儿子朱祁镇继位，是为明英宗。从明英宗正式即位开始，明朝进入了中后期，这200多年，明朝的国势如同海浪一般，起起落落。

明英宗朱祁镇是个理想远大的皇帝。面对蒙古瓦剌部来袭，他在宦官挟持下效仿太爷爷明成祖，率军亲征。仗还没打，明英宗就被蒙古军队俘虏了。蒙古人以明英宗做人质，想勒索明朝一番。可明朝官员根本没给蒙古人机会，很快就拥立了明英宗的弟弟朱祁钰登基，是为明代宗景泰帝。蒙古人恼羞成怒，攻打北京，被于谦等主战派大臣击退。蒙古人在明英宗朱祁镇身上捞不到好处了，第二年就把他放回来了。估计是想让朱祁镇回来搅局，看看明朝有俩皇帝会咋样。皇位这东西，谁坐上去了都不想下来。何况景泰帝刚坐了一年，屁股还没坐热呢！被景泰帝尊为太上皇的朱祁镇回来后，景泰帝将他软禁在皇宫中的南宫。为了严防死守，景泰帝将南宫大门上锁灌铅，派锦衣卫严加看管。被迫"下岗"的明英宗才20岁出头，心里也很苦闷，时刻渴望着"再就业"。没想到，机会还真来了！景泰帝仅有一子，8岁就夭折了。景泰八年（1457），景泰帝病重，大臣对储位之事忧心忡忡。见此机会，明英宗的支持者发动了政变，将明英宗迎入东华门，让他复位为帝，史称"夺门之变"。复位后，明英宗将景泰帝软禁了起来。没过几天，景泰帝便死去了。明英宗废其帝号，赐其恶谥"戾"。当年击退蒙古骑兵、有"再造大明"之功的于谦，还有其他支持景泰帝的大臣，都以谋逆的罪名被处死了，很是冤枉。在封建时代，一个臣子对国家的功劳只是其次，关键的是政治站队。明英宗又做了七八年皇帝，38岁时驾崩。明英宗的一生，两次登基，大起大落。他最为后人称赞的政绩，是废除了明朝的宫妃殉葬制度。也许，这是大起大落的人生经历给他带来的人情味吧！

　　明英宗之后是明宪宗，年号成化。明宪宗是一位心胸宽广的皇帝，他不仅为于谦冤案平反，还为叔叔景泰帝恢复了帝号，做事相当公允。明宪宗是个比较随性的人，凭个人喜好用官，还倚重宦官。若要深入了解明宪宗的性格，可以看一看他存世的一幅画作，名为《一团和气图》。乍一看，画的好像是一个胖成球且笑眯眯的人；若仔细观看，会发现其实画的是三个人抱成一团，十分诙谐可爱。这幅画作也是明宪宗执政风格和个人品性的体现——做事随性，追求和谐。值得一提的是，明宪宗还是个用情专一的男人。明宪宗一生最爱的女人是一个比他大17岁的宫女，该宫女本是他的乳母，名为万贞儿。明宪宗即位后，封万贞儿为万贵妃。也不知道万贵妃有什么过人之处，把明宪宗的心拴得死死的。不论后宫中有多少年轻貌美的佳丽，明宪宗始终将她捧在手心。明宪宗下令让景德镇官窑为万贵妃烧制了大量精巧的瓷器，最负盛名的是"成化斗彩鸡缸杯"。2014年，该斗彩鸡缸杯拍卖出了2.8亿港元的天价。万贵妃死后，明宪宗也不想活了，数月后郁郁而终，终年41岁。

　　明宪宗之后是明孝宗，是明朝中后期难得的贤君。后世对明孝宗的评价，甚至高过了明太祖和明成祖。明末的史官评价明孝宗说：

> 三代以下称贤主者，汉文帝、宋仁宗与我明之孝宗皇帝。[①]

的确，明孝宗为人宽厚仁慈，不像明太祖、明太宗那样刻薄嗜杀，他还勤于政务，亲贤远佞。明孝宗还发扬了老爹用情专一的优良传统，是一夫一妻制的忠实倡导者。他的后宫只有皇后一人，没有任何嫔妃。可惜好皇帝不长寿，明孝宗36岁就英年早逝了，在位仅18年。他的年号是弘治，后世称明孝宗统治时期的治世为"弘治中兴"。

明孝宗驾崩后，明武宗继位，这可是明朝最"奇葩"的皇帝，可收入"不正常人类研究中心"。即位后不久，明武宗就重用刘瑾等宦官，让刘瑾活生生地贪腐成了"世界首富"。明武宗骄奢淫逸，尤其爱好宠物和女色。明武宗喜欢宠物，却不喜欢猫、狗等常见的，而是像今天的中东富豪一样，专好虎、豹、鹰等鸷禽猛兽。为此他还建了一个豹房，作为玩乐场所。明武宗喜好女色，却极度喜新厌旧。他冷落后妃，却让宫女扮成招揽客人的妓馆女子供自己玩乐。宫女玩够了，他又迷上了异域女子。高丽女子、色目女子等，通通被他纳入后宫，后宫俨然亚洲小姐选美赛场。后来，他又觉得民间女子最值得亵玩，就带人到街上去抢民女，多的时候能抢几十车民女。皇帝爱上街抢民女，民女之家就上街抢光棍，光棍抢回来立马成婚，以防女儿被皇帝盯上。明武宗也喜欢玩男人，他在豹房里养了很多娈童，可谓男女通吃。明武宗最大的政绩是击退了蒙古人的入侵，他也因此获得了"武宗"的庙号。30岁那年，明武宗南巡，途中风景甚好，明武宗玩心大发，非要在湖里划船。划船时，见鱼跃江中，明武宗顿起渔夫之兴，非要撒网捕鱼，结果捕鱼时一不小心掉入水中。明武宗不会游泳，就在水中乱扑腾，虽然被侍从救起来了，但他呛了很多水。秋日水凉，再加上受到惊吓，明武宗回京后就病了，几个月后一命呜呼。明武宗爱玩，玩出了历代皇帝的新高度，最后把自己也给玩死了。

[①] 出自《国榷》卷四十五，《乙丑弘治十八年》。

明孝宗的书房与明武宗的豹房

46

爷爷修仙四十载
孙子躺平三十年

嘉靖与万历

明武宗玩了一辈子，御女无数，却未曾生下一男半女，死后成了绝户皇帝。那谁来继承皇位呢？内阁首辅杨廷和与明武宗之母慈寿皇太后根据血缘关系远近，决定让兴献王之子朱厚熜来继位。兴献王是明孝宗的弟弟，朱厚熜就是明武宗的堂弟。朱厚熜即位后，改年号为嘉靖，是为明世宗。从嘉靖朝开始，明朝的衰颓之势已难以挽救。

嘉靖皇帝刚一即位，就遇到了一个大难题——应该管谁叫爸爸。嘉靖帝是替代堂哥明武宗当皇帝的，这相当于嘉靖帝继承了明孝宗的宗嗣，在宗法关系上，嘉靖帝应该管明孝宗叫爸爸，只能管生父叫皇叔。这皇帝当得，把自己的亲爹当没了，嘉靖帝很憋屈。他要求大臣们重新"议礼"，也就是讨论礼法，嘉靖帝想管生父叫爸爸，还想给生父追封一个皇帝名号。嘉靖帝的提议被无情地驳回了，以内阁首辅杨廷和为首的一众大臣坚决反对。围绕着"管谁叫爸爸"的问题，嘉靖帝和大臣杠上了，史称"大礼议之争"。后来，双方暂时妥协，嘉靖帝尊明孝宗为"皇考"①，就是已逝的皇父的意思。尊生父兴献王为"本生皇考"，也就是已逝的生物学父亲的意思。表面上看，大礼议之争乃是皇帝的家庭身份之争，看上去只是皇帝的家事；然而，在君主独尊的封建时代，皇帝的家事从来不只是家事，更是国事，直接影响到社稷安危和社会价

---

① 古人通常称已去世的父亲为"考"。宋代以前，一般尊称亡父为"皇考"；元代以后，"皇考"用为皇帝亡父的专称。

值走向。大礼议之争的实质是国家法统秩序和皇帝个人利益之争，是文臣集体决策权和皇帝个人独裁权之争，是朝政的最终决定权到底归谁所有之争。嘉靖三年（1524），大礼议之争再起。这时的嘉靖帝已经坐稳江山了，几个议礼派大臣为了迎合皇帝，主张重新议礼。在议礼派的支持下，嘉靖皇帝打算下诏，称呼生父为"皇考"，改称明孝宗为"皇伯考"。对此，护礼派大臣坚决反对，杨廷和之子杨慎对众臣慷慨陈词道：

> 国家养士百五十年，仗节死义，正在今日。①

为了捍卫礼法与传统，200多位朝臣聚在皇宫内的左顺门跪哭，捶胸伏地，哭声震天。嘉靖帝大怒，派锦衣卫前去擒拿。5天后，嘉靖又对180多名大臣处以杖刑，杖毙17人。大礼议之争以嘉靖皇帝的完胜而告终。

大礼议之争对明朝影响很大。首先，在皇帝的威权之下，护礼派大臣的屁股被打烂了，士人精神丧失殆尽，后世的大臣抑或谄媚，抑或缄默，少有正直之士。其次，大礼仪之争还导致了大臣结党互攻，使得明朝中后期朝内党争不断。夺得胜利的嘉靖帝使皇权得到加强，后来，嘉靖帝也做了一些革除时弊的改革，但他很快就迷上了道教，整天在后宫修仙炼道，荒废朝政。嘉靖帝在位45年，前半生为死去的父亲争名分，后半生迷信鬼神、沉迷于修仙，史家说他"终身事鬼而不事人"，评价得颇为精辟。嘉靖帝驾崩后，明穆宗继位，年号隆庆。隆庆皇帝在位的时间只有五六年，在历史上的存在感比较低。之后继位的是隆庆帝10岁的儿子，即明神宗，年号万历，这又是一个超长待机的皇帝。

万历皇帝在位48年，职业生涯高开低走。万历帝即位之初，外有辅臣张居正，内有太监冯保，上面还有生母李太后。在三人的倾力辅佐下，明朝的颓势有所改善。张居正推行了一系列的改革，其中，"一条鞭法"的作用最为突出。"一条鞭法"将农民的田赋、徭役以及杂税合并，统一折算成银两，然后按田亩征收。这既简化了税制，又能防止地

---

① 出自《明通鉴》卷五十一，《纪五十一·嘉靖三年》。

方官巧立名目，还增加了朝廷的财政收入。通过张居正的改革，国库收入增加，军队战斗力增强，明朝一度出现中兴迹象。可惜好景不长，张居正死后，万历皇帝亲政，胡闹模式开始。

万历九年（1581）的一天，万历皇帝去慈宁宫给李太后请安。其间，宫女王氏端来水要给万历帝洗手。万历帝一看这宫女的模样不错，一时兴起，便把她给临幸了。也是真巧了，就这么一次，王氏就怀孕了。李太后得知这一消息后大喜，因为万历还没有生育子女，王氏要是生了个男孩，自己就能抱孙子了。可万历皇帝却不承认这事是他干的。古代没有DNA检测技术，这种事如果放在一般人身上，真就死无对证了，可皇帝却不行，因为有起居注。古代的皇帝无论干什么，身边都会跟着起居注官，皇帝的一言一行都会被记录在册。李太后叫人拿来了万历皇帝的起居注，上面清楚记载着万历九年某月某日，皇帝在太后宫中临幸了宫女王氏。铁证如山，万历皇帝最后只好承认。

万历皇帝之所以想抵赖，一是在太后宫里如此孟浪，说出去有点丢人；二是宫女的地位太低贱。要知道，如果王氏生了儿子，就是皇长子，今后很可能会被立为太子，万历皇帝并不想这样。真是怕啥来啥，这宫女还真就生了个儿子，取名朱常洛。4年后，万历皇帝宠爱的郑贵妃又生了皇子朱常洵。万历皇帝想立朱常洵为太子，遭到了群臣的反对，为了捍卫祖制、争"国本"，明朝的大臣又一次和皇帝杠上了。群臣一次次上疏请求立朱常洛为太子，万历帝一次次装傻、搪塞。见自己拗不过大臣，万历皇帝干脆撂挑子了，既不上朝，也不批阅奏章，彻底躺平。这一躺，就是30多年。万历帝怠政，造成很多官职常年空缺，政府仅靠惯性运转，几近瘫痪。一些死刑犯由于长期得不到皇帝的勾决，最后竟病死或老死在狱中。国本之争最后以万历帝的妥协而告终，朱常洛被立为太子。万历帝驾崩后，朱常洛继位，是为明光宗泰昌帝。可泰昌帝也是命苦，长期被父亲看低，好不容易继位了，在位时间仅一个月就驾崩了。

嘉靖帝和万历帝，两个超长待机的皇帝，共享受了近100年的快活日子。爷孙俩都不干正事，一个专心修道，一个执意躺平，明朝的国运在他俩手里彻底败坏。《明史》评论道："谓明之亡，实亡于神宗。"

嘉靖一心修道，万历只想摆烂

47

木匠皇帝用阉党
闯王来了不纳粮

李自成起义

明朝的"奇葩"皇帝很多，很多人都可以收入"不正常皇帝研究中心"。正德胡闹，嘉靖修仙，万历躺平。到了明朝末期，又出了位"奇葩"的木匠皇帝，他就是明熹宗朱由校，年号天启。天启帝是泰昌帝的儿子，万历帝的孙子。他继承了爷爷的"光荣传统"，对朝政毫无兴趣，但天启帝对木匠活儿和机械装置却有着极高的兴趣，天启帝在这方面颇有天赋，他整天研究桌椅板凳、建筑构造、器械机关，做出来的东西精巧绝伦。天启帝生错了年代，如果他生活在现代，肯定是个技术型人才。但生为明朝皇帝，天启帝却让明朝彻底病入膏肓。

天启帝在位时，太监魏忠贤被重用。早在朱由校做太子的时候，魏忠贤就侍奉过他。魏忠贤还和天启帝的乳母客氏关系密切，因此被天启帝视为家里人。魏忠贤是成年后才自宫当宦官的，他比较有社会阅历，也富有心机。天启帝很信任魏忠贤，命他做司礼监秉笔太监，负责帮自己处理朝政。魏忠贤很会替皇帝办事，也很有手段，他专挑天启帝做木匠活儿最开心的时候去汇报工作。天启忙着玩，没工夫细听，常常会说：知道了，你看着办吧！就这样，魏忠贤独揽大权，自称"九千岁"。有些谄媚的大臣也会向魏忠贤示好，朝政被阉党左右。

天启帝重用魏忠贤，也是为了牵制东林党。东林党是万历朝形成的一个政治集团，其成员以江南地区的士大夫为主，因集团领袖经常聚在无锡东林书院讲学，故得名。东林党是一群正直的士大夫组成的政治集团，东林党人以兼善天下为己任，力求捍卫社会的公平正义。他们不畏皇权，敢于批评时政、评论官员，经常和专制独裁的昏聩皇帝对着干。明朝后期的皇帝多怠政，朝廷对百姓的压榨也很严重，因此，东林党批评朝政的声音获得了民间有识之士的广泛支持。东林党有点近代民主政治中的反对党的味道，他们的存在让皇帝很难受。当年为争国本，东林党人激烈抗争，万历皇帝最后不得不妥协，放弃了立朱常洵为太子。争国本的胜利让东林党人士气大涨，更加斗志昂扬。天启帝即位后，他重用魏忠贤为首的阉党，这让东林党人又来"斗劲"了，他们跟阉党死磕，明朝的党争进入了白热化阶段。然而，东林党人行事过于理想主义，既拿不出行之有效的救世方案，也缺乏魏忠贤那样的心机和手段。最后，东林党被魏忠贤全方位打击，很多人惨遭杀害。东林党与阉党的党争拖累了朝政，明朝的气数被消耗殆尽。

皇帝怠政，宦官当权，党争内耗，朝廷危机重重。地方上也不消停，老朱家的宗室群体就像一群寄生虫，疯狂地啃食着明朝社会。明朝建立之初，朱元璋在"家天下"思维的影响下，为子孙后代制定了极其优越的特权制度。按照祖制，老朱家的子孙后代永享国家供养。朱元璋的"养朱计划"放在明朝初年倒也没什么，毕竟那时的宗室人口不多，满打满算也只有50多个人，到永乐朝，也才127人。可随着时间的推移，加上老朱家祖传的超强生育能力，明朝的宗室人口膨胀，万历年间，宗室人口已暴增到15.7万余人，到了明朝末年，宗室人口可能超过了20万人。为此国家要支付庞大的宗室开支，耗费的钱财高于军费和官员俸禄，严重蚕食着国家财政。明朝后期，又赶上万历援朝抗倭战争和对东北用兵，明朝的财政彻底亏空。不少学者认为，明朝的灭亡，内因正是财政危机。

农业国家越是缺钱，就越可能向农民加税。空前的财政危机最后都转嫁到了农民身上。屋漏偏逢连夜雨，此时的明朝又赶上了一个小冰河时期，气温下降，降雨减少，天灾连年不断。天启年间，陕西一带连年遭灾，老百姓真的活不下去了。于是，明末农民大起义在这一带爆发了。众多起义队伍中，后来影响力最大的是李自成的起义部队。

李自成是陕西米脂人。李自成的出身和朱元璋颇有几分相似，他

"东林"二字取自顾宪成讲学的东林书院

早年也当过和尚，也给地主放过羊。21岁那年，李自成在银川驿站当了一名驿卒，驿卒虽然不是国家官员，但好歹是个饭碗。李自成在明朝积弊最严重的时期当差，生活十分穷困。那时，地主官员经常克扣经费、勒占马夫，使得驿站不堪重负，驿卒又苦累又贫穷，骑死了马还要赔不少钱。李自成为了维持生活欠了地主一屁股债，还因无法如期还债挨过打。人生总有那么几年会事事不顺，明末，朝廷为了节省开支裁撤了许多驿站，李自成被迫下岗，不久后，他加入陕北的农民起义军中。在民间传说中，李自成的经历则更具传奇色彩。相传，李自成失业后还不了债，杀了债主，他又发现老婆与邻居私通，一怒之下杀了老婆，随后就参军当兵去了。可在军队里，李自成又被上级克扣军饷，这一系列的事情让他彻底爆发了——这世道不让穷人活，那他李自成就不让这世道活。最后，李自成率部起义，加入了舅父高迎祥的起义军。

李自成作战勇猛，人称"闯王"。农民出身的李自成，很明白农民最需要什么。他提出"均田免赋"的口号，受到广大人民的欢迎。当时的歌谣有云："杀牛羊，备酒浆，开了城门迎闯王，闯王来时不纳粮。""吃他娘，着他娘，吃着不尽有闯王。"众多穷苦农民纷纷加入了起义军，队伍不断壮大。为了养军，李自成军队专抢有钱人。抢地主、抢官员、抢明朝宗室。李自成尤其痛恨明朝宗室，每占领一地，他都会对当地的明朝宗室大开杀戒。李自成攻占洛阳时，俘虏了福王朱常洵，他就是万历皇帝想立为太子的那个儿子。朱常洵虽然没能当皇帝，但他老爹没亏待他，赏赐了他2万顷良田。相传，朱常洵整日花天酒地，活生生吃成了300多斤的大胖子。根据《明季北略》的记载，李自成俘虏了朱常洵后，将他和鹿肉一起烹煮，做成了大锅炖，摆酒宴请起义军将士，美其名曰"福禄酒"。

李自成转战全国多年，明军一直追剿，可起义军却越剿越强大。李自成率领着"欢脱"的农民军一路向北，1644年，李自成在西安称帝，建立大顺政权。接下来，李自成要征北京，灭大明。

48

八旗铁骑震东北
决战明朝萨尔浒

满洲的兴起

　　正当明朝走向衰亡之际，在广袤的东北大地上，崛起了一支新的势力——满洲人。满洲人是东北地区的原住民，先祖是东北三大古族系的肃慎族系。隋唐时称满洲为靺鞨，五代时称满洲为女真。有学者认为，"女真"是肃慎一词的转写，而"满洲"则来源于靺鞨的发音。女真人曾于12世纪建立金朝，灭亡了辽和北宋，与南宋对峙了100多年。后来，金朝被蒙古与南宋联手灭了。金朝虽灭，但女真人未亡。他们散居于山海关外，在东北地区白山黑水之间的沃土上繁衍生息。

　　明朝时，女真形成了三大部——建州女真、海西女真、野人女真。明朝时，建州女真生活在长白山北部及牡丹江和绥芬河流域，南边的分部居于浑河（今永定河）两岸。建州女真生活的地区距离山海关很近，明朝在此设置了建州三卫。建州女真的北面是海西女真，海西女真人生活在今开原市至吉林市一带，靠近松花江。在更偏远的黑龙江下游一带，还松散地分布着一支女真人。这支女真人的散居地在女真三大部中位置最偏远，且这支女真人开化得较晚，生活方式比较原始、落后，所以被称为"野人女真"。最后，建州女真统一了女真各部。建州女真能够雄起，和其较为优越的地理位置有很大关系。从人类历史进程来看，一个部族或文明能否长久地发展，就看它能否学习和吸收其他文明。建州女真居于辽东地区，这片土地西北接蒙古，西南望中原，南面还有朝鲜半岛，是多种文明的交汇处。各种文化在这里碰撞交汇，使建州女真长期受到多种类型文明的影响，因此建州女真人也学会了多种生存技能。他们能上马打猎，能下水捕鱼，还能在平原地带进行农耕活动。女真人会让被他们掳来的或自行迁徙来的汉人和朝鲜人替他们从事农耕活动。由于地理位置较优越，建州女真社会从一个渔猎文明社会逐渐发展成一个复合型文明社会。就如同当年东北地区"打不死的小强"高句丽一般，女真文明这种复合型文明的生存能力极强。

明初，朝廷在辽东设立了建州三卫。不同于内地的军事卫所，建州三卫属于羁縻机构，任用当地部落首领进行自治，朝廷只在军事上加以掌控，管理得比较松散。明朝中后期，辽东部落时常叛乱。万历年间，明朝将领李成梁镇守辽东。他对女真部落拉拢一批、打压一批，利用部落间的矛盾，让明朝暂时掌控住了辽东。可是，在一次军事行动中，明军误杀了女真友军将领觉昌安父子，导致了建州女真的反叛。觉昌安的孙子是爱新觉罗·努尔哈赤，他决心为爷爷和爸爸报仇。他靠着祖、父遗甲十三副起兵，先统一了建州女真各部，之后又征服了海西女真，还招抚了野人女真，实现了女真部族的统一。1616年，努尔哈赤在赫图阿拉（今辽宁新宾西老城）称汗，国号金，史称后金。两年后，努尔哈赤以杀父祖之仇在内的"七大恨"为名，正式起兵反明。在对外征战过程中，女真军队骁勇善战，屡战屡胜。这种超强的战斗力，一是得益于东北民族彪悍天性，二是得益于努尔哈赤创立的八旗制度。

八旗制度源于女真人狩猎时的牛录制度。女真人围猎时，会组成许多个围猎小分队。这种小分队就是"牛录"，牛录汉译为"大箭"。每个小分队有10个人，每人出箭一支。小分队成员多是亲戚、邻里、朋友。为了便于指挥协调，每个小分队会设一个队长，队长被称为"牛录额真"，意思是"箭主"，后来清朝顺治年间定汉名为"佐领"。慢慢地，牛录就成了女真人最基本的社会组织单位。牛录打猎很在行，打仗自然也不在话下，只要将射杀野兽变成射杀敌人即可。努尔哈赤起兵后，将牛录进行了军事化改造。他将300人编为一牛录，作为基本的户口和军籍单位，又将5个牛录编为一甲喇，再将5个甲喇编为一固山。"固山"在满语里是"旗帜"的意思，因为一固山内的部队都用统一颜色的旗帜作为本固山的标志。后来，"旗"就成了女真军队中最大的军事编制单位。最初，努尔哈赤将女真士兵整编出了4个旗，分别用黄、白、红、蓝4种颜色代表。随着征服地区的扩大，女真军队的规模也不断扩大，4个旗显然不够用了。于是，努尔哈赤又增加了4旗。新四旗在最初四旗的外围加一个镶边，这样又形成了镶黄旗、镶白旗、镶红旗、镶蓝旗4旗。新、旧各4旗，总共为8旗。最初的八旗主要由女真人组成。随着女真人对蒙古人和汉人的征服，后来的八旗军队中又扩充了蒙古八旗和汉军八旗，总共24个旗。

努尔哈赤建立八旗制度后，女真人仿佛坐上了火箭，转眼间就支棱了起来。后金建立后，明朝感觉到东北的女真势力已坐大，必须派兵围剿。万历四十七年（1619），明朝派20万（号称20万，一说号称47万，实际只有10余万）大军进攻辽东。在萨尔浒（今辽宁抚顺东浑河南岸），努尔哈赤率领6万满洲八旗铁骑迎战明军主力，最终击败了明朝军队。萨尔浒之战，是满洲崛起的关键性一战。战后，明朝对后金转入被动防守状态，龟缩在西起山海关，途径宁远，东至锦州一带的关宁锦防线内，辽东之地尽失。1625年，努尔哈赤将都城迁到了沈阳（后来尊为盛京），集中力量进攻关宁锦防线。就在迁都的第二年，努尔哈赤病死，其子皇太极继位。1636年，皇太极改汗称帝，改国号为清，改族名为满洲。"满洲"一词早就出现过，从皇太极时代开始，满洲成了女真的族名；满洲也用作地名，指我国东北地区。

皇太极继续对明朝用兵，打下了东北全境。他还征服了明朝的藩属国朝鲜，在南汉山城迫使朝鲜国王投降，改向清称臣。征服朝鲜，解除了清军攻明的后顾之忧。皇太极似乎可以领兵南下了，然而，入主中原的大门——山海关——清军一直没能攻下来。明军死守山海关，皇太极死去，顺治帝继位后，清军的机会来了——山海关内传来了消息，李自成已经打进北京了！

南汉山城外，朝鲜仁祖向皇太极称臣

49

煤山自缢亡社稷
冲冠一怒为红颜

清军入关

没有人能改变时代，只有时代能改变人。在历史大势下，如果你顺应大势，可能会大有作为；但如果你想改变历史大势，对不起，就算你是皇帝也办不到。明朝末代皇帝明思宗崇祯帝，就是这样一个妄图改变历史大势的人。虽然他励精图治，为了挽救大明江山百般努力，却仍被历史的车轮碾得粉碎。

木匠皇帝天启帝驾崩后，没有留下子嗣。天启帝的弟弟继位，是为崇祯帝。崇祯帝不像嘉靖帝、万历帝那样怠政，更不像正德帝和天启帝那样胡闹。自17岁继位起，崇祯皇帝表现出了明末皇帝难得的成熟与勤奋，一心想要复兴大明王朝。刚入宫时，朝廷内外遍布太监头子魏忠贤的亲信或爪牙。崇祯帝小心谨慎，不乱吃宫里的东西，晚上睡觉也保持着警惕。崇祯帝明白，自己想要成为皇宫真正的主人，就必须铲除魏忠贤及阉党。崇祯帝先来了招欲擒故纵，对魏忠贤恩赏有加，使其麻痹；而后，他借机剪除了魏忠贤的党羽。很快，崇祯帝就掌控了局势。魏忠贤也纳闷崇祯帝玩的是啥套路，出于试探，魏忠贤假意提出退休，没想到，崇祯帝先是拒绝了，而后又令魏忠贤听内监宣读民间贡生弹劾魏忠贤的"十大罪"，并借此让魏忠贤去凤阳守陵。魏忠贤前脚刚离京，崇祯帝后脚就派出锦衣卫去抓捕他。魏忠贤知道自己大势已去，难逃一死，选择在客栈上吊自尽。崇祯帝仅用三个月时间就扳倒了权宦魏忠贤，看得出，这位少年天子是有不俗的谋略与手段的。

铲除魏忠贤后，崇祯帝开始整顿朝政。他平反了魏忠贤乱政时的冤狱，起用了东林党人，朝廷气象焕然一新。崇祯帝勤于政务，每天批阅奏章到凌晨，有时候半夜还在下达旨意。如果崇祯帝能提早几十年开始治国，明朝一定会迎来一个中兴局面。可惜，崇祯在位时的明朝已经病入膏肓。外有满洲铁骑虎视眈眈，内有农民起义气势汹汹，频繁发生的自然灾害还令局面雪上加霜，更不用提明末那空前的财政危机。此时的明朝，已从重症拖成了绝症，即便洪武大帝朱元璋在世也无力回天了。还真别说，崇祯帝的性格和洪武大帝还真有些相似，两个人都很喜欢猜疑他人，都有严重的被害妄想症。在明初，朱元璋的猜疑能在某种程度上铲除明朝的潜在威胁；而在明末，崇祯的猜疑却让朝廷的用人政策反复无常，反倒加速了明朝的灭亡。

面对辽东战局，崇祯起用了名将袁崇焕。天启年间，袁崇焕就在山海关外阻击过满洲人，在宁远（今辽宁兴城）之战中，努尔哈赤被袁崇焕击败，撤军后没多久便忧愤地病逝了。可袁崇焕得罪了魏忠贤，遭到排挤，他选择辞官回乡。袁崇焕被重新起用后，清军绕过山海关闪击北京，袁崇焕立即领兵回防，解了北京之围。可是皇太极巧施反间计，让两个被俘的太监听到"袁崇焕"通敌的假消息，俩太监逃回来后对崇祯帝说清军是袁崇焕故意放进来的，还说袁崇焕已经私通了满人。崇祯帝听信此言，将袁崇焕投入狱中并凌迟处死。错杀袁崇焕，崇祯帝等于自毁长城。到崇祯朝后期，由于局势更加糟糕，焦虑的崇祯帝猜忌心更重，滥杀官员的现象也变多了。崇祯帝在位期间，他先后杀掉的总督有7人，巡抚有11人。应对财政危机方面，崇祯也很缺乏政治智慧，不懂如何对症下药，只会一味地向人民加税。为了筹集军费，崇祯帝加征"三饷"，加派总额达730万两白银。这些加派让被自然灾害重创的老百姓难以生存，越来越多的人加入了起义军队伍。崇祯帝在位17年，他的一切努力与勤奋，都是在为挽救明朝做垂死挣扎，但结果适得其反。死期将至，只看农民军和清军谁先打进来了。

崇祯十七年（1644）三月十七日，李自成的农民军兵临北京城下，开始用大炮轰城。两天后，兵部尚书张缙彦主动打开正阳门，农民军进入北京内城。据说这天早晨，崇祯帝欲骑马突围，未能成功。他又返回大殿，鸣钟召集大臣救驾，结果没人来。大臣们对明朝彻底失望了，并不想陪葬。最后,绝望的崇祯帝登上了皇宫后面的煤山(今北京景山),在一棵歪脖树上自缢身亡。临死前,崇祯自觉无颜去见地下的列祖列宗,他脱掉龙袍,披散着头发上吊,死相狼狈且恐怖。崇祯帝自缢的时候,他身边只有一个宦官王承恩陪伴着。也好,明朝皇帝最倚重宦官,由宦官陪末代皇帝走完最后一程,倒也算圆满了。只是可惜了崇祯皇帝,他并非昏君,却因为前几代昏君造的孽而成了亡国之君。从永乐帝迁都北京防御蒙古人,到崇祯帝自缢于煤山以殉国,明朝做到了"天子守国门,君王死社稷"。崇祯帝虽然死得难看,却并不丢人。

李自成灭了明朝,但历史并未进入到"大顺王朝"时期。"螳螂捕蝉,黄雀在后",山海关外的清军一直在等待这一天。李自成攻入北京时,皇太极已病逝,此时的清帝是年幼的顺治帝,顺治帝的叔叔多尔衮摄政。得知明朝灭亡,清军赶紧出兵山海关,想抓住这千载难逢的机会入主中原。此时驻守山海关的明军将领是吴三桂,他一直在为明朝死守着山海关。可吴三桂一觉醒来却发现:山海关还在,明朝没了!吴三桂夹在农民军与清军中间,他必须得选择一方,否则会被左右夹击。吴三桂有些犹豫,这个抉择实在太难了,不仅关乎着自己的生死荣辱,还影响着历史的走向。

在历史大势的必然中,往往会存在着一些偶然。偶然不会改变历史大势,但会加速历史的进程。就在吴三桂犹豫不决时,一个偶然事件帮他做出了决断。吴三桂人在山海关,家在北京城。农民军攻入北京城后,李自成的手下强占了吴三桂的爱妾陈圆圆。被"绿"了的吴三桂,冲冠一怒为红颜,打开了山海关大门,迎请清军入关。农民军赶到山海关后,全力围攻吴三桂。正当双方胶着之际,清军赶来了,农民军猝不及防,被清军与吴三桂的联军击败。之后,清军攻占北京,农民军败退。

顺治元年(1644)十月,顺治帝迁都北京,在北京南郊祭天,宣布清朝"定鼎燕京以绥中国"[①]。至此,中国历史上最后一个王朝正式登台。

---

① 出自《清世祖实录》卷九。

福临在多尔衮的辅佐下即帝位，改元顺治，并于顺治元年入关进京

50

收台湾康熙武统
平三藩天下晏安

收台湾与平三藩

　　崇祯皇帝自缢后，明朝的宗室和残余势力在南方组建了政权，依旧以明朝自称，史称"南明"。清军入关后，八旗铁骑一路南下，在剿灭各地农民军的同时，也在追剿南明政权，手段相当残酷。

　　清军进攻扬州时，南明守军将领史可法拒绝投降。清军攻下扬州后，进行了报复性的屠城，史称"扬州十日"。攻下江南后，清廷重申"剃发令"，要求汉人剃发。

　　在古代，发型发饰有较强的文化意义。汉族成年男子都会绾髻束发，也就是将头发梳到头顶或脑后，然后用发簪固定起来；北方少数民族男子间则流行髡发，就是将头顶前半部分的头发剃光，然后剩下的头发梳成辫子。笔者分析，这样做的目的有二：一是为了方便，少数民族常骑马打猎，头发多了容易阻挡视线；二是为了卫生，少数民族常常居无定所，不太方便洗头发，剃掉一部分更卫生。满洲人早期的髡发样式是"金钱鼠尾"，就是在头顶留下铜钱大小的一片头发，然后梳成小辫子，形似老鼠尾巴。

　　清军入关后，清廷要求汉人也改成这种发型，以体现对清朝的臣服。为此，摄政王多尔衮"谕令剃发"，甚至威胁道"留头不留发，留发不留头"[1]，造成了不少喋血惨案。在清军的武力威逼下，百姓纷纷归

---

[1] 出自《明季南略》卷之四，《江阴续记》。

顺臣服。到顺治末年，南明的残余势力也基本被剿灭，只剩下台湾的郑氏集团还在坚持反清复明。

台湾在元朝时正式纳入了中国版图，元朝统治者设置澎湖巡检司管理台湾地区，明朝统治者也在一段时间内设置过澎湖巡检司。明太祖还将小琉球（今台湾岛）视作"不征之国"，告诫后世子孙不得随意征讨。大陆与台湾的民间交往在明朝时很是频繁，一拨又一拨的大陆居民迁往台湾，移民高潮出现在明末时。由于明朝曾实行过严格的海禁政策，不少沿海地区的商人加入了海盗的行列，他们中有的人以台湾为据点，靠走私贸易和海上劫掠为生。

明朝末年，东南沿海最有实力的海盗是福建人郑芝龙，他统领着号称"十八芝"的海盗集团，手下有海盗数万人，可以说是名副其实的海盗王。后来，郑芝龙接受了明朝的招安，成了明朝的一位海军将领。崇祯年间，福建大旱，郑芝龙组织灾民迁居台湾，还给灾民发放"移民补助"：

人给银三两，三人给牛一头。[①]

郑芝龙进一步促使大陆居民移民台湾，为台湾的开发做出了巨大贡献。明末时盯着台湾的，还有开辟了新航路的西方殖民势力。当时，荷兰的船队抢占了大部分的海上运输市场，因此，荷兰船队被称为"海上马车夫"。荷兰殖民者于天启年间在台湾岛上建立了殖民据点，剥削并奴役台湾人民。38年后，入侵台湾的荷兰殖民者被郑芝龙的儿子郑成功赶走。

郑芝龙早年间在日本长崎生活过，还娶了一个日本老婆田川氏。1624年，田川氏在日本长崎平户藩生下了儿子郑成功。郑成功幼时，父亲被明朝招安，郑成功回到国内生活。与父亲的海盗出身不同，郑成功从小就接受了良好的教育，明末时，他进入南京国子监读书。本来，郑

---

① 出自《行朝录》卷十一，《赐姓始末》。

成功也可以考科举入仕，成为传统的儒家士大夫。然而，明末的历史大势已经无法容下安稳的书桌了。

1644年，李自成率军攻入北京，明朝灭亡了。紧接着，清军入关，定鼎北京，而后横扫中原与江南。海盗出身的郑芝龙只信奉实力，选择归顺清朝。深受儒家忠义思想影响的郑成功，拒绝一臣事二朝，立志要反清复明。大陆已经无处安身，郑成功便看中了台湾岛。清兵从东北来，不善海战，将台湾作为反清复明的基地再好不过了。

1661年，郑成功进军台湾，抗击荷兰殖民者。次年，荷兰殖民者投降，郑成功收复了台湾。不幸的是，民族英雄郑成功在收复台湾的当年便染病去世。其子郑经嗣位，继续治理台湾。顺治帝驾崩后，康熙帝继位，康熙帝派人与郑经谈判，希望台湾归顺清朝。康熙帝做出让步，允诺封郑经为藩王，让郑家世守台湾。可郑经却希望台湾"照朝鲜事例"，做清朝的藩属国——郑经这是想搞独立。康熙帝断然拒绝了郑经的要求，指出：

朝鲜系从来所有之外国，郑经乃中国之人。[1]

1683年，康熙帝派大将施琅率军攻台，一举消灭了郑氏集团，统一了台湾。第二年，清朝设置台湾府，实现了对台湾的有效管辖。（1885年，台湾正式建省，成为中国的一个行省。）

康熙年间还爆发了三藩之乱。三藩是指清廷封的三个藩王，为首的是当年为清军打开山海关大门的吴三桂。吴三桂为清军入关立下大功，清廷也没有亏待他，入关后，顺治帝封吴三桂为平西王，镇守云南，兼辖贵州。获封的还有镇守广东的平南王尚可喜，镇守福建的靖南王耿仲明[2]，他俩也是为清廷立下战功的明朝降将。

---

[1] 江日昇：《台湾外记》卷六。
[2] 原为明朝将领，明末降后金，从清军入关，于顺治六年（1649）改封靖南王。顺治八年（1651），耿继茂袭父亲耿仲明靖南王之位。耿继茂为清初三藩之一。

清朝统一台湾，台湾重新回到祖国统一的多民族大家庭之中

晚年的吴三桂希望自己的后代能永远镇守云南，所以一直在培植自己的势力；尚可喜与承袭父爵的耿继茂也是如此。三藩势力严重危胁了清朝统治。康熙十二年（1673）春，尚可喜请求归老辽东，但尚可喜想让儿子尚之信继续留镇广东。早就想撤藩的康熙帝抓住机会，命尚可喜父子率属下兵丁家小同撤。为了试探朝廷的态度，吴三桂假意给康熙帝上了封"辞职信"，请求朝廷撤藩，说自己要告老还乡。吴三桂认为自己的实力摆在那儿，康熙帝不敢真的答应，肯定会挽留他。可令吴三桂万万没想到的是，康熙帝当即批准了他的撤藩请求，还派出专使去云南商议撤藩事宜。吴三桂一看康熙来真的了，随即起兵造反。此时耿继茂已死，其子耿精忠袭爵，耿精忠在福建起兵响应吴三桂。之后，尚可喜的儿子尚之信软禁了忠于清廷的老爹，暗通吴三桂相约共同反清。就这样，三藩之乱全面爆发，半壁江山很快就被三藩叛军占领。

吴三桂起兵的口号是"兴明讨虏"，意思是要为明朝报仇，讨伐满人。这个口号非常虚伪，要知道，当年南明永历帝逃到缅甸，就是被吴三桂派人抓回来的，吴三桂还让人用弓弦勒死了永历帝。现在吴三桂又说要为明朝报仇，傻子都不会信。要是真想为明朝报仇，吴三桂应该自杀才对。

面对骤起的三藩之乱，20岁出头的康熙帝临危不乱，他采取分化瓦解的方法孤立吴三桂，同时调兵遣将赴南方平叛。仗打了五六年后，吴三桂有点撑不住了。临死前，吴三桂在湖南衡州（今湖南衡阳）称帝，过了一把皇帝瘾，也戳破了"兴明讨虏"的政治谎言。1681年，清军攻入云南，吴三桂之孙吴世璠自杀，至此，历时8年的三藩之乱被彻底平定。

三藩之乱的失败，根本原因在于起事的藩王不得民心。被明末清初的战火折腾过的老百姓，此时并不希望天下大乱。反清复明，很多时候只是某种政治口号。对民众而言，朝代是清是明没那么重要，真正重要的是生活的安定与幸福。康熙统治时期，社会稳定，百姓安居乐业，"反清复明"活动已经不招人待见了。就像电影《鹿鼎记：神龙教》里韦小宝质问坚持"反清复明"的陈近南时所说的:"自从康熙登位之后,四海升平,……国泰民安,老百姓都吃得好,穿得好,为什么还要推翻他呢?"

51

中俄大战雅克萨
边贸互惠恰克图

雅克萨之战

  我们在历史教材上看到的王朝疆域地图，展现的多是某一王朝极盛时期的疆域。实际上，一个王朝的疆域并非一成不变的，极盛时期和衰落时期的疆域面积往往差别很大，而且极盛时期的广阔疆域通常维持不了多长时间。以唐朝为例，在唐高宗时期，唐帝国的疆域面积达到顶峰，彼时的唐帝国西至波斯，北达贝加尔湖北面，东边囊括朝鲜半岛北部，紧挨日本海。可这么广阔的疆域存在的时间很短，唐朝对漠北的管辖仅维持了二十几年，对朝鲜半岛的管辖更是只有几年，安史之乱后，西域逐渐被吐蕃占领。翻看唐朝中后期的疆域图，唐和吐蕃几乎平分秋色。历史上，中国王朝的领土以中原为核心，东部和南部皆到大海，西至河西走廊，北达长城一线。这个范围以外的边疆地区，则是时能管时不能管。王朝强盛时，能坐拥四海；王朝弱小时，则边疆易主。在探讨有关边疆治理的问题时，有一个标准至关重要，那就是能否长期有效地控制。历朝历代中，清朝是少有的能对广大边疆地区实现长期有效控制的王朝。为了维护边疆的安全与稳定，清朝不仅要解决内部的分裂势力，还要面对外部入侵者的挑战。清朝前期主要的入侵者是北方的恶邻沙俄。

  俄国最初并未同中国接壤。俄国人的祖先生活在东欧地区，属于东斯拉夫人的罗斯部族。罗斯人在9世纪下半叶建立了基辅罗斯公国，基辅罗斯公国是彼时东欧地区最强大的国家。后来，罗斯地区陷入了封建割据之中，出现了许多地区公国，也就是封建自治国。13世纪上半叶，战斗力爆表的蒙古人征服了东欧地区，在这里建立了地跨东欧和中亚的钦察汗国，也称金帐汗国。罗斯人打不过蒙古人，纷纷臣服。有的公国还给蒙古人当代理，帮蒙古人弹压同胞，当起了"二鬼子公国"。在"二鬼子公国"里，干得最好的是莫斯科公国，莫斯科公国的统治者深得蒙古人的信任和重用，被蒙古人委以帮忙收税的重任。就这样，莫斯科公国在蒙古人的支持下发展壮大，开始统领众多罗斯公国。三十年河东，三十年河西。到了15世纪，钦察汗国分裂了，莫斯科公国趁机吞并了周边众多公国，发展成了一个中央集权制国家。伊凡三世在位时，他迎娶了拜占庭帝国（东罗马帝国）末代皇帝的侄女，从此，莫斯科公国便以罗马帝国的正统继承者自居。之后，莫斯科大公改称沙皇，意思是"恺撒"，莫斯科公国也就变成了沙皇俄国。

　　经过蒙古人200多年的统治，俄国人深受影响，已经蒙古化了。他们继承了蒙古人的作风，崇尚武力，热衷于对外扩张。俄国人完全不遮掩他们扩张领土的野心。沙皇俄国继承了拜占庭帝国的双头鹰徽记——威严的双头鹰图案，两个鹰头一个头望着西方，另一个头望着东方。俄国人对外扩张的战略也与徽记的寓意相吻合——征服西方，兼顾东方。向西，俄国人在18世纪扩张到了波罗的海沿岸；向东，俄国人征服了人烟稀少的西伯利亚地区，于17世纪扩张到了远东的太平洋沿岸，此后俄国土与中国接壤。可是西伯利亚地区的气候太过寒冷，并不适宜居住或移民。俄国人相中了西伯利亚地区东部再往南一点的温暖地带，也就是包括黑龙江流域在内的中国东北地区。明清时期，东北地区也称满洲。满洲是满洲人的故乡，也是清朝的龙兴之地。随着清军主力入主中原，满洲人的东北老家变得空虚了，给了俄国人可乘之机。

　　顺治七年（1650），以哈巴罗夫为首的沙俄军队侵占了黑龙江流域的雅克萨（今俄罗斯阿尔巴金）。［此前，沙俄已侵占尼布楚（今俄罗斯涅尔琴斯克），将它作为入侵中国东北的据点。］俄国人占领中国东北地区的领土后，对待当地中国人的方式与抗日战争时期的日本人不同，抗战时期的日本人对东北的中国人是殖民奴役，而俄国人对东北的中国人却是赶尽杀绝。俄国人曾对占领地区的达斡尔人展开屠杀，一次性杀死了661人，还掳走妇女儿童361人。俄国人不仅心狠手辣，还很"腹黑"。他们一面入侵中国东北，一面与中国境内的反叛势力相勾结。俄国人和蒙古准噶尔部来往密切，想借助准噶尔人搅乱清朝政局，自己好在东北坐收渔翁之利。俄国人的算盘打得好，可时机却不佳，因为他们赶上了清朝最具雄才大略的皇帝康熙帝当政。

平定了三藩之乱后，康熙皇帝开始腾出手来解决东北的沙俄。1685年，清军3500人分水、陆两路进军雅克萨。驻守该地的俄军并不多，在清军炮火的猛烈攻击下，俄军乞降，清军毁雅克萨城而还。然而，这只是俄军的缓兵之计，援兵赶来后，俄军卷土重来，又重新占据了雅克萨。1686年，清军2000多人再次进军雅克萨，对城内进行猛烈的炮击。清军还在雅克萨外围挖掘了战壕，准备对雅克萨进行长期围困。俄军很顽强，一直在城内死守，最后，俄军战死、病死了一大堆人，原本的800多人只剩60余人，连统帅托尔布津都战死了。最终，俄军挺不住了，选择投降。雅克萨之战后，俄国人只得坐到谈判桌前。1689年，中、俄签订《中俄尼布楚条约》，划定了两国的东段边界。该条约从法律上肯定了黑龙江和乌苏里江流域包括库页岛在内的广大地区都是中国领土。

《中俄尼布楚条约》还允许两国商旅进行贸易，这在奉行闭关锁国政策的清朝可是特例。中俄商旅入境时，需要持有"文票"，这种文票成了近代护照的雏形。雍正朝，中、俄两国又签订了《中俄恰克图界约》，划定了两国的中段边界。此后，中俄边境的恰克图成了繁忙的边贸重镇。中国内地的晋商会从武夷山贩运茶叶到恰克图来贩卖，再买俄国的皮毛制品回去。"恰克图"在俄语里意为"有茶的地方"，俄国人在这里买到了他们想要的中国茶叶。此后的100多年里，中、俄两国相安无事。

在与清朝的战争中，俄国人吃到了苦头；在与清朝的贸易中，俄国人尝到了甜头。为了保持与清朝的和平互惠的关系，俄国人不再支持准噶尔部。对清朝来说，后者才是肘腋之患。

恰克图，中俄边境繁忙的边贸重镇

52

恩威并用定北疆
平蒙古者平天下

清朝的治蒙与治疆

几千年来，生活在北方草原的游牧民族一直是中原王朝的心腹大患。秦汉时的匈奴，隋唐时的突厥，北宋时的契丹，南宋时的女真，都曾让中原政权头疼不已。但最厉害的是蒙古，蒙古人不仅全面征服过中原，北退后还长期威胁着明朝的统治。清朝时，蒙古势力依然活跃，不仅控制着蒙古草原，还影响着新疆和西藏。清朝统治者心里很清楚：平蒙古者，才能平定天下。为此，满洲和和蒙古较量了近百年，上演了两个骑马民族的巅峰对决。

明朝时，蒙古的鞑靼部和瓦剌部都很强大，两部总是相互征伐。明朝中后期，鞑靼部击败瓦剌部，鞑靼部以大漠为中心加强对蒙古诸部的统治，瓦剌部则西迁。到了明朝晚期，蒙古内部以大漠为限隔，演变成漠南蒙古、漠北蒙古和漠西蒙古三部分。漠南蒙古察哈尔部为正统，其大汗是成吉思汗黄金家族的后裔，察哈尔部以"察哈尔汗国"自居，其首领仍使用元朝的传国玉玺。不过，漠南蒙古离东北地区太近了，满洲崛起后，漠南蒙古立刻被满洲人收拾了。入关前，满洲人已经击败蒙古末代大汗林丹汗，其子向皇太极献玺投降，这标志着成吉思汗创立的蒙古汗国彻底退出历史舞台。此后，满洲皇帝身兼蒙古大汗，实现了"满蒙一体"。1691年，康熙帝在多伦会盟蒙古诸部。所谓会盟，就是摆酒局聚会，参加即意味着归附举办者。漠北蒙古参加了这次会盟。

对于归附的蒙古诸部，清朝将它们分割为若干个规模较小的旗，这样可将蒙古部落分化、打散，它们便无法形成合力。在旗之上，清朝又设立了盟，选择忠顺的蒙古贵族担任盟长。这种盟旗制度可以有效地防止蒙古人大规模叛乱。除了分化、打散，清朝也很注重笼络蒙古人，为此制定了满蒙联姻政策。清朝存在的200多年里，满蒙贵族联姻了近600次，清朝嫁过去了400多个公主和宗女格格，娶过来约160个蒙古王公之女，其中有6位蒙古王公之女做了皇后。利用"一手大棒，一手联姻"的治蒙政策，清朝有力地控制了漠南蒙古与漠北蒙古，使其成为北疆屏障，不必再费力地修建长城了。

接下来说说蒙古瓦剌部，瓦剌军曾在明朝时兵临土木堡，俘虏了明英宗。清朝时，瓦剌被称为卫拉特[①]。卫拉特人生活的漠西地区大致就是今天的新疆。明末清初时，卫拉特有4个大部落，其中最强悍的是准噶尔部。这个部落有大概60万人，其族人特别骁勇善战。准噶尔部东征西讨，称霸西域与大漠。卫拉特的土尔扈特部曾被准噶尔部欺负得离家出走，西迁到今伏尔加河流域去了。清初，卫拉特各部归顺了清朝；但是到了17世纪下半叶，准噶尔部出了个很有野心的首领，叫作噶尔丹。他统一了卫拉特各部，控制了天山南北，建立了准噶尔汗国，彻底反叛。噶尔丹还和俄国人勾结，确立了联俄抗清的方针。他从俄国得到了火枪、火炮等，企图以武力复兴蒙古帝国。准噶尔的崛起与妄图分裂之举，对清朝的统治构成了极大威胁。

1690年，噶尔丹率军东进，一直打到距离北京约700里的乌兰布通（今内蒙古克什克腾旗南境），大有灭亡清朝取而代之之势。康熙帝为了维护清朝统治和国家领土完整，先后三次率军亲征并击败了噶尔丹。噶尔丹死后，准噶尔部又多次叛乱。准噶尔部的几代首领虽不弱小，但他们赶上了清朝最强盛的时代。康熙、雍正、乾隆，祖孙三代一直在与准噶尔部死磕。乾隆朝，准噶尔部发生了内乱，乾隆皇帝趁机出兵讨伐，一劳永逸地对准噶尔部"即行剿灭，永绝根株"[②]。1757年，准噶尔汗国被彻底消灭。

[①] 也称"厄鲁特"，清代对西部蒙古各部的总称。
[②] 出自《平定准噶尔方略正编》卷三十六。

"三车凌"（车凌、车凌乌巴什、车凌蒙克）归清，为乾隆平定准噶尔提供助力

准噶尔部占领时的西域还生活着许多维吾尔族人。他们是唐朝时迁徙而来的回鹘人的后裔，回鹘人曾经建立回纥（鹘）汗国，接受过唐朝的册封。蒙古兴起后，回鹘人归顺了成吉思汗，在西域与各民族长期杂居，逐渐演变成维吾尔族。维吾尔族人信仰伊斯兰教，元明清时期伊斯兰教被称为回教，所以清初时维吾尔族聚居区被称为回部或回疆。准噶尔汗国崛起后，准噶尔部控制了西域，维吾尔族也处于被控制的状态。为了控制维吾尔族，准噶尔人会把维吾尔族贵族首领软禁起来作为人质。当时，有两个维吾尔族首领被准噶尔人扣押，他们是大小和卓木。清朝平定准噶尔后，维吾尔族翻了身，大小和卓木也获得了自由，还被清朝委以协管回部的重任。然而，这兄弟俩私欲膨胀，想趁机让回疆脱离大清。可是大小和卓木远没有准噶尔人那两下子，刚发动叛乱就被乾隆平定了。1762年，清廷设置伊犁将军，总理西域军政事务。因为是"故土新归"的疆域，乾隆将西域更名为"新疆"。

准噶尔被平定后，早年从新疆离家出走的土尔扈特部也归国了。土尔扈特人西迁到伏尔加河流域后，生活得并不快乐。在那里，他们备受沙俄欺凌。最让他们受不了的是，沙俄想让他们改信东正教。准噶尔被灭后，土尔扈特人决定东归故土。在首领渥巴锡的领导下，土尔扈特人一路躲避沙俄的追击，在人口损失近半之后，终于在1771年返回祖国。乾隆皇帝十分感动，拨款300万两白银并让周边区域的各族人民给土尔扈特部提供物资，助其安置。土尔扈特部东归，象征意义重大，为多民族国家的巩固和发展做出了贡献。

清朝的治蒙政策灵活多变且成果斐然。清帝恩威并用，对于归顺者，委以重任，恩赏有加；对于叛乱者，毫不留情，彻底剪灭。又通过册封、会盟、联姻、招抚、设置官员等方式维持统治，基本解决了大一统王朝的北方边患问题。可以说，清朝的边疆治理在我国历代王朝中是最为成功的，不仅实现了对边疆地区的长期有效控制，还奠定了近代中国版图的基础，实乃清朝之卓越贡献。

53

索伦兵万里奇袭
定灵通金瓶掣签

清朝对西藏的治理

明清时期，蒙古和西藏有着千丝万缕的联系。它们之间的纽带，是两地共同信仰的藏传佛教。

相传，大概2500年前，佛教诞生于古印度。之后，佛教分两条路线传入我国。第一条从西域经丝绸之路传入中原，是为汉传佛教，也称北传佛教，乃我国佛教信仰的主流；第二条经东南亚传入我国云南地区，是为南传佛教，如今我国的傣族信奉的就是这一支佛教。佛教传入西藏后，与西藏本地的原始宗教相互影响，逐渐形成了藏传佛教。佛教传入藏地的时间应该在唐朝，那时，西藏处于强盛的吐蕃王朝时期，吐蕃赞普松赞干布迎娶了两位邻国的公主，一位是唐帝国的文成公主，一位是尼婆罗的墀尊公主。这两位公主都信仰佛教，也都把本国的佛法传入了吐蕃。经过融合，佛教在西藏完成了本土化，形成了藏传佛教。藏传佛教分四大教派，其中，格鲁派的影响最大，因格鲁派僧人头戴黄帽，格鲁派俗称黄教。蒙古征服吐蕃后，蒙古人开始信仰藏传佛教，后来藏传佛教还成了元朝的国教。明朝时，退居草原的蒙古人依旧信仰藏传佛教，信徒主要是黄教派。黄教有两大宗教领袖，分别是居住在拉萨布达拉宫的达赖和居住在日喀则扎什伦布寺的班禅。这两大宗教领袖的地位极高，都被称为活佛。达赖被认为是观世音的化身，班禅被认为是阿弥陀佛的化身。满洲兴起后，满洲统治者认识到了藏传佛教的重要性，深知只要笼络藏传佛教，就能笼络蒙古和西藏，甚至能笼络蒙古人控制的回部。清军入关前，清朝统治者曾遣使入藏，邀请五世达赖前往盛京会晤。不承想明朝亡得太快，满洲很快就入主北京了，五世达赖的盛京之行变成了北京之行。顺治九年（1652），五世达赖到北京朝觐顺治帝，次年，五世达赖被赐予"达赖喇嘛"[①]封号。康熙年间，清廷又册封五世班禅为"班禅额尔德尼"[②]。此后，历代的达赖和班禅都需要经过清朝政府册封，等于承认了清廷对藏传佛教的管辖。

藏传佛教对边疆地区的重要性，不仅清廷明白，准噶尔部也很清楚。康熙朝末期，准噶尔出兵西藏，攻占了拉萨。这一情况相当危急，因为准噶尔人一旦控制了藏传佛教，他们就能以宗教为武器，左右西藏、蒙古、回部三地的局势。到那时，清朝的边疆各地都会陷入动荡之中，清廷甚至会有崩溃的危险。为了"驱准保藏"，康熙和雍正两代帝王倾尽全力，多次出兵西藏，彻底驱逐了染指西藏的准噶尔势力，并在西藏永久性地驻兵2000人。同时，清廷还对西藏地方的噶厦[③]进行了改革，大量任用西藏本地人，以削弱蒙古人的影响。雍正朝，清廷又在西藏设置了驻藏大臣，代表中央督办西藏政务，其地位与达赖、班禅平等。此后，西藏僧俗官员事无大小都要禀命驻藏大臣再办理。

到了乾隆朝，西藏又出问题了，这时候搞事情的是邻国廓尔喀，也就是今尼泊尔。乾隆朝以前，尼泊尔四分五裂，境内有数十个部落，其中的一些还会向清朝纳贡。18世纪下半叶，廓尔喀部族崛起，统一了尼泊尔全境，建立了尼泊尔王国，又称廓尔喀王国。尼泊尔和西藏挨着，两地一直存在经济贸易往来。廓尔喀崛起后，与西藏产生了一些经济和领土纠纷。说白了，廓尔喀自恃强大，想搞事情了。恰巧，西藏白教活佛沙玛尔巴此时投奔了廓尔喀，将扎什伦布寺的财富及驻军的情况告知了廓尔喀国王。在沙玛尔巴的怂恿下，廓尔喀人入侵西藏。乾隆帝立即遣兵入藏，可当清军到达时，西藏噶厦已私自和廓尔喀人议和了，承诺每年给廓尔喀300个元宝，赴藏办事的钦差大臣巴忠知道后竟然也默许

[①] "达赖"为蒙古语音译，意为"大海"；"喇嘛"为藏语音译，意为"上师"。
[②] "班"为梵语的省略音译，意为"精通五明的学者"；"禅"为藏语音译，意为"大"；"额尔德尼"为满语音译，意为"宝"。康熙五十二年（1713），清政府正式确定了班禅额尔德尼的地位。
[③] 藏语音译，意思是"发布命令的机关"。

了。廓尔喀撤兵后，巴忠向乾隆谎报战功，"奏凯班师"，说是廓尔喀人吓尿了，主动撤军了。乾隆皇帝很高兴，还赏赐了一众人等。可之后就尴尬了，1790年，廓尔喀遣使来西藏讨要元宝，达赖喇嘛拒绝给钱。廓尔喀人生气了，于次年又入侵了西藏。这一次，廓尔喀人洗劫了扎什伦布寺，抢走了大量宝物。乾隆立即派亲信大臣福康安领兵入藏。为了彻底打败廓尔喀人，乾隆帝还派出了清军的王牌部队"索伦营"。"索伦"泛指黑龙江流域的鄂温克、达斡尔、鄂伦春等民族，这些民族的人常年生活在冰天雪地之中，与老虎、黑熊为伴，生性勇猛。清廷将索伦兵编成索伦营，索伦营战斗力爆表，在平定准噶尔时就立下过惊人的战功。乾隆帝严令福康安：务必等待索伦劲旅到达后再与廓尔喀全面开战。索伦兵从黑龙江出发，奔赴万里，到达青藏高原前线，未经休整，直接投入战斗，一战就斩杀廓尔喀兵600余人。之后，清军又翻越喜马拉雅山脉，攻入廓尔喀境内，一直打到今加德满都附近。廓尔喀服气了，向清军请降，承诺向清朝称臣、纳贡。至此，廓尔喀之役以清廷的胜利告终。

降伏廓尔喀后，清廷颁布了《藏内善后章程》，对西藏的各项制度加以改良与规范。其中，规定了活佛转世要"金瓶掣签"。以前，蒙藏地区的大活佛圆寂后，转世灵童多由跳神巫师通过"吹冲"来认定。"吹冲"类似于占卜，易被人操控，由"吹冲"选出的转世灵童也多出自蒙古王公或西藏大贵族之家，极易造成贵族坐大。金瓶掣签制度规定：通常情况下，活佛圆寂后，要寻访出此时出生的三个小孩作为转世灵童候选人，然后，把三个候选人的名字和出生日期用满、汉、藏三种文字写在名签上，放入御赐金瓶中。之后选派有功德的喇嘛诵经7日，然后在驻藏大臣与西藏高级僧俗官员都在场的情况下，当场抽出一支名签，以此确定最终的转世灵童。掣签结果还要报送朝廷，得到批准后方能生效。西藏至今仍在沿用这一制度。

清廷将大一统的政治理念同边疆地区的民族习俗、宗教信仰相结合，因地制宜，多管齐下，加强了对边疆地区的管理，巩固和发展了统一的多民族国家。

"乾隆宝藏"是曾流通于西藏地区的官方货币，也是中央政府对西藏行使主权的历史物证

54

小黑屋里告小状
专制集权专制极

清朝的政治制度

入关后，清朝皇帝采用汉法治天下，走起了明朝强化皇权的老路。不同于明朝大多数皇帝的怠政，清朝大多数皇帝都非常勤勉。清朝前期，皇帝真正实现了大权独揽，将君主专制推向顶峰。

清政权脱胎于女真部落，立国初期带有浓厚的部落联盟色彩，政治上实行贵族军事民主制。满洲八旗旗主和各旗贵族组成的议政王大臣会议，是国家的最高决策机关。凡遇军国大事，大家一起决策，皇帝也不能擅自更改决议。刚入关时，议政王大臣会议依旧大权在握，其地位凌驾于内阁之上，制约着皇权。

顺治帝死后，康熙帝继位，中原王朝原有的中央集权制度很让他着迷——君主专制好啊，皇帝一个人说了算，大家都得听我的。为了集中权力，他设立了南书房。南书房本是康熙读书的地方，里面有多位文学侍从值班，大多侍从由有学识的翰林院学士充当。这些人每天陪康熙读书，就像要好的同学一般，关系十分亲密。青春期的少年，有心事了常常不会去求助父母，更愿意和要好的同学商量，这是走向独立的表现。康熙帝也是如此，军国大事都在南书房里与侍从学士商议，南书房也就具备了辅助决策的职能，而如同父母一般的议政王大臣会议被完美地绕开了。

雍正朝，"小黑屋"制度出现。当时，朝廷正和漠西蒙古的准噶尔部作战，军情每天都被快马加鞭地送到朝廷，雍正帝要立即做出决策，不仅得速度快，还得保密。为此，雍正在养心殿附近设立了一个"小黑屋"，挑选亲信大臣到这里来商议军情。雍正给这个"小黑屋"取名叫军机处，军机处内，雍正一人决策，大臣只负责秘书工作。西北叛乱平定后，军机处依旧保留，成了常设的政府机构。军机处官员称为"军机大臣上行走"，从名字就可看出军机大臣的职位并非固定的，全凭皇帝的需要临时差遣，这样可防止军机大臣专权擅政。军机处的设立，便于皇帝一人大权独揽，标志着中国的君主专制制度发展到顶峰。曾经权力极大的议政王大臣会议，至此已经名存实亡，到了乾隆朝，乾隆皇帝索性将它撤销。

专制君主都很重视政治情报的搜集，哪个大臣贪赃枉法，哪个大臣又密谋搞事情，民间有啥舆论，皇帝都力求及时掌握。明朝统治者曾为此设立厂卫机构，明目张胆地搞特务统治，为世人所诟病。清朝废除了厂卫机构，但皇帝开始鼓励群臣打小报告，为此，康熙帝创立了奏折[①]制度。明朝时，官员给皇帝写的奏本要先送到通政司汇总，然后交给内阁票拟，最后由太监批红。这一流程毫无保密性可言，官员也不敢打小报告得罪人。比如嘉靖朝的权臣严嵩，其继子主管通政司，任何奏本都瞒不过严嵩，因此他能够长期专权。清朝的奏折则是君臣之间的私人通信媒介，官员的奏折直接送达皇帝手中，没有暗箱操作的空间。

对于心腹官员，清朝皇帝还给了他们密折奏事权。密折写好后，官员将密折放入专门的皮匣里，由专人送给皇帝。皮匣由皇帝颁发，上面有锁，能开锁的钥匙只有两把，上奏官员和皇帝各有一把。密折内容大体有四类：请安、谢恩、缴批、陈事。其中最多的是陈事密折，内容五花八门，上至军国要务，下至民间趣闻，还有同僚间的小报告。康熙时期，能上密折的人都是康熙帝绝对的心腹。如曹雪芹的爷爷曹寅，曹寅明面上担任江宁织造一职，暗地里负责江南的情报搜集。雍正朝，拥有密折奏事权的官员有上千人，现存的雍正奏折有4万多件，其中有不少就是密折。这可累坏了雍正皇帝，因为每一件奏折他都要亲自写朱批，有些奏折雍正做的朱批便有上千字。雍正帝在位共13年，所写朱批的总字

[①] 康雍年间，奏折的长短、宽窄不一致，乾隆朝以后，奏折的规格趋于划一。京中部院各衙门多用大长折，外省奏折较之略小。奏折折幅长度约22厘米，宽度约10厘米。

数很可能超过1000万字。所以，雍正帝每天只能睡4小时左右，他50多岁就累死了。雍正帝许多朱批的内容颇有真性情，有的甚至很搞笑。比如，雍正帝给亲信田文镜的奏折朱批里写道：

> 朕就是这样汉子！就是这样秉性！就是这样皇帝！①

再比如，左都御史尹泰对"雍正新政"屡有微词，雍正在朱批中大骂道：

> 尹泰，尔以前干什么来着，该死的老畜生！②

密折制度有利有弊。它使君臣之间的沟通更加高效，便于皇帝准确地了解大小事情，提高了行政效率和决策的科学性；它还便于官员打小报告，能够震慑群臣，防止大臣专权和结党营私。因此，密折制度有效地加强了皇权。但是，密折制度也让官员相互猜忌，使官员做事畏缩，扼杀了官员的主观能动性和创造性，不利于社会的创新和进步。

除了军机处和奏折制度外，清朝还有许多完善的制度。比如雍正创立的秘密立储制度，既能择贤而立，又避免了皇子争权，解决了存在了近2000年的储位争斗问题。再比如清朝的后宫制度，后妃生育的皇子另寻养母，让有血缘关系的母子不亲近，大大减少了后宫干政和外戚专权现象。

清朝的制度是历代王朝中最完善的，然而也恰恰是这样"内卷式"地对封建集权制度的完善，使中华文明丧失了活力，错失了向近代社会转型的时机。当西方社会已经迈向民主政治阶段，当科学革命已经否定神权的愚昧，当蒸汽机的轰鸣已经开启了工业文明，清朝人却还沉浸在"吾皇万岁"的大一统世界中。这种落后于时代的制度完善，是可叹的，更是可悲的。

---

① 出自中国第一历史档案馆编《雍正朝汉文朱批奏折汇编》（第四册）。
② 转引自冯尔康：《名家说清史·雍正皇帝》。

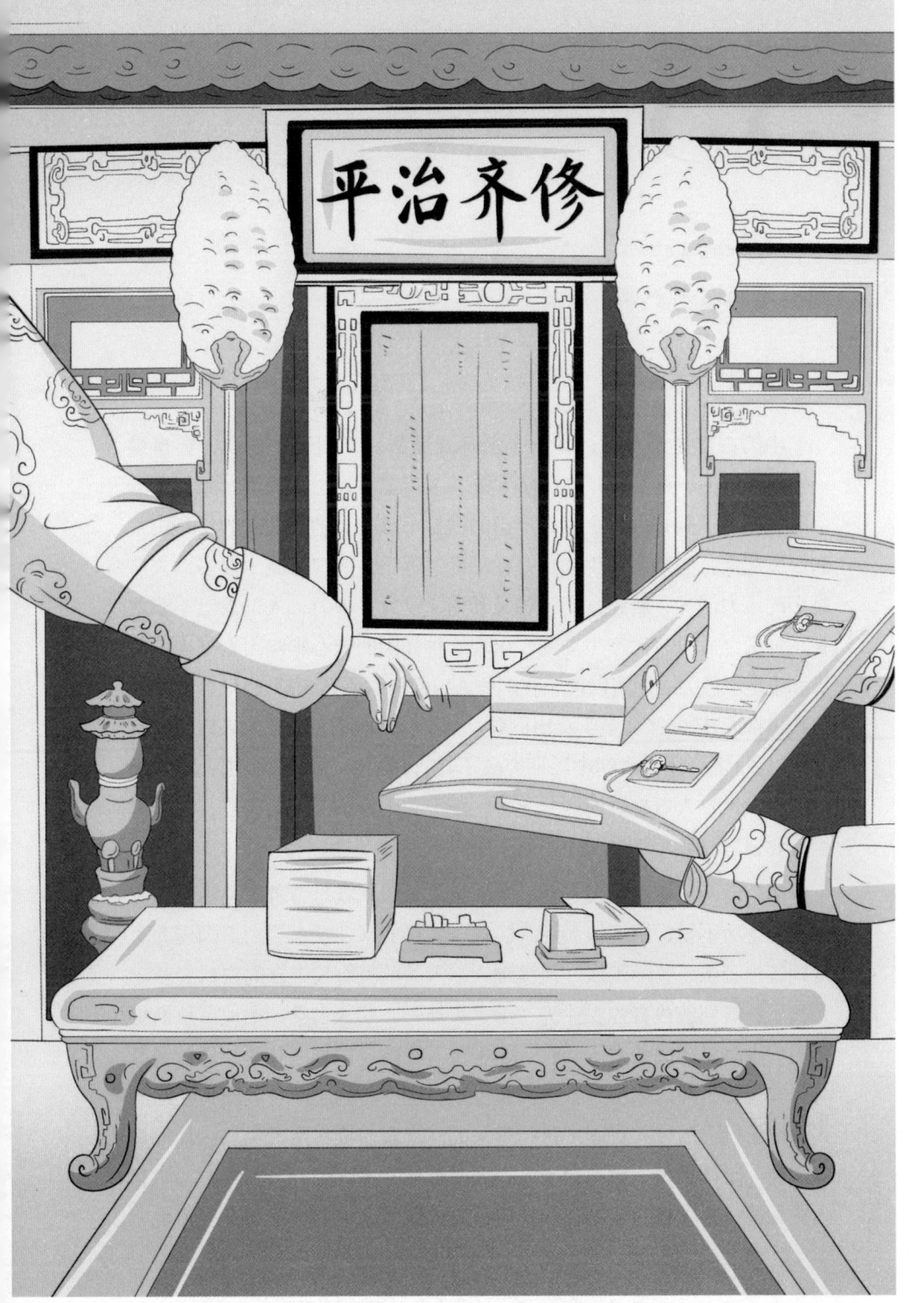

密折制度始于康熙朝，在雍正朝进一步扩大，加强了皇权的统治

55

高产作物增人口
晋商徽商遍天下

明清的经济

　　中国古代史上存在这样一个循环式怪圈。王朝建立初期，会享受一段太平岁月，社会安定，经济发展，人口繁育；当人口繁育到一定数量时，土地承载力跟不上了，产出的粮食不够吃，随之而来的便是饥荒和农民起义，国家会产生动乱；在动乱过程中，人口会减少很多，人口过多的压力消失，新建立的王朝又开始享受太平岁月，人口数量不断增长，许久之后再一次产生动乱。出现这种怪圈的核心影响因素是人口数量和土地承载力。明清以前，我国的人口数量似乎从未超过1亿，因为人口数量接近1亿，社会多半会出问题。到了明清时期，我国的人口数量不仅超过了1亿，还在清朝中后期突破了4亿大关，清末时，我国人口数量约占当时世界人口总量的四分之一。能突破土地承载力的极限，很大程度上要归功于明清时期朝廷引进的美洲的高产农作物。

　　明、清两朝都很重视农业。明太祖朱元璋本就是穷苦农民出身，深知农民生活不易，因而很关注人民疾苦，形成了"农本"的治国理念。清朝统治者虽是骑马民族，但满洲人在入关前就有较丰富的农耕经验。入关后，清朝统治者称农业为"国之大计"，劝课农桑，实现了从渔猎文明到农耕文明的转型。同时，明朝传入我国的玉米、甘薯、马铃薯等高产农作物，在清朝得到了大面积推广。这些作物原产自美洲，在欧洲人开辟新航路后传入我国。这些外来的高产农作物有两大优点：其一是单产高，比如甘薯，亩产数十石，而同时期的水稻亩产只有几石，明朝人称甘薯"胜种谷二十倍"；其二是适应性强，它们并不与五谷争地，可广泛种植于山地和旱地间。这两大优点使得高产农作物一经传入，就成了广大穷苦民众的口粮，至少不会大规模地饿死人了。随之而来的，是中国人口的激增。高产农作物还改变了国人的饮食结构。清朝以来，穷苦民众平常以玉米面为主食，很少能吃到大米和白面。新中国成立后，很多地方的人还是以玉米面为主食，笔者的父亲就是吃玉米面贴饼长大的。直到改革开放后，大米、白面才重新回到国人的日常餐桌上。

和玉米一道传入我国的，还有美洲的辣椒和烟草。辣椒经浙江传入，最初仅作为观赏植物。后来辣椒传到贵州，由于当地缺少食盐，人们烹饪时就加辣椒来增加味道。乾隆年间，贵州已普遍食用辣椒，紧接着云南、湖南、四川等地的居民开始食用，后来全国老百姓都开始食用辣椒。烟草的传入对我国负面影响较大，种植烟草不仅耗费了大量良田沃土，烟草还成了近代中国人因循吸食鸦片的诱因。

人口增加了，就会出现大量劳动力。由于耕地数量有限，许多劳动力转而从事手工业，这使得明清时期的手工业得到空前发展。明清以前，具有一定规模的手工业只见于官营作坊。这种官府创办的手工业作坊会让世袭工匠进行生产，产品一般不进入市场，专供皇室使用。明清时期，民众私营的手工业工场异军突起，其规模远远超过了官营作坊。民营手工业工场雇用工人进行生产，特别是江南的丝织业，广泛出现了"机户出资，机工出力"的生产模式。"机户出资"是指工场主提供织机、原料和场地，"机工出力"是指雇用工人干活。另外还会"计日授值"，意思是按天发工资。出现雇佣关系是近代资本主义经济的特征之一，20世纪时就有学者认为：明朝手工工场中雇佣关系的出现标志着我国的资本主义萌芽产生，只不过资本主义萌芽后来被西方殖民者扼杀了。新中国成立后，资本主义萌芽问题成了一门显学，被誉为史学界"五朵金花"之一。然而，资本主义的发展需要诸多社会条件，比如独立的工商业资本、民主法制等。显然，明清时的中国社会不具备这些社会条件，不能单以雇佣关系出现就断定资本主义萌芽出现。

民营手工业生产出来的商品都投入了市场，这又进一步促进了明清时期商业的繁荣。明清商业繁荣的表现之一是白银货币化。明清以前，国人多以铜钱作为第一货币。但商品经济不断发展，大额支付的需求增加，铜钱难以再担当交换媒介，因为铜钱的币值太小了。明朝有较长一段时间里棉布约为300钱一匹，如果你要买10匹棉布，大概得用三贯钱，这么多铜币拿在手里很重，非常不方便。古代也有纸币，但纸币的信誉很低，常常贬值，大家都不爱用。明朝时，西方和日本的白银大量流入中国，白银开始成为主流货币。张居正还在万历朝推行了"一条鞭法"，赋役普遍用银折纳，这也加速了"白银时代"的到来。明清时期，大宗交易和政府储备都使用大块的银锭，老百姓日常交易则使用小块的碎银。明清老百姓使用银子时会使用两样工具，一是剪子，二是戥子。剪子用于把银子剪成小块，戥子用于称重支付。剪银子还有一个作用，就是验证白银的纯度，看看银锭里面是否掺铅。

明清商业繁荣的表现之二是形成了具有地方特色的商业集团，即商帮。最具代表性的，是山西的晋商和安徽的徽商，二者的兴起，都与贩盐有关。明朝在西北驻有大量军队，需要运送大量物资，这让政府很是头疼。为了解决西北军粮的运输问题，朱元璋实行了"食盐开中"的政策。这个政策将政府垄断经营的盐业放开给商人，商人通过将军粮运送到西北来获得政府颁发的盐引，然后经营盐业。山西的晋商利用距离西北近的位置优势，借着这一政策先富了起来。晋商富起来后，在全国乃至海外建立起了商业网络，各地都有晋商的商栈。利用发达的商业网络，晋商开始涉足金融业，通过当铺和票号经营银票汇兑业务，相当于最早的银行了。那时候，山西人经商成风，山西有谣谚道"有儿开商店，强如坐知县""买卖兴隆把钱赚，给个县官也不换"。晋商做买卖讲诚信、能吃苦，在业内信誉极好。徽商则重视文化和人际关系，做生意讲究宗族相亲，还善于结交官僚。利用官商关系，徽商垄断了江南地区的盐业，富可敌国的扬州盐商多出身于徽商。康熙和乾隆数次巡游江南，徽商都下血本搞招待，深得皇帝欢心。乾隆皇帝过八十岁寿辰时，徽商还组织了四大徽班进京献艺，京剧就是在此基础上诞生的。在专制社会背景下，官商关系是第一生产力。有封建特权的加持，徽商想不赚钱都难。

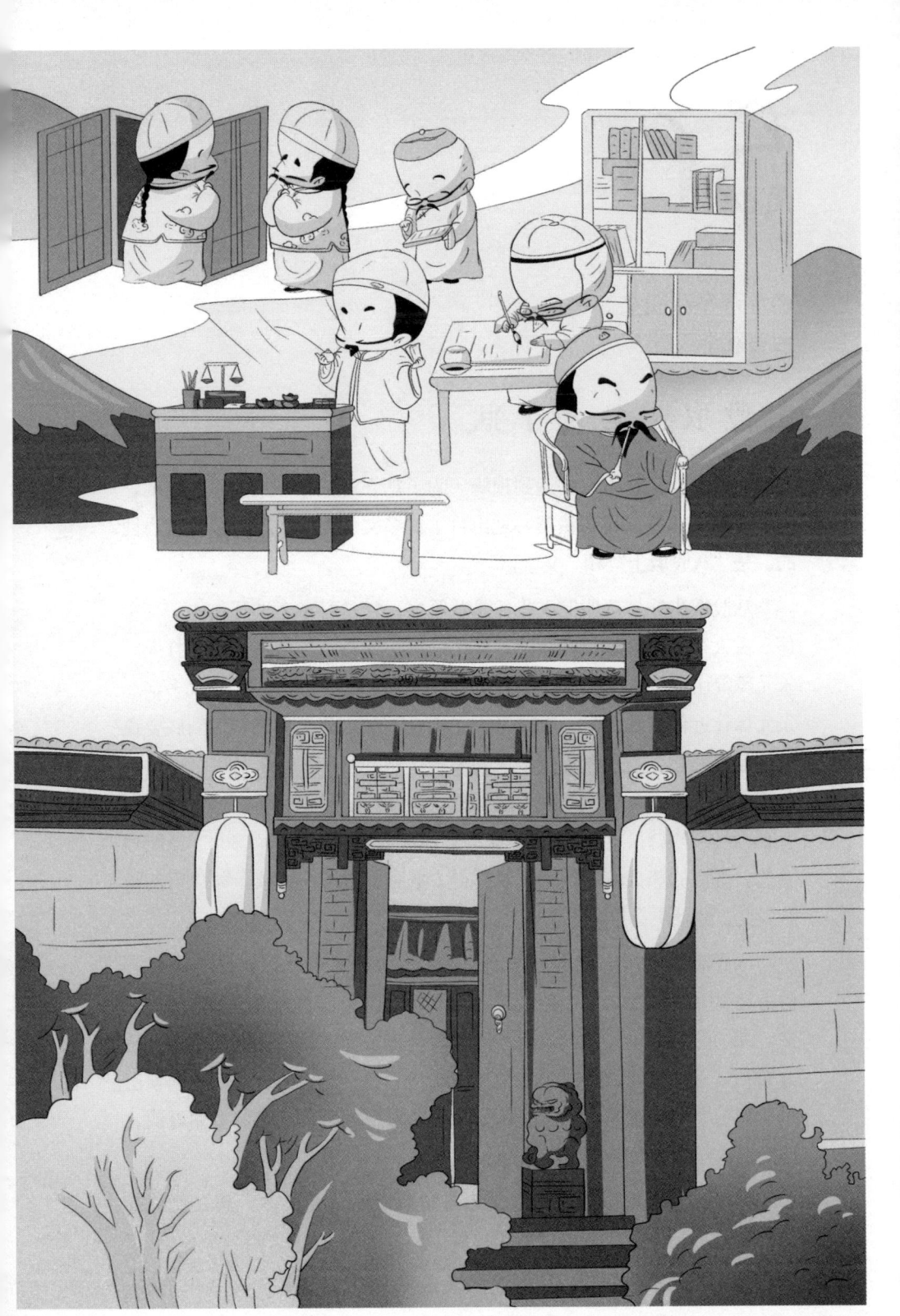

乔家大院作为晋商第一院，见证了晋商的兴衰

56

名堂奇多八股文
因言获罪文字狱

八股取士与文字狱

明清时期，君主专制达到顶峰。为了加强对知识分子的思想控制，明、清两朝的统治者煞费苦心地出台了许多文化专制政策。最具代表性的，是"八股取士"和"文字狱"。

八股取士的"八股"，指的是八股文，它是科举考试写作的一种文体。古人写东西有时候很啰唆，洋洋洒洒一大篇，皇帝看了都想打人。朱元璋曾让官员写奏章提建议，有一个叫茹太素的官员写了17 000多字。朱元璋让近侍读给他听，听了半天，也没听明白茹太素的奏章到底要说啥。老朱大怒，当众命人把茹太素揍了一顿。第二天，朱元璋又想起了这篇奏章，让近侍继续读剩下的部分。这回终于听到实质内容了，其中有4条建议非常好，可以采纳。朱元璋感叹，真啰唆，其实500字就能写清楚。可怜的茹太素，因为文章写得太磨叽，挨了一顿揍。如果写的是八股文，他就不会挨揍了。

八股文的雏形出现于宋朝。王安石改革科举制后，进士科考试不再考诗赋，改考经义等。考经义类似于命题作文，考生自由发挥写议论文。为了防止考生长篇大论而不得要领，官方要求所写文章每篇不得超过500字。就像今天的语文作文有拿高分的套路一样，古代考生也摸索出了一套写高分文章的套路：一是要分多个固定段落，二是要多用对偶、排比。这样的文章就是八股文的雏形。

明朝时，朱元璋规定八股文为科举考试的首要文体，想必他被茹太素这种爱磨叽的官员折磨得够呛。八股文分为8个固定部分。首先是"破题",就是点破题目要义。破题只能用两句话,既要与题目呼应,又不能直接翻译题目。举个例子,如果题目是"子曰"二字,经典的破题为"匹夫而为百世师,一言而为天下法"。第一句解释了"子",即孔子是万世师表,第二句解释了"曰",即孔子说的话是天下至理。接下来是"承题"部分,要对题目要义做进一步说明,还要呼应文章的破题部分,一般只用四五句话。第三部分是"起讲",这是承上启下的过渡语句。破题、承题、起讲三部分,合起来称"帽子",组成了文章的开头部分。第四部分"入手",是议论的开始。后面的"起股""中股""后股""束股"4个部分是议论文的核心。4个部分分别有两股对仗的文字,一共8股,八股文得名于此。八股文格式固定,言简意赅,一篇不超过700字,很是便于阅卷。八股文注重考查考生的语文水平、历史知识、逻辑等,这些对当官而言至关重要。一个人能写好八股文,那这个人的文化素养一般不会差。

近代新文化运动以来,国人对八股文口诛笔伐,认为八股文阻碍了中国人的思想进步。实际上,问题并不出在八股文本身,而是出在明清统治者对八股文的狭隘运用上。明、清两朝的统治者严格限定八股文的出题范围和写作要求。出题者只能从儒家的四书五经中出题,考生不许发表个人见解,不允许创新,更不允许有批判性思维。统治者要求考生"代圣人立言",就是要引经据典地进一步阐述圣人已有的观点。更可笑的是,这里的圣人观点也并非圣人原本的观点,而是经过统治者改造的"阉割版",实际上阐述的都是为君主专制服务的思想。比如孟子说过,如果君王犯错了,就应该劝谏君主,如果劝谏了,君主不听,就把他换了[1]。孟子还说过:

民为贵,社稷次之,君为轻。[2]

---

[1] 君有大过则谏,反覆之而不听,则易位。(《孟子·万章下》)
[2] 出自《孟子·尽心下》。

朱元璋看到这些言论后气得要爆炸,他认为这是对皇帝的大不敬,甚至扬言道:

> 使此老在今日,宁得免耶?①

如果孟子还活着,他一定会弄死孟子!孟子的牌位差点被朱元璋从孔庙里踢出来,四书之一的《孟子》也被他命人删掉了约三分之一,然后出版了一本阉割版,叫作《孟子节文》。言论自由与批判精神是社会文明进步的基石,这二者,恰恰是八股文最为压制的。

八股取士,始于明朝,清朝相沿。这种思想专制手段虽然反智,但还属于"胡萝卜式"的引导。除了温和的文化专制手段,明清统治者还有血腥的"大棒"政策,也就是文字狱。

所谓文字狱,是指从知识分子的诗文中摘取只言片语,然后加以歪曲解释,再罗织罪名加以迫害。朱元璋就曾大搞文字狱,因为他的内心极度敏感,总是会从很普通的言论中联想到自己的不堪往事,认为臣下在暗讽他。比如有人上表写了句"作则垂宪",意思是说朱元璋是民众的楷模、榜样。这人本是想拍马屁,却拍歪了,朱元璋说"则"和"贼"发音相似,这是在影射他曾是贼,于是斩了上表人。有人上表写了句"天下有道","道"与"盗"同音,也被斩了。还有人上表写了句"睿性生知",朱元璋认为"生"就是"僧",这是嘲笑他以前当过和尚,又把人斩了。可见,文字狱多是统治者小题大做,甚至是鸡蛋里挑骨头,目的就是用杀人来震慑知识分子,让他们明白说话要小心。

到了清朝,文字狱更严重,次数达到历朝之最。除了思想专制的目的外,清朝统治者还会借文字狱来压制汉人的民族情绪。康、雍、乾三朝,民间尚有"反清复明"倾向,文字狱也在此期间达到顶峰。

---

① 出自《清儒学案》卷六十九,《全先生祖望·辨钱尚书争孟子事》。

清风不识字
何必乱翻书

文字狱，是中国专制统治者对文人的一种政治迫害

最著名的文字狱是康熙朝的"庄廷鑨明史狱"。浙江湖州富户庄廷鑨刊刻了一部记录明朝历史的书稿，然后请了一帮知识分子来编辑、增添明末史事，最后编成了一部《明史》。清初和明末在时间上是重合的，涉及这部分历史的内容，这部《明史》采用了明朝皇帝年号来纪年，有褒明贬清之嫌；书中对抗清将领也多有赞美之词，还用"夷寇"代称清军。客观地讲，这部《明史》确实不太待见清朝，不论哪一个专制王朝都必然会对其进行封禁。然而清廷却采取极端措施，大开杀戒，参与编校、刻印、买卖的70余人全部被杀，其中有14人还被处以凌迟酷刑。为首者庄廷鑨此时已死，依旧被开棺戮尸。

见于文献的清朝文字狱有近200起，清朝统治者不仅不许人民批评清朝，连之前的少数民族政权也不许批评。乾隆朝的"祝庭诤案"就是这样的例子。《三字经》成书于南宋，所涉及的历史截至南宋时期。清代读书人祝庭诤编写了《续三字经》，书中包含南宋至清的史事内容。祝庭诤死后，这部书在家族中流传，用作家中子弟的蒙学读物。后来，祝庭诤的子嗣和某一族人发生了纠纷，该族人为了报复，将这部书送到了官府。书中评价元朝道：

发披左，衣冠更，难华夏，遍地僧。

这虽是对元朝的批评，但是朝廷认定这也是在隐喻、诋谤清朝。结果，已故的祝庭诤被开棺戮尸，祝庭诤16岁以上的子孙均被判斩立决。

清朝统治者还特别反感"胡虏""蛮夷"等对少数民族的轻蔑之词，这些词在清朝无比敏感，一旦在写诗文时使用，就很可能招来杀身之祸，即便是满人也不例外。满人大臣鄂昌，官至甘肃巡抚，即便是这样的封疆大吏，也因在其诗作《塞上吟》中将蒙古人称为"胡儿"，被乾隆帝痛骂数典忘祖，最后被赐自尽。

明清的文字狱，多是统治者因"玻璃心"作祟的小题大做，还有的甚至是鸡蛋里挑骨头，目的就是用杀人来扼杀知识分子的批判精神、限制社会的言论自由。言论自由与批判精神是社会文明进步的基石，在八股文和文字狱的双重影响下，明、清两朝，绝大多数知识分子成了只会唱赞歌的天朝奴才，这一时期的文化发展也失去了活力，中华文明不可避免地走向了封闭与落后。

57

王阳明知行合一
新思想工商皆本

明清时期的学术思想

明清时期的学术思想在充满时代矛盾的环境中诞生。一方面，明清时期商品经济继续发展，城市文化繁荣，加快了社会的世俗化变革和人的个性解放；另一方面，官方推崇程朱理学，宣扬"存天理，灭人欲"，加强了对人民思想的控制。在这种矛盾的氛围下，学界出现了两种治学方向。一些学者弃旧扬新，提出新的思想学说，想要找回人性的本真；一些学者则埋首于考据古籍，不问时事。

率先打破学术思想沉闷局面的，是明朝的大思想家王阳明。王阳明本名王守仁，官二代出身。其父是明朝成化年间的状元，官至吏部尚书。可王阳明并未仗着显赫的家世而虚度岁月，也未像寻常的知识分子那样致力于"代圣人立言"，他自幼的理想是自己成为圣人。那么，如何才能成为圣人呢？在程朱理学的影响下，文人往往认为，成为圣人的途径都写在圣人的书里。因此，王阳明日夜攻读先贤著作。当读到先儒所说的"一草一木，皆涵至理"时，王阳明受到了启发，随即对着竹子"格物致知"。王阳明雷打不动地在院子里观察竹子，格了7天，啥也没格出来，自己却累得病倒了。

之后，王阳明投身科举，28岁就考中了进士。步入官场后，王阳明直言朝政，因此得罪了权宦刘瑾。王阳明入狱，还被打了四十大板，而后又被贬到了贵州的龙场去做驿丞。

在龙场的岁月虽然艰苦，却给了王阳明潜心悟道的宝贵时间。在这里，王阳明终于悟出了圣人之理，也就是"阳明心学"。因为阳明心学继承自南宋陆九渊的心学，后世也将二人的学说合称为"陆王心学"。心学的核心内容有三点：心即理、致良知、知行合一。程朱理学认为理蕴藏在万事万物中，要通过观察外界事物获得知识和真理，即程朱学派主张世界的本源是外在的"理"。心学则不同，王阳明认为心外无物、心外无理，无须感悟外界就可以获得真理。那么什么是真理呢？自己内心的良知就是真理。但良知往往被私欲所蒙蔽，所以我们要依良知行事，这就是"致良知"。王阳明还主张在实践中获得真理，要用良知去改造世界，此为"知行合一"。打个比方，同样是铁杵磨成针的故事，理学家认为李白会悟出"下功夫"的道理，但按照心学家的逻辑，李白会认为老婆婆用铁杵来磨针太费事了，这是根据自己的内心去判断外界事物，"心即理"。然后，李白很可能会去针铺买一根针送给老婆婆，这既体现了"致良知"的善念思维，又能"知行合一"地帮老婆婆解决实际问题。

龙场悟道后，王阳明致力于讲学，心学广为流行。刘瑾倒台后，王阳明重新被起用。他先是率军剿灭了为害江西的匪患，而后又用43天时间平定了宁王酝酿了多年的叛乱。文能提笔安天下，武能上马定乾坤，王阳明活成了自己想要的样子，真的成了圣人。王阳明57岁病逝，临终前，弟子问他有何遗言，王阳明说：

此心光明，亦复何言！[1]

心学的精髓在于独立思考，它不以圣人观点和外界事物作为真理的标准，强调个人价值和主观能动性。本质上，心学带有平等观念和叛逆色彩，孕育着个人主义，是对皇权社会隐晦的否定。在皇权压制一切的时代，个体命运微如尘埃，很难得到尊重，而心学强调每个人都是独立的个体，每个人都是颜色不一样的烟火。在皇权专制社会，心学犹如一

---

[1] 出自《王阳明全集（新编本）》卷四十一。

知行合一 王阳明

缕阳光，照亮了作为个体的人。心学在后世备受重视，发展到与理学分庭抗礼的态势。

王阳明在国外也有很多"粉丝"，如日本明治维新代表人物之一的东乡平八郎。东乡平八郎还是日本的海军大将，曾击败俄国的太平洋舰队和清政府的北洋舰队。相传，日俄战争日本大胜后，天皇为他举行庆功宴会。宴会上，东乡平八郎拿出了自己的腰牌示与众人，上面有7个大字：一生俯首拜阳明。可见阳明心学对他的影响。

明末清初，社会持续动荡，思变思潮更加活跃。许多知识分子将目光下移到"百姓日用即道"[①]的现实世界，提倡"实学"。在此背景下，出现了三位大思想家，他们提出了许多振聋发聩的新观点。王夫之反对禁欲主义，肯定了人欲，批判了程朱理学的"存天理，灭人欲"，他还意识到自然界的一切事物都处于对立统一之中，具有朴素的唯物主义思想。黄宗羲否定君主专制制度，指出：

为天下之大害者，君而已矣！[②]

并主张通过学校和法律来限制君权。他还批判了过去的"重农抑商"政策，提出"工商皆本"的思想，这反映了商品经济发展所带来的社会价值观的变化。顾炎武主张"经世致用"，提倡做学问要关注社会现实。为此，他留下了"保天下者，匹夫之贱与有责焉耳矣"[③]的千古名句，近代学者梁启超将它概括为"天下兴亡，匹夫有责"。后世很多人并未理解这句话真正的含义。

在顾炎武看来，"亡国"和"亡天下"完全是两码事，亡国只是改朝换代，换了个统治者而已；亡天下就不同了，天下代表着社会的公平正义，如果世道不公，出现人吃人的现象，那就是天下亡了。顾炎武认为亡国的责任在于国君和臣子，而亡天下的责任在于全天下的百姓。梁

---

① 出自《明儒学案》卷三十二，《处士王心斋先生艮》。
② 出自《黄宗羲全集》附录，《论黄梨洲》。
③ 出自《日知录集释》卷十三，《正始》。

启超在"天下兴亡，匹夫有责"后面又补充了一句"国家兴亡，匹夫无罪"。两句话合在一起，才是顾炎武思想的完整表达。另外，顾炎武还认为心学"空疏学风"，因此主张对学问进行实证研究。明末清初三大思想家的理念、学说与文艺复兴的人文主义思潮相通，与启蒙运动的反封建思想也很相似。只可惜，明清时期的专制制度太过强大，加之这些新时代的进步思想对民众的影响甚小，所以它们没有得到进一步发展。

明清学界有思变的一派，也有追古的一派。尤其是在清朝，大量学者致力于用考据的方法研究和整理古代文献。汉朝与宋朝是古代学术研究的两大高峰时期，汉朝学者专注于考据儒家经典的原文，宋朝学者倾向于对儒家经典做出新的阐释。清朝的考据学派更像汉朝的古文经学，因而又称"汉学"。乾隆、嘉庆年间，考据研究进入鼎盛时期，后世称这一经学派系为"乾嘉学派"。乾嘉学派对古典文献的考据研究非常深入，运用了目录学、校勘学、版本学、辨伪法、音韵学、金石学等多种学术手段，修正了传世古籍中的大量讹误，对传统文化典籍和史料的整理做出了巨大的贡献。当然，训诂考据的盛行也是明清知识分子的一种无奈，因为只有这样才能脱离时政，才能远离文字狱。

除了思想压制外，清朝统治者还在文化政策上搞出了一些新花样以笼络知识分子，其中最成功的政策是组织知识分子编纂图书。康雍乾时期，社会稳定，财政较为富裕，国家出资并组织知识分子进行了大规模的图书整理和编纂工作。此举一举两得，不仅留下了文化典籍，还让这些知识分子发光发热，省得他们没事干便写文章"乱说话"。

清廷组织编纂的图书种类繁多，除了官方史料性质的图书外，还有《康熙字典》《佩文韵府》《佩文斋书画谱》等。今天我们熟知的《全唐诗》，也是在那时编纂的。编纂的图书中，篇幅最大且最能体现清朝文化成就的，是康熙、雍正年间编纂的《古今图书集成》和乾隆年间编纂的《四库全书》。《古今图书集成》全书共1万卷，分为6编、32典、6109部，规模宏大、分类详细，是古代大型类书之一。《四库全书》收录了古今图书3460余种，按照经、史、子、集分类收录，是对中国古代文献的一次系统而全面的整理。但是，在《四库全书》的编纂过程中，清廷对不利于君主专制和清朝统治的内容进行了删改，甚至有一部分文献被销毁，对古代文献造成了较严重的破坏。

明清之际的思想学术领域，追古与创新并存。这种既对立又统一的思想局面，与近代前夜的欧洲倒有几分相似，明清之际学术繁荣的景象，完全可称为"东方的文艺复兴"。

58

出版热四大名著
牡丹亭人鬼生情

明清时期的文学艺术

商品经济的持续发展，使明清时期的市民文化高度繁荣。这一时期的文学和艺术，也迎合了市民阶层的口味，继续朝着世俗化的方向发展。印刷术普及后，民间文学发展得很快。古代印刷并出售书籍的店铺叫作"书坊"，明清时期是书坊发展的鼎盛时代。据学者粗略估计，明朝共有400多家民间书坊，多集中在江南地区，南京、苏州、杭州三地的书坊最多。这些书坊是市场导向型的，前店后厂，什么书好卖，它们就刻印什么书。市民们最爱看的书，不是高雅的诗文，也不是难懂的学术著作，而是故事性强的章回体长篇通俗小说。清朝人金缨在《格言联璧》中说：

> 卖古书不如卖时文，印时文不如印小说。

在对小说的追捧热潮中，四大名著应运而生。

万历年间，吴承恩创作的小说《西游记》在民间热卖，一时间洛阳纸贵，甚至出现了盗版。有个叫余象斗的书坊主，敏锐地嗅到了神魔题材的商机，跟风创作了小说《北游记》和《南游记》，又从别处买来了《东游记》，加上杨志和编的删节版《西游记》，合成一套《四游记》。此套书大卖，余象斗赚得盆满钵满。《三国演义》和《水浒传》在明朝也很受人追捧，被反复刻印。

四大名著中，文学性和思想性最高的，当数曹雪芹作的《红楼梦》。《红楼梦》以贵族家庭贾府的兴衰变迁为主线，深入描写了封建社会中民众的生活状况和各种社会规则对人性的压迫。《红楼梦》的伟大之处，在于它写出了人性的真实，写出了社会的真相，写出了上千年的封建压迫之残酷。为了仕途出卖恩公之女的贾雨村、利用人情世故机关算尽的王熙凤等，这些人物和他们的故事即便过了几百年依旧触动人心。

明清时期，戏剧的受众群体比小说的更多，因为欣赏戏剧不需要识字，且戏剧的表现形式更为灵活。明清时期城市经济繁荣，戏剧广受市民阶层喜爱，这更促进了戏剧的发展。明朝流行昆曲，昆曲有一代表性的剧本是汤显祖的《牡丹亭》，它讲述了人鬼情未了的传奇爱情故事。

《牡丹亭》的女主人公叫杜丽娘，是南安太守杜宝的女儿，杜丽娘天生丽质且多情善感。一日，杜丽娘的教书先生给她讲《诗经》，开篇是《关雎》。这是一首描写男女恋爱的情诗，它让青春期的杜丽娘春心萌动。几天后，在丫鬟的进言下，杜丽娘第一次游览了太守府的后花园。在严苛的封建礼教管制下，未婚女子大门不出二门不迈，后花园也是不许去的。看到后花园的满园春色，杜丽娘不禁感叹青春虚度，韶华将负。回到房中，杜丽娘睡着了，梦中有一书生拿着柳条，请她题诗，接着又拥着她到后花园的牡丹亭畔成就了云雨之欢。16岁的小姑娘，哪里受得了这般浪漫？杜丽娘醒来后发现只是一场梦，难以释怀，遂相思成疾。没过多久，杜丽娘病死了。临死之前，她嘱咐丫鬟将自己的自画像藏在牡丹亭的太湖石下。杜宝将女儿埋葬在了后花园的梅树下，还修建了一座梅花庵守墓。后来，杜宝升迁，离开了南安。之后，男主人公柳梦梅登场，他就是杜丽娘生前梦见的书生。柳梦梅赴临安赶考途中因病住进梅花庵中休养，病好后，柳梦梅在后花园闲逛，无意中捡到了杜丽娘的自画像。打开一看，整个人都酥了，一眼定情。而后，杜丽娘的游魂也来到了梅花庵，两个人很快就在一起了。杜丽娘向柳梦梅道出了实情：她已死，但是地府的判官说她和柳梦梅还有因缘，便允许她返回人间。在爱情的力量下，柳梦梅挖开了坟墓，杜丽娘得以还魂复生。之

《牡丹亭》讲述了大家闺秀杜丽娘和书生柳梦梅的生死之恋

后，二人来到临安。柳梦梅考完科举后，受杜丽娘之托去淮安找杜宝。见到了杜宝，柳梦梅自称是女婿，杜宝气得要命，认定这个男子是盗墓贼，把柳梦梅抓了起来押到临安。杜宝得知杜丽娘真的复活了，依旧认为这是鬼怪之事。恰巧，柳梦梅高中状元，此事闹到了皇帝那里。皇帝用镜子照杜丽娘，发现有影子，断定她是活人。最后，在皇帝的主持下，父女、夫妻相认，故事圆满结束。

《牡丹亭》的故事讴歌了爱情能让人生，能让人死，还能让人死而复生的神奇力量。故事歌颂爱情的同时批判了封建礼教，颇具人文主义色彩。《牡丹亭》的艺术水准，绝不亚于同时代的西方大文豪莎士比亚所写的戏剧。

昆曲的表演形式非常唯美，曲调婉转、舞姿清幽，昆曲不愧为中国戏曲艺术的瑰宝。但或许是太过优雅的缘故，昆曲的"粉丝"多是文人士大夫，这使得昆曲逐渐失去了民众市场。到了清朝，昆曲逐渐被其他更通俗的戏曲形式所取代。清朝最为风靡的剧种当数京剧。1790年秋，乾隆皇帝要过八十大寿，扬州地区的徽商以经营朝廷特许的盐业发家，一个个富可敌国，如今皇帝过大寿，他们想趁机表现一下。有一个叫江鹤亭的徽商组织了一个叫"三庆班"的徽戏戏班，然后让"三庆班"赴京参加祝寿演出。这次赴京演出空前成功，随后又有三个徽戏戏班入京献艺，史称"四大徽班进京"。这些戏班集众家之所长，逐渐吸收了昆曲、秦腔、汉调等地方戏的优点，而后加以改进和创新，终于在清朝中期融合出一种新的剧种"皮黄戏"。皮黄戏就是后来的京剧，在晚清至民国时期风靡全国。

59

西学东渐送新知
东方文明被超车

明朝四大科技著作

　　明清时期的科技继续向前发展，相较而言，明朝的科技成果要多于清朝。明朝科技发展的显著特点是出现了许多具有总结性特征的科技著作，最突出的是"明代四大科学巨著"。在传统的儒家社会中，知识分子以考科举为正途，专研科技是旁门左道，只能作为业余爱好。明代四大科学巨著的作者们也是如此，他们都有双重身份，第一重身份是儒家文人，第二重身份才是科学家。

　　《本草纲目》的作者李时珍，科考水平一般，只考取了秀才功名。仕途受挫后，他子承父业当起了医生。因治好了藩王儿子的病，李时珍声名远播，后来在太医院谋了个差使。在太医院，李时珍接触到了丰富的医学文献，还见识了许多稀罕的药材，这让李时珍积累了丰富的医药学知识。后来，李时珍发现现存的药物学著作中存在着很多谬误和不足，他决心重新编纂一部药书。辞官后，李时珍深入民间，采访四方，经过27年的努力，终于写成了约190万字的药物学著作《本草纲目》。

　　这部书最先进的地方并不在药物学方面，而在生物分类学方面。《本草纲目》记载了上千种药物，李时珍将它们"析族区类，振纲分目"，采用了从简单到复杂、从低级到高级的分类方法。不要小看这种打破传统的分类方法，这其中蕴含着进化论的思想。后世达尔文提出的进化论便参考了《本草纲目》，达尔文还称它为"中国古代百科全书"。《本草纲目》中也记载了一些吃屎喝尿的奇怪药方。对于传统中医，我们不能盲目迷信。

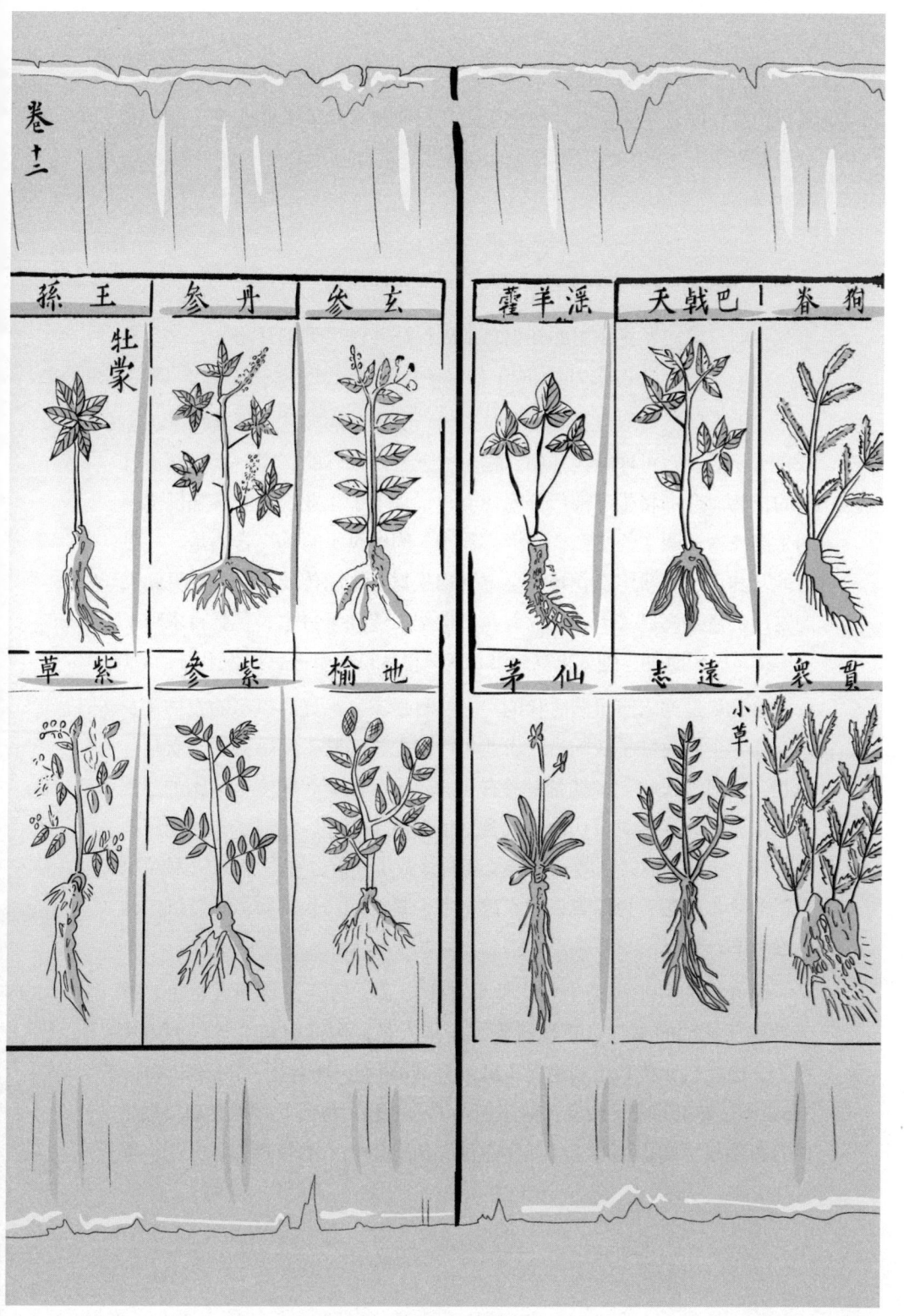

书影绘自《本草纲目》明万历二十一年（1593）金陵胡承龙刻本

宋应星的科举功名就比李时珍高了一档，他中过举人，官至知州。宋应星关注民众生活疾苦，热衷于研究农业技术和手工业技艺。多次进京赶考和外出为官的经历开阔了他的眼界，诚如他所言：

>为方万里中，何事何物不可见见闻闻？[①]

崇祯年间，宋应星将积累的知识总结成科技著作《天工开物》，这本书被西方学者誉为"中国17世纪的工艺百科全书"。

"天工"二字取自《尚书》，意为巧夺天工的技艺；"开物"二字取自《易经》，可理解为开创万物。"天工开物"的意思，就是制造万物的技艺。全书将生产部门分为18类，记录了手工业、农业各部门实用的生产技术。明末的书商在《天工开物》的扉页上写的广告语是"一见奇能"和"内载耕织造作炼采金宝一切生财备用秘传要诀"，足见此书的实用价值之高。《天工开物》在17世纪末传到了日本，受到日本科学家追捧。民国时期，国人再寻此书，竟只得从日本引进后再版印刷。

徐光启是与宋应星同时代的另一位科学家。徐光启撰写的农书《农政全书》全面总结了我国古代农业生产的先进经验，还融入了"农政"思想。所谓"农政"，就是有关农业的政策、法令、制度等。比如"荒政"部分，徐光启对历代政府的备荒情况做了综述，还对水灾、旱灾、虫灾做了统计，对各项救灾措施及其利弊做了分析，并附有400多种可供充饥的草木野菜，可以说，《农政全书》是中国古代内容最为详细的救荒参考书。

徐光启的科举成绩很好，他是进士出身，官至文渊阁大学士。徐光启曾任礼部尚书，负责接待外国来华人员，因而有机会接触西方传教士。徐光启和传教士利玛窦（Matteo Ricci）、汤若望（Johann Adam Schall von Bell）成了朋友，他还加入了天主教。也因此，徐光启接触了西方自然科学知识，成了"西学东渐"风潮影响下的首批知识分子。徐

---

① 出自《天工开物·序》。

光启和利玛窦共同翻译了古希腊数学家欧几里得（Euclid）的《几何原本》，像是点、线、三角形、四边形等我们今天耳熟能详的数学术语，就是徐光启在400多年前译定的。徐光启和传教士们还用西方天文学知识完善了中国历法，编纂了《崇祯历书》。但《崇祯历书》编成后未被正式采用，汤若望将它删改成《西洋新法历书》，后者在清朝得到推广，皇太极将它命名为"时宪历"，该历法一直沿用到今天。

第四位科学家徐霞客的科举成绩就比较差了，他连秀才也没考中。读万卷书不如行万里路，徐霞客将目光投向了诗和远方。从27岁到53岁，他的足迹遍及今19个省市。旅途中，徐霞客并不只是浏览，还进行了科学考察，他用足迹开拓出了一条与近现代地理学相通的道路。比如，徐霞客历尽艰险考察了长江的源头，否定了流传上千年的"长江源头在岷江"的错误认知，断定金沙江才是长江正源。徐霞客的旅行观察见闻在他去世后被季梦良等人整理成了《徐霞客游记》，该书既是旅行游记，又是地理巨著。《徐霞客游记》首篇的开篇之日为公历的5月19日，如今，每年的5月19日被定为"中国旅游日"。

尽管明代的科技有诸多进步，却依旧被同时代的西方科技弯道超车。因为中国古代科学多重实用技术，不太讲究抽象的理论。西方科学则不同，西方科学家注重理论研究，建立了完备的科学理论体系，在近代率先完成科技革命。另外，在专制社会中，搞权术远比科学探索有实际效用，出仕为官始终是中国古代知识分子的首选之路，科技研究只能当作业余爱好。

对科学的傲慢与偏见，对权术的执迷与狂热，这种情况到了清朝更为严重。当艾萨克·牛顿（Isaac Newton）发表论文，阐述万有引力定律的时候，康熙帝正在南书房里驾驭汉族知识分子。西方在探索理性世界，东方在琢磨帝王之术。如果你是历史的裁判，你会选择何者去引领人类开辟近代历史的新征程呢？

60

人口爆炸官员贪
马戛尔尼来叩关

清朝的统治危机

1776年，人类历史上发生了几件大事。在欧洲的英国，机械工程师詹姆斯·瓦特（James Watt）改良的蒸汽机被大量生产；经济学家亚当·斯密（Adam Smith）在这一年出版了《国富论》。在北美大陆，大陆会议在这一年通过了《独立宣言》。在亚洲的中国，乾隆皇帝在这一年下旨删减或销毁带有"反动思想"的书籍。是的，中外历史好像出现了时空错位。正当西方步入近代社会之际，东方的清帝国仍沉醉于帝制的伟大中。

清朝前期的确是帝制的伟大时代，自秦始皇称帝以来，所有帝制时代长期存在过的问题，在清朝前期几乎都被妥善解决了。君权与相权的矛盾没有了，军机处里满汉大臣跪受谕令，政事悉听皇帝一人裁决。中央与地方的矛盾也解决了，四海晏平，连少数民族地区也是一颗忠心向朝廷；清朝并未像以前的王朝那样实行羁縻统治，而是对少数民族地区又派官又驻军，把少数民族管理得服服帖帖。农耕民族与游牧民族之间的矛盾也基本处理好了，长期困扰大一统王朝的北方边患被清朝皇帝彻底荡平。什么外戚专权、宦官擅政、皇帝昏聩，这些问题在清朝前期都不存在。前几代勤勉的清朝皇帝将国家治理得井然有序，仿佛可以终结改朝换代的循环了。然而，这只是历史的表象；深层内里，清朝的统治危机比哪个朝代都更严重。

第一大危机是人口危机。康熙晚年时推行了"盛世滋生人丁，永不加赋"的政策，规定在康熙五十年（1711）以后增加的人丁，政府不增加丁银。雍正即位后又推行了"摊丁入亩",在事实上取消了人头税,赋税交多少只看土地占有量。这两个政策一实行,老百姓就不必控制生育了,想生就生。以前要交人头税的时候,很多老百姓真的负担不起,以致有的父母会将意外出生的婴儿溺死,这就是中国古代普遍存在的溺婴现象。现在好了,多生孩子不用多交税,那就随意生。乾隆朝开始,中国人口出现爆炸式增长。乾隆五年(1740)政府统计的全国人口是1.4亿,到了乾隆二十七年(1762)就超过了2亿,乾隆五十五年(1790)突破了3亿。到鸦片战争爆发前,中国人口已经达到4亿。人口激增,但生产方式仍是传统的男耕女织,即便将生产力开发到极致,也不会有质的提高。虽然此时已从美洲引入了甘薯、马铃薯、玉米等高产农作物,但百姓很多时候还是无法维持温饱。因此,有的学者认为:清朝的盛世,是一种饥饿的盛世。

第二大危机是吏治腐败。清朝官员对上面唯唯诺诺,但对下面却贪腐成性。实际上,皇帝对官员贪腐也是睁一只眼闭一只眼的,只要别太过分,只要官员给皇帝干活,贪腐都不算啥。毕竟官员贪腐的钱还在大清国内,是肉最后都会烂在锅里。如乾隆帝的宠臣和珅,他很会办事,也很能贪。乾隆帝死后,嘉庆帝将和珅查办,查抄的家产价值白银8亿~10亿两,相当于国库10年的收入,以至于民间流传着"和珅跌倒,嘉庆吃饱"的歌谣。实际上,官员腐败在帝制时代是普遍存在的,只要权力在官不在民,就必然会导致腐败,区别仅在于贪腐的程度轻重。清朝的程度确实是很重的。

清朝面临的最大危机是遭遇了3000多年来之未有的强势文明——西方近代文明——的冲击。明朝时,西方势力已开始影响中国,但那时的西方还处于勃兴阶段,而清朝面对的已是工业时代的西方了。清政府深知西方势力有多么麻烦,却没有行之有效的应对办法,只能选择实行闭关锁国的政策。西方人想要和大清国进行贸易,但清朝将贸易地点严格限制在广州,由十三家官方授权的商行代理,不许西方人和民众直接接触。广州远离北京,所以西方势力离皇帝也很远。垄断贸易体系之下,广州十三行赚得盆满钵满,甚至出了一位"世界首富",他叫伍秉鉴,曾是十三行的总商。

西方列强对闭关锁国政策很不满，尤其是英国。英国人认为大清国的限制贸易使英货难以深入中国市场，耽误英国人赚钱。另外，广东地方官经常对英商吃拿卡要，除高额关税之外还要应付各种贸易潜规则，这些让英国人很头疼。英国人想要和清政府交涉，又苦于没有渠道。因为在清朝的天朝观念中，英国只是蛮夷番邦，没资格对天朝说三道四。为了自由贸易和平等外交，英国人决定去清朝皇帝那里争取试试。找个什么由头呢？既然天朝好面子，那就用给清朝皇帝祝寿的名义吧。

1793年，也就是乾隆五十八年，英国派出的外交使团到达中国，来为乾隆皇帝祝寿。使团的规格很高，主使乔治·马戛尔尼（George Macartney）是英国国王乔治三世（George Ⅲ）的亲戚。英国政府极其重视这次出访，为乾隆皇帝准备了600多箱礼物，其中包括地球仪、望远镜、减震马车、步枪，甚至还有新式蒸汽机的模型。英国人很想证明自己不是土鳖，是有资格和清朝进行平等外交的。得知英使前来祝寿，乾隆皇帝龙颜大悦，他把马戛尔尼使团送贺礼视作藩属国进贡。马戛尔尼使团在避暑山庄如愿见到了乾隆皇帝。但由于礼仪问题，双方发生了争执。清朝希望马戛尔尼同其他藩属国使臣一样，向天朝皇帝行三跪九叩之礼。但马戛尔尼对英国国王都不跪拜，何况对外国君主？乾隆皇帝很不爽，拒绝了英使提出的所有要求。乾隆帝还给乔治三世回了个"特颁敕谕"，敕谕中充满了天朝上国的优越感。

马戛尔尼无功而返，但这次出使让英国人看到了清朝的傲慢表象下是政府的愚昧、民众的贫穷、官员的贪腐、文明的落后。英国人明白了：想和中国进行自由贸易和平等外交，光用嘴说是不行的。马戛尔尼使团中有个小孩，是使团副使斯当东的儿子，人称"小斯当东"（George Thomas Staunton）。许多年之后，小斯当东在英国下议院讨论是否对中国发动战争时陈述道："我很了解这民族的性格，很了解对这民族进行专制统治的阶级的性格，我肯定：如果我们想获得某种结果，谈判的同时还要使用武力炫耀。"[1]这一年，是1840年。

---

[1] 出自佩雷菲特：《停滞的帝国——两个世界的撞击》。

马戛尔尼使团给乾隆帝进献了钟表，但是时代的时间清廷已经看不懂了。

© 中南博集天卷文化传媒有限公司。本书版权受法律保护。未经权利人许可，任何人不得以任何方式使用本书包括正文、插图、封面、版式等任何部分内容，违者将受到法律制裁。

图书在版编目（CIP）数据

历史这么有意思 . 2 / 讲历史的王老师著 . -- 长沙：湖南文艺出版社，2023.12
ISBN 978-7-5726-1498-9

Ⅰ.①历… Ⅱ.①讲… Ⅲ.①中国历史—古代史—通俗读物 Ⅳ.① K220.9

中国国家版本馆 CIP 数据核字（2023）第 212948 号

上架建议：畅销·历史

LISHI ZHEME YOU YISI .2
历史这么有意思.2

| 著　　者：讲历史的王老师 |
| 出 版 人：陈新文 |
| 责任编辑：匡杨乐 |
| 监　　制：秦　青 |
| 特邀编辑：列　夫　盛　柔 |
| 营销编辑：kk |
| 封面设计：崔浩原 |
| 版式设计：余　雷 |
| 插画绘制：王艺潼 |
| 出　　版：湖南文艺出版社 |
| 　　　　　（长沙市雨花区东二环一段 508 号　邮编：410014） |
| 网　　址：www.hnwy.net |
| 印　　刷：三河市中晟雅豪印务有限公司 |
| 经　　销：新华书店 |
| 开　　本：680 mm×955 mm　1/16 |
| 字　　数：253 千字 |
| 印　　张：17 |
| 版　　次：2023 年 12 月第 1 版 |
| 印　　次：2023 年 12 月第 1 次印刷 |
| 书　　号：ISBN 978-7-5726-1498-9 |
| 定　　价：59.80 元 |

若有质量问题，请致电质量监督电话：010-59096394
团购电话：010-59320018